Horst Dilling Christian Reimer

Psychiatrie

Unter Mitarbeit von Heike Berger

Mit 41 Fallbeispielen

Springer-Verlag
Berlin Heidelberg New York
London Paris Tokyo
Hong Kong Barcelona

Professor Dr. Horst Dilling
Direktor der Klinik für Psychiatrie
der Medizinischen Universität zu Lübeck
Ratzeburger Allee 160, D-2400 Lübeck

Professor Dr. Christian Reimer
Leiter der Abteilung Psychotherapie
und Psychohygiene
Psychiatrische Universitätsklinik Basel
Wilhelm Klein-Straße 27, CH-4025 Basel

ISBN 3-540-51980-7 Springer-Verlag Berlin Heidelberg New York
ISBN 0-387-51980-7 Springer-Verlag New York Berlin Heidelberg

CIP-Titelaufnahme der Deutschen Bibliothek
Dilling, Horst: Psychiatrie : mit 41 Fallbeispielen / Horst Dilling ; Christian Reimer. - Berlin ; Heidelberg ; New York ; London ; Paris ; Tokyo ; Hong Kong ; Barcelona : Springer, 1990 (Springer-Lehrbuch)
ISBN 3-540-51980-7 (Berlin ...)
ISBN 0-387-51980-7 (New York ...)
NE: Reimer, Christian:

Einbandgestaltung: W. Eisenschink, Heddesheim

Satzarbeiten: Appl, Wemding; Druck- und Bindearbeiten: Clausen & Bosse, Leck
2117/3145-54321 - Gedruckt auf säurefreiem Papier

Vorwort

Seit vielen Jahren hatten wir für unsere Studenten in Lübeck Lernbögen in Stichworten entwickelt, die wir immer wieder ergänzten und zu denen in fast jedem Semester einige neue Bereiche kamen, so daß schließlich ein ganzes Heft derartiger Texte vorlag.

Als im Springer-Verlag das Buch „Psychosomatische Medizin" von Rudolf Klußmann nach etwa demselben Prinzip, das auch uns vorschwebte, publiziert wurde, entschlossen wir uns, unsere Stichwortsammlung zu vergrößern und zu vervollständigen und sodann als kleines Lehr- und Lernbuch zu publizieren. Wir fanden beim Springer-Verlag, insbesondere bei Herrn Dr. Thomas Thiekötter, eine freundliche Bereitschaft für dieses Unternehmen vor.

So kam dieses Buch zustande, das in vieler Hinsicht zum einen klassische psychiatrische deutsche Tradition vertritt, zum anderen aber auch – insbesondere im Teil über psychogene Störungen – auf psychoanalytischem Gedankengut aufbaut. Darüber hinaus wurde großer Wert darauf gelegt, daß auch die Frageninhalte des IMPP aus den Prüfungen der letzten Jahre berücksichtigt wurden.

Kapitel 6 wurde von beiden Autoren gemeinsam verfaßt. Ansonsten haben wir uns die Arbeit wie folgt aufgeteilt: Die Kapitel 1 bis 5, 8, 12 bis 14, 16, 17, 21 und 22 wurden von Horst Dilling, die Kapitel 7, 9, 10, 11, 15 und 18 bis 20 wurden von Christian Reimer verfaßt.

Es ist unsere Hoffnung, daß wir ein für das Lernen und die praktische Orientierung brauchbares Buch geschaffen haben. Besonderer Dank gebührt der Redaktion des

Springer-Verlages insbesondere Frau Heike Berger, aber auch Frau Anne C. Repnow.

Lübeck/Basel, im Juli 1990

Horst Dilling
Christian Reimer

Zur Didaktik

Das Symbol ► verweist auf ein „Fallbeispiel“ zu dem jeweiligen Störungsbild.

Inhaltsverzeichnis

Allgemeiner Teil

Krankheitslehre

Therapie, Versorgung, Prävention

Besondere Bereiche

Allgemeiner Teil

1 Einleitung

Das Fach „Psychiatrie“ wird oft als Fremdkörper im Studium der Medizin erlebt: Der nicht-naturwissenschaftliche Aspekt des Faches ist ungewohnt, die Begegnung mit dem psychisch Kranken verunsichert, die Sprache der Psychopathologie fügt sich nicht in die allgemeine medizinische Terminologie ein. Die zentrale Position des Fachs zwischen Natur- und Geisteswissenschaften leitet sich aus den Beziehungen zu vielen Nachbardisziplinen wie Psychologie, Soziologie, Philologie, Rechtswissenschaft, Theologie und Philosophie einerseits, Morphologie, Biochemie, Physiologie, Pharmakologie und Genetik andererseits ab.
Bei Abfassung dieses Kompendiums, das sich in erster Linie an den Medizinstudenten richtet, verfolgten wir zwei Ziele: Einerseits sollten - in bezug auf den Inhalt - Grundlagen und Fakten des Fachs, d. h. ein Standardwissen vermittelt werden, das der Allgemeinarzt beherrschen sollte, wenn er mit Patienten zu tun hat, die unter psychischen Störungen und Erkrankungen leiden. Vergleichbar dem in der Allgemeinpraxis erforderlichen Wissen sollte auch das des Arztes im Allgemeinen Krankenhaus sein, der die Indikation zur psychiatrischen Konsiliaruntersuchung stellt. Andererseits sollte - in bezug auf die Form - dieses immer noch sehr umfangreiche Standardwissen strukturiert, im Stile eines guten Exzerpts, dargeboten werden.
Um bei aller Knappheit dennoch Typisches zu veranschaulichen und differentialdiagnostische Erwägungen anzuregen, sind die meisten der speziellen Kapitel des zweiten Teils „Krankheitslehre“ sowie das Kapitel im ersten Teil „Psychiatrische Untersuchung und Befunddokumentation“ jeweils durch eine Auswahl von Kasuistiken (eigener und auch einiger historischer Krankengeschichten aus der Literatur) ergänzt.

Wir gehen davon aus, daß der Student Einführungsvorlesungen und Kasuistiken besucht und ein psychiatrisches Praktikum absolviert, in dem er selbst Patienten untersucht. Parallel zu diesen praktischen Erfahrungen und dem Lernen in der Klinik soll unser Buch hilfreich sein, das aus der Erfahrung des Unterrichts entstand.

Lernziele, die am Ende von Vorlesung, Kurs und Lektüre erreicht sein sollten:

- Vertrautwerden mit der Psychiatrie als psychologischer Seite der Medizin, aber auch als biologisch-naturwissenschaftlichem Fach mit besonders nahen Beziehungen zu Neurologie und Innerer Medizin
- Beschäftigung mit den Begriffen des „psychisch Krankseins", der „psychischen Störung" und dem Problem der „Normalität"
- Erlernen der psychiatrischen Terminologie, insb. der Psychopathologie, sowie der Beschreibung krankhafter seelischer Phänomene
- Kenntnis der wichtigsten Krankheitsbilder, auch in bezug auf die verschiedenen Lebensalter
- Erkennen psychischer Störungen und Erkrankungen:
  - diagnostisches Gespräch
  - Niederlegung der Anamnese und des psychischen Befundes in der Krankengeschichte
  - syndromatische Einordnung
  - Versuch einer Diagnose, Gesamtbewertung der Befunde
- Aufstellen eines Therapieplans:
  - Kenntnisse über Psychopharmakotherapie
  - Indikation zur Psychotherapie
- Kenntnisse über die typischen Verlaufsformen und sozialen Konsequenzen psychischer Krankheit
- Kenntnisse über institutionelle Behandlungsmöglichkeiten, gegenwärtiges Versorgungssystem, sozialgesetzliche Zusammenhänge, Möglichkeiten der Rehabilitation
- Kenntnisse über die forensische Psychiatrie, einschl. der Maßnahmen bei nichtfreiwilliger Behandlung
- Grundkenntnisse über die historische Entwicklung der Psychiatrie

Seit vielen Jahren gaben wir den Studenten Übersichten zu verschiedenen psychiatrischen Themenbereichen, die hier in erweiterter und ergänzter Form zusammengefaßt sind. Der Charakter stichwortartiger Übersichten blieb dabei erhalten; der Anspruch eines Lehrbuchs wird von uns also nicht angestrebt. Dennoch ist das Wissen, das von den Studenten im zweiten Abschnitt der schriftlichen Prüfung erwartet wird, - soweit wie möglich auf dem aktuellen Stand - berücksichtigt.

2 Psychiatrische Untersuchung und Befunddokumentation

2.1 Exemplarische Untersuchungssituationen

Zur Veranschaulichung unterschiedlicher Untersuchungssituationen werden zunächst modellhaft 3 Patienten vorgestellt:

Der motivierte Patient
Besuch in der Praxis des niedergelassenen Psychiaters bzw. Aufnahme ins Krankenhaus, meist nach Voranmeldung und Terminvereinbarung für ein Gespräch

Beispiel: 53jährige Patientin, vom Allgemeinarzt überwiesen; leidet seit 2 Jahren unter Kopfschmerzen und Schlafstörungen; in den letzten Monaten zunehmende Verstimmungen, fehlende Selbstsicherheit, Versagensgefühle, Antriebslosigkeit. Aufgrund des hohen Leidensdrucks zur Behandlung motivierte Patientin

Hinweise für die Untersuchung:

- günstige Ausgangssituation schaffen: dem Patienten bei der Begrüßung entgegengehen, Sitz anbieten; auf die richtige Distanz achten (günstig: übereck zu sitzen, mit der Möglichkeit, sich anzusehen, ohne sich zu konfrontieren; kein großer, trennender Schreibtisch)
- für Ruhe während des Gesprächs sorgen: keine Telefonate, nicht sofort mit Notizen beginnen (besser vom Patienten hierfür Einverständnis einholen), Patienten wissen lassen, wieviel Zeit zur Verfügung steht (bei Erstinterview möglichst mindestens 30 min bis etwa 1 h)
- Ablauf des Interviews: nicht schematisch, aber gegliedert; Versuch, dem Patienten, insb. während der ersten Hälfte der Unter-

suchung, die Auswahl und Reihenfolge des Gesprächsinhalts zu überlassen; meist Beginn mit gegenwärtigen Beschwerden

- Aufbau einer Gefühlsbeziehung zwischen Patient und Arzt: Verwenden von Umgangssprache, kein Fachjargon; Berücksichtigung der Verständnisfähigkeit und Bildungsstufe des Patienten; behutsame Steuerung bei weitschweifig-umständlichen Patienten, verstärktes Fragen bei ruhigen und verschlossenen Patienten
- Abschluß des Gesprächs: keinesfalls abrupt; Zusammenfassung des Gesprächs (gewonnener Eindruck des Untersuchers vom Krankheitsbild des Patienten); keinesfalls schockierende Eröffnungen zum Ende des Gesprächs ohne die Möglichkeit einer Besprechung; Andeutung weiterer Untersuchungsschritte (ggf. neue Terminabsprache) oder Schilderung eines möglichen Therapieplans; Empfehlungen bzw. Verschreibungen der Medikation

Der überwiegend abwehrende Patient

Kommt in der Regel auf Fremdveranlassung hin (Angehörige, Freunde, Arbeitgeber) zur Untersuchung; Gespräch mit dem Patienten ist möglich, jedoch besteht keine Motivation, Hilfe anzunehmen

Beispiel: 45jährige Patientin, psychiatrisches Konsil auf Veranlassung der Abteilung für Onkologie; Behandlung wegen Metastasen eines Mammakarzinoms; Lebermetastasen, Aszites; wiederholte Suizidäußerungen im Falle der Entlassung („niemand könne ihr helfen"). - Patientin im Gespräch subdepressiv, resigniert, leugnet Suizidabsichten

Hinweise für die Untersuchung:

- Versuch, dem Patienten in wenigen Sätzen den Sinn der psychiatrischen Untersuchung zu vermitteln (keine Verschleierung der Identität des Untersuchers)
- kein abruptes Konfrontieren mit der psychiatrischen Symptomatik
- Versuch, den Leidensdruck des Patienten zu erfassen (alles aufnehmen, was vom Patienten kommt, Beachtung spontaner Äußerungen, Wahrnehmung von Fehlleistungen)
- ansonsten inhaltlich in vieler Hinsicht ähnlich dem Gespräch mit motivierten Patienten

Der psychisch schwerkranke Patient
Häufig Notfallambulanzaufnahmen von erregten, stuporösen, agitiert depressiven oder deliranten Patienten; Beobachtung und Untersuchung ohne Kooperation des Patienten; erste Informationen nur über Fremdanamnese erhältlich

Beispiel: 24jähriger Patient, Student der Philologie, wird von den Eltern mit Krankenwagen gebracht; Aufnahme in der Notfallambulanz. Nach Angaben der Eltern zunehmender Rückzug seit einigen Monaten; Verweigerung von Nahrung; sprach nicht mehr mit seiner Umgebung (bei Drängen der Eltern Auftreten von Aggressivität). Jetzt starr, reaktionslos, mutistisch; kein Gespräch möglich

Hinweise für die Untersuchung:
- Verhalten des Untersuchers: ruhig, sicheres Auftreten; ausreichende Distanz zum Patienten
- Vorsicht vor unerwarteten aggressiven Reaktionen: Untersuchung evtl. in Gegenwart Dritter, Wurfgeschosse u. ä. außer Reichweite
- einfache Fragen, die den Patienten nicht bedrängen. Da von den Patienten in der Regel wenig Informationen zu erhalten sind, gewinnen hier Fremdanamnese, Beobachtung und Prüfung der psychischen Grundfunktionen stärkere Bedeutung

Die weitere Gliederung dieses Kapitels folgt der für die *Abfassung der Krankengeschichte* zu empfehlenden *Reihenfolge:*

Kennzeichnung des Patienten

Anamnese
- Familienanamnese
- Lebensgeschichte des Patienten
- Primärpersönlichkeit
- somatische Anamnese
- psychiatrische Anamnese

Befund
- psychischer Befund
- somatischer Befund
- weitere Befunde

Beurteilung und Diagnose

Dokumentation
- Krankengeschichte
- Arztbrief
- Basisdokumentation

2.2 Kennzeichnung des Patienten

Kurzcharakteristik mit Anlaß der Behandlung

Beispiel: Der 43jährige, verheiratete Schreinermeister, Herr S., wird von seiner Hausärztin, Frau Dr. E., wegen seit 3 Monaten bestehender Depressionen und Suizidalität stationär eingewiesen.

2.3 Anamnese

Zur Erleichterung der Anamneseerhebung bieten sich eine Reihe ***praktischer Hilfsmittel*** an.
Bei Anwendung des sog. ***Anamnesemosaiks*** (Tabelle 1) werden Daten und Fakten nicht fortlaufend mitgeschrieben, sondern stichpunktartig an bestimmten Stellen eines DIN-A4-Schreibbogens eingetragen.
Aus der Lokalisation der Notizen geht hervor, um welchen inhaltlichen Bereich es sich handelt. (Das Niederschreiben oder Diktat von Krankengeschichte oder Arztbrief sollte relativ bald nach Ausfüllen des Anamnesemosaiks erfolgen!)
Vorteile des Verfahrens: Visualisieren („weiße Flecken" fallen auf); leichtere mnemotechnische Verankerung von Befunden im Gedächtnis; systematische Ordnung des Gehörten: stärkere Zuwendung zum Patienten während des Gesprächs
Nachteile des Verfahrens: keine Dokumentation der Reihenfolge der Äußerungen; beschränkter Platz für Notizen; Verwendung von Kürzeln

Tabelle 1. Anamnesemosaik (aus: Dilling H, 1986, Nervenarzt 57, 374–377)

Datum der Untersuchung Untersucher

Name (Geburtsname), **Vorname** (Geschlecht)

Geburtstag (Alter)	Geburtsort
Wohnung (Telefon)	Zwilling
Überwiesen von:	wegen:

Biographie

Äußere	**Innere**
Schwangerschaft	Erwünschtheit
Geburt	frühkindliche Entwicklung
Kindergarten	Primordialsymptome, Neurotizismen
Schulen	Bezugspersonen, Erziehungsstil
Studium/Lehre	Erleben von Zärtlichkeit
Militär	Pubertät, Geschlechtsrolle
Berufswahl	Freunde, Sekundäre Gruppen
Beruf/Arbeit	Reaktionen auf Verluste/Kränkungen
Arbeitslosigkeit	Umgang mit Besitz
	Allgemeines Lebensgefühl
	Religiöse Bindung
	Hobbys, Interessen

Prämorbide Persönlichkeitseigenschaften

Familienanamnese

(Psychiatrische Erkrankungen, Erbkrankheiten, Suizide, Sucht, psychische Belastungen, Kriminalität)

Vater (Alter, Beruf)

Mutter (Alter, Beruf)

Elternehe (Dominanz, Rollenverhalten)

Patient ..... Geschwisterstelle von ..... Kindern (als „Bruch“, z. B. ¾)
(Halb-, Stief-)Geschwister (Alter, Beruf, Familienstand, Kinder)

Sexuelle Entwicklung (Stellenwert der Sexualität, Aufklärung, Pubertät, Onanie, Menarche, erster Geschlechtsverkehr, Gravidität, Konzeptionsverhütung, Interruptio, Menopause, Dysfunktion, Perversion)

Ehe, Partnerschaft (Alter, Beruf, Beginn der Bekanntschaft, Jahr der Heirat, Qualität der Ehe)

Kinder/Stiefkinder (Vorname, Alter, Ausbildung, Beruf, Legitimität)

Sozialkontakte (Nachbarn, Freunde)

Wirtschaftliche Verhältnisse (Schulden)

Wohnen
(mit wem? wie?)

Kriminalität (Gefängnis, Bewährung)

Frühere somatische Erkrankungen

(Krankenhaus, Unfälle, venerische Erkrankungen, Name des Hausarztes)

Spezielle Vorgeschichte

(Auslöser)

Beginn (psychiatrische/psychotherapeutische Vorbehandlung, wo? wann? bei wem?)

Suizidversuche(-gedanken)

Sucht/Mißbrauch (Tabletten, Alkohol, Nikotin, Rauschdrogen etc., Spiel)

Jetzige Erkrankung, Beschwerden

Beginn, Auslöser, Konflikte, Belastungen, **Medikamente**)

Psychisch (Äußeres, Eindruck auf den Untersucher, psychopathologischer Befund, Abwehrmechanismen, Übertragung, Gegenübertragung)

Diagnosen (Persönlichkeitsstruktur, psychiatrische Diagnosen evtl. mehrere Achsen, Suizidalität, somatische Diagnosen)

Therapieplan

Ein weiteres Hilfsmittel bei Anamneseerhebung ist die sog. ***Biographische Leiter*** (Tabelle 2), aus der die zeitliche Beziehung zwischen Lebensereignissen und dem Auftreten von körperlichen und psychischen Krankheiten hervorgeht.

Tabelle 2. Biographische Leiter (nach Goldberg et al. 1987)

Alter	Jahr	Lebensereignis	Körperliche Krankheit	Psychische Krankheit
	1940	Geburt 10. 9. 40		
1	1			
2	2			
3	3			
4	4			
5	5	Schulbeginn		
6	6			
7	7			
8	8	Vater gestorben Mutter hat Freund	Abdominelle Schmerzen	
9	9			
10	1950		Appendektomie	
11	1			
12	2			
13	3			
14	4			
15	5	Schulabgang		
16	6			
17	7			
18	8			
19	9			
20	1960	Erste Verlobung		
21	1	Trennung		Angstzustände (Medikamente)
22	2	Zweite Verlobung		
23	3	Heirat		
24	4			
25	5	Arbeit aufgegeben Tochter geboren		
26	6			
27	7		Hysterektomie (Menorrhagien)	
28	8			
29	9			
30	1970			
31	1			
32	2			
33	3			

Tabelle 2. (Fortsetzung)

Alter	Jahr	Lebensereignis	Körperliche Krankheit	Psychische Krankheit
34	4			
35	5			
36	6			
37	7			
38	8			
39	9			
40	1980			
41	1			
42	2			
43	3	Tochter zur Universität		depressiv (Antidepressiva, vom Allgemeinarzt verordnet)
44	4			
45	5	Krankheit der Mutter		
46	6	Tod der Mutter 18. 2. 86		Beginn der jetzigen Erkrankungen

Vorteile dieses Verfahrens: die gemeinsame Erarbeitung mit dem Patienten von vorher nicht bewußt gesehenen Zusammenhängen

Hilfreich und sehr aufschlußreich können auch handgeschriebene „Notizen" zur Biographie sein. Ein formaler Lebenslauf sagt oft wenig aus.
Die Anamnesenerhebung sollte folgende Bereiche umfassen:

Familienanamnese

Zu erfragen sind:

- Soziale und berufliche Situation
- Charakterisierung der Eltern und Geschwister, evtl. sonstiger Angehöriger, vor allem der Großeltern
- Familienklima
- Erbkrankheiten, psychiatrische Erkrankungen und Behandlungen, Suizide, Suchtkrankheiten, Kriminalität, sonstige Besonderheiten

Bei Erhebung der Familienanamnese erweist sich der ***Stammbaum*** (Tabelle 3) als hilfreich. Er vermittelt eine Übersicht über die letzten beiden Generationen, insb. die Sozialgeschichte der Familie.

Tabelle 3. Stammbaum (nach Dührssen 1981)

Vater 75 Jahre pens. Offizier	**Mutter** 70 Jahre Hausfrau	**Vater** 67 Jahre Schauspieler	**Mutter** 67 Jahre Schauspielerin
Vater 50 Jahre Arzt		**Mutter** 45 Jahre ohne Beruf früher Tänzerinnen- ausbildung	
	Patient 25 Jahre, Student, Kopfschmerzen		

wichtig: Unterscheidung zwischen mütterlicher und väterlicher Familie, d. h. bei Erhebung der Familienanamnese nicht Großmutter, sondern Vatersmutter; nicht Großvater, sondern Vatersvater; nicht Onkel, sondern Vatersbruder usw.

Lebensgeschichte des Patienten

Hilfreich ist die Unterscheidung in äußere und innere Lebensgeschichte:

- Zur ***äußeren Lebensgeschichte*** sind, soweit möglich, konkrete Daten zu den folgenden Bereichen zu erfragen:
  - Geburtsort
  - Lebensraum in Kindheit und Jugend
  - Geschwisterstellung
  - Schwangerschafts- und Geburtsbesonderheiten
  - Kindergarten
  - Schulbesuch
  - Studium/Lehre
  - berufliche Entwicklung
  - Partnerschaft
  - Heirat
  - Kinder
  - wirtschaftliche Situation
  - Wohnverhältnisse

- Bei der ***inneren Lebensgeschichte*** stehen dagegen weniger die konkreten Daten im Vordergrund, als mehr die beschreibende Schilderung folgender Bereiche:
  - frühkindliche Entwicklung, erste Erinnerungen, Neurotizismen in der Kindheit (Primordialsymptome), Bezugspersonen, Erziehungsstil der Eltern, Geschlechtsrolle etc., sexuelle Entwicklung
  - Ehe und Partnerschaften, Kinder und deren Entwicklung, Sozialkontakte
  - Religion und Weltanschauung

Primärpersönlichkeit
Versuch, die prämorbiden ***Persönlichkeitseigenschaften*** (himmelhoch jauchzend - zu Tode betrübt; pedantisch, niedergestimmt; hypochondrisch etc.), möglicherweise auch die ***Persönlichkeitsstruktur*** (schizoid, zwanghaft, depressiv etc.) aus den Gesprächen mit Patienten und Angehörigen zu erschließen

Somatische Anamnese
Erhebung früherer und gegenwärtiger Erkrankungen und Behandlungen

Psychiatrische Anamnese
Die psychiatrische Anamnese sollte mit folgenden Fragen die Vorgeschichte der gegenwärtigen Beschwerden (evtl. auch frühere psychiatrische Anamnesen und Behandlungen) klären:

- Weshalb hier?
- Seit wann bestehen die Probleme oder Beschwerden?
- Klärung der Auslösesituation?
- Ist der Patient von sich aus gekommen oder auf ärztliche Überweisung hin (Empfehlung durch wen)?
- Gegenwärtige Behandlung mit vollständigen Angaben zur Medikation?
- Frühere psychiatrische Behandlung?
- Erleben der gegenwärtigen Krankheit?
- Einstellung zur Krankheit?
- Erwartungen an die Behandlung?

2.4 Befund

Psychischer Befund

- ***Äußeres Erscheinungsbild, Sprechverhalten, Sprache:***
  - Kleidung und Schmuck, Frisur, Körperpflege (gepflegt/ungepflegt, verwahrlost, modisch/konventionell, ärmlich/protzig)
  - Körpergeruch (oft spezifisch; Alkoholfahne?)
  - Physiognomie, Hände und Fingernägel (abgekaute Nägel?)
  - Zähne (bei vielen Suchtkranken ungepflegtes Gebiß)
  - Gang (behindert oder frei?)
  - besondere Eigentümlichkeiten?
  - Gestik und Mimik (Tics, Dyskinesien, Verlegenheitsgesten?)
  - Sprechverhalten (Stimmklang, fehlende oder übertriebene Modulation der Stimme, manierierte, kindliche Sprechweise, natürliche Stimmhöhe, gepreßte Sprache etc.?)
  - Sprechstörungen wie Stammeln, Poltern, nichtartikulierte Laute?
  - Sprache (Niveau des Sprachverständnisses und Ausdrucksvermögens, Verbalisierung dem Bildungsstand entsprechend?), Sprachschwierigkeiten bei Ausländern berücksichtigen
- ***Bewußtsein und Vigilanz*** (s. S. 24 ff.):
  Voraussetzung für
  - Aufmerksamkeit
  - Konzentration
  - Merkfähigkeit
  - Gedächtnis und Orientierung
- ***Empfindung und Wahrnehmung*** (s. S. 31 ff.):
  - Mißempfindungen
  - Illusionen
  - Halluzinationen etc.
- ***Denken und Vorstellen*** (s. S. 33 ff.):
  - formale Denkstörungen
  - inhaltliche Denkstörungen wie Wahn- und Zwangsvorstellungen
- ***Affektivität*** (s. S. 37 ff.):
  - Depression
  - Euphorie etc.

- ***Antrieb*** (s. S. 39 ff.):
  - Antriebsstörungen
  - psychomotorische Störungen etc.
- ***Ich-Erleben*** (s. S. 41):
  - Ich-Störungen wie Entfremdungserlebnisse
  - Autismus etc.
- ***Intelligenz*** (s. S. 42):
  - angeborene Intelligenzminderung
  - erworbene Intelligenzminderung
- ***Sonstige Merkmale:***
  - Krankheitsgefühl (Empfindung des Schweregrades der Erkrankung)
  - Krankheitseinsicht (Akzeptanz der Krankheit und ihrer Behandlung)
  - Simulation (Vortäuschung einer Krankheit)
  - Dissimulation (Vortäuschung von Gesundheit und Leugnung der Krankheit)
  - Selbstbeschädigung und Suizidalität
- ***Verhalten in der Untersuchungssituation:***
  - Kontaktaufnahme (freiwillig oder erzwungen; zuhause, in der Arztpraxis oder auf der Intensivstation; Hilfesuchverhalten oder Ablehnung)
  - Reaktionsfähigkeit
  - Wechselbeziehung zwischen Patient und Untersucher

Somatischer Befund

- körperliche, insb. internistische, neurologische, klinische Untersuchungsbefunde
- Laborergebnisse, Röntgen, EKG, EEG, CCT usw.

Weitere Befunde

Der psychologische Befund kann z. B. durch Einsatz bzw. Ergebnisse ***psychologischer Testverfahren*** untermauert werden (s. Anhang B).

2.5 Beurteilung und Diagnose

Nicht sofort auf eine Diagnose zusteuern! Bei Beurteilung und Diagnose eines Falles sollte in folgender ***Reihenfolge*** vorgegangen werden:

- Feststellung des psychopathologischen Befundes (Querschnitt)
- Bildung von ätiologisch zunächst unspezifischen Symptomenkomplexen (psychiatrische Syndrome)
- Beschreibung der Syndrome nach psychopathologischen Kriterien wie Bewußtsein, Gedächtnis, Orientierung, Wahrnehmung, Denken, Stimmung
- Benennung der Syndrome nach meist kennzeichnenden und hervorstechenden Symptomen (Tabelle 4)
  Nach der Syndrombestimmung Versuch, den Verlauf und ätiologisch relevante Befunde einzuschließen, d. h. Interpretation mit ätiologischen Vermutungen
- erst jetzt Versuch einer diagnostischen Beurteilung

Als Orientierungshilfe gilt die ***klassische Einteilung*** der psychiatrischen Diagnosen nach dem triadischen (oder tetradischen) System:

- körperlich begründbare psychische Störungen
- endogene Psychosen
- psychogene Störungen

Hinzu kommen
- sog. „Spielarten des Normalen":
  Persönlichkeitsstörung und Intelligenzminderung (Schneider 1967)[1]

Zwischen diesen Gruppen sind viele Überschneidungen möglich (z. B. bei den Abhängigkeitserkrankungen)
Bei Vorliegen mehrerer Störungen wird in der Regel nach der sog. ***Schichtenregel*** nach Jaspers vorgegangen: die schwerwiegendere Erkrankung bzw. die körperlich begründbare Störung hat Vorrang.
Aus vorwiegend wissenschaftlichen Gründen (Vergleichbarkeit) wurden eine Reihe von ***internationalen Klassifikations- bzw. Diagnosensystemen*** erstellt:

---

[1] Schneider K (1967) Klinische Psychopathologie, 8. Aufl. Thieme, Stuttgart

Tabelle 4. Psychiatrische Syndrome (Symptomenkomplexe)

	Bewußtsein	Gedächtnis	Orientierung	Wahrnehmung	Denken	Stimmung	Antriebslage	Vorkommen
Manisches Syndrom	klar	erhalten	erhalten	normal	Ideenflucht (Größenideen)	gehoben (heiter)	Erregung	Manie, organische Hirnerkrankungen (z. B. Paralyse), Vergiftungen, Schizophrenie
Depressives Syndrom	klar	erhalten	erhalten	normal	Denkhemmung, depressive Ideen	gedrückt	Hemmung	Depression, Schizophrenie, organische Hirnerkrankungen
Angstsyndrom	mitunter getrübt	erhalten	mitunter gestört	illusionäre Verkennungen	Verfolgungsideen	ängstlich	Erregung	Depression Schizophrenie, symptomatische und senile Psychosen
Paranoid-halluzinatorisches Syndrom	klar	erhalten	erhalten	akustische Halluzinationen	Beeinträchtigungsideen	mißtrauisch, ängstlich, gespannt	oft Erregung	Schizophrenie, organische Hirnerkrankungen, symptomatische und toxische Psychosen
Hyperkinetisches Syndrom (Erregungszustand)	oft getrübt	oft Erinnerungslücke	oft gestört	Sinnestäuschungen	oft gestört, (Zerfahrenheit, Inkohärenz)	gehoben, ängstlich oder zornig	Erregung	Schizophrenie, symptomatische Psychosen, organische Hirnerkrankungen, Vergiftungen
Akinetisches Syndrom (Stupor)	klar	erhalten	erhalten	normal	oft gehemmt	gleichgültig, gedrückt oder gespannt	Sperrung	Schizophrenie, Depression, psychogene Haftreaktion, (Haftstupor)
Dämmerzustand	getrübt oder eingeengt	Erinnerungslücke	meist gestört	Sinnestäuschungen	Wahnideen	gespannt, ängstlich, zornig	Erregung	Epilepsie, Hirnverletzungen, pathologischer Rausch, psychogene Reaktion

Tabelle 4. (Fortsetzung)

	Bewußtsein	Gedächtnis	Orientierung	Wahrnehmung	Denken	Stimmung	Antriebslage	Vorkommen
Delirantes Syndrom	getrübt	Erinnerungslücke	meist gestört	optische Halluzinationen	Wahnideen	meist ängstlich	Erregung	Symptomatische Psychosen, Hirnverletzungen, organische Hirnerkrankungen, Vergiftungen
Amentielles Syndrom (Verworrenheit)	getrübt	Erinnerungslücke	meist gestört	Sinnestäuschungen	Inkohärenz, Wahnideen	ratlos	Erregung oder Hemmung	Symptomatische Psychosen, Hirnverletzungen, Hirnerkrankungen, Vergiftungen
Amnestisches Syndrom (Korsakow)	(klar)	Merkschwäche, Erinnerungslücken, Konfabulationen	meist gestört	normal	normal	verschieden	oft Antriebsmangel	Alkoholismus, CO-Vergiftungen, organische Hirnerkrankungen, symptomatische Psychosen

- die von der Weltgesundheitsorganisation (WHO) entwickelte *International Classification of Diseases (ICD);* derzeit gültig ist die 9. Revision (ICD-9), in Vorbereitung die ICD-10.
- das von der American Psychiatric Association (APA) entwikkelte *Diagnostic and Statistical Manual (DSM);* derzeit gültig ist die Revision der 3. Fassung (DSM-III-R)
- die *Research Diagnostic Criteria (RDC)*

Zu diesen Systemen gibt es eine Reihe von standardisierten Interviews (z. B. CIDI zu ICD-10, SKID zu DSM-III);
Vorteile dieser Interviews: gleichmäßige Erfragung des gesamten Befundes, vollständige Befunddokumentation, da keine Frage vergessen wird
Nachteile dieser Interviews: wenig individualisiertes Vorgehen des Interviewers, auf das der Patient evtl. mit latenter Ablehnung reagiert; großer Zeitaufwand

2.6 Dokumentation

Krankengeschichte
Die Krankengeschichte sollte entsprechend dem diesem Kapitel vorangestellten Überblick (vgl. S. 8 f.) gegliedert und durch Überschriften und Unterstreichungen auch optisch strukturiert sein.
Die Krankengeschichte ist der Versuch eines objektiven Berichts unter Einbeziehung der subjektiven Wahrnehmungen des Untersuchers: anschaulich konkrete Darstellung, möglichst auch mit charakteristischen wörtlichen Zitaten, große Bedeutung auch von Details!
Die Fremdanamnese ist stets getrennt von den Angaben des Patienten zu dokumentieren! Wird im Rahmen der Anamnese auf Fremdanamnese Bezug genommen, so sollten der Name des Referenten, möglichst mit Personalien (Adresse, Alter, Telefonnummer!), sowie die Dauer der Bekanntschaft des Referenten mit dem Patienten notiert werden.
Die Krankengeschichte schließt mit dem Behandlungsplan und evtl. den Rehabilitationsmaßnahmen.

Psychiatrischer Arztbrief

Der weiterbehandelnde Arzt sollte den Arztbrief *vor* dem ersten Termin mit dem Patienten erhalten (nach Wochen oder Monaten eintreffende Arztbriefe haben nur noch für den Absender dokumentarische Bedeutung)!

Formal sollte der Arztbrief folgende Kriterien erfüllen:

- klare Gliederung
- weniger ausführlich als die Krankengeschichte: maximal ein Briefbogen
- Der Inhalt dient dem Verständnis des Falles für die Weiterbehandlung, daher: möglichst keine Normalbefunde, eindeutige Diagnosen, letzte bzw. empfohlene Medikation und sonstige Behandlungsmaßnahmen
- möglichst keine Mitteilung von intimen, vertraulichen Inhalten, vor allem keine Fakten über namentlich genannte Dritte (In der Praxis liest meist nicht nur der Arzt die Berichte! Trotz „Vertraulich"-Stempel werden Berichte oft weitergegeben: an Krankenkassen und Sozialämter etc., die zwar den Krankheitsbefund, nicht aber biographische, oft sehr persönliche Details benötigen, oder an die Patienten selbst, die die Berichte dann u. U. ohne Erklärung erhalten und mißverstehen können.)

Basisdokumentation

Systematische Kurzdokumentation auf Vordrucken, enthält soziodemographische und diagnostische Charakterisierung von Patienten bei Behandlung in stationären oder ambulanten Institutionen: ICD-Diagnose, Überweisungsquelle, Weiterbehandlung, Suizidversuch vor oder während der Behandlung, berufliche Stellung, Wohnsituation u. a. (von der Deutschen Gesellschaft für Psychiatrie und Nervenheilkunde DGPN empfohlene Merkmale)

Sinn der Basisdokumentation: Dokumentation der Versorgungsleistung der jeweiligen Einrichtungen und soziodemographische Charakterisierung der Patienten einer Institution; dient als Planungsgrundlage

Man beachte die Auflagen des Datenschutzes: nur Weitergabe von aggregierten Daten!

3 Psychopathologie

Die Psychopathologie ist die Lehre von den psychischen Phänomenen und Symptomen der psychiatrischen Störungen und Krankheiten. – Psychopathologische Phänomene bestimmen zwar bei den meisten psychischen Störungen das klinische Erscheinungsbild, sie sagen jedoch nichts Verläßliches über Ätiologie und Pathogenese der zugrunde liegenden Störung aus. Die klinische Beobachtung kann keinesfalls durch apparative Untersuchungen oder Laboranalysen ersetzt werden.
Aufgabe der klinischen Psychopathologie ist die systematische Analyse und Dokumentation der beobachteten Symptome und Befunde, primär im Querschnitt, aber auch im Verlauf.
Das Kapitel „Psychopathologie“ ist nach Elementarfunktionen gegliedert: den Beschreibungen dieser (ungestörten) Elementarfunktionen folgen jeweils die möglichen Störungen.

Elementarfunktionen und ihre Störungen:

Bewußtsein/Vigilanz
- Quantitative Bewußtseinsstörung
- Qualitative Bewußtseinsstörung

Aufmerksamkeit/Gedächtnis
- Aufmerksamkeits- und Konzentrationsstörungen
- Auffassungsstörungen
- Merkfähigkeits- und Gedächtnisstörungen

Orientierung
- Orientierungsstörungen

Wahrnehmung
- Quantitative Wahrnehmungsstörungen
- Qualitative Wahrnehmungsstörungen

Denken
- Formale Denkstörungen
- Inhaltliche Denkstörungen

Affektivität
- Affektive Störungen

Antrieb
- Antriebsstörungen
- Psychomotorische Störungen

Ich-Erleben
- Ich-Störungen

Intelligenz
- Angeborene Intelligenzminderung
- Erworbene Intelligenzminderung

3.1 Bewußtsein/Vigilanz

Definition der Elementarfunktion

Bewußtsein ist durch zwei unterschiedliche Aspekte gekennzeichnet:

- Bewußtsein im Sinne der ***Schlaf-Wach-Schaltung,*** auch bei Tieren vorhanden
- ***Reflektierendes Bewußtsein*** als das unmittelbar auf die Person selbst bezogene Wissen um geistige und seelische Zustände, d. h. Wissen um die Beziehung zwischen Bewußtseinsinhalt (Erleben, Erinnerung, Vorstellung, Denken) und dem Ich, dem etwas bewußt ist
  Voraussetzung reflektierenden Bewußtseins ist ***Vigilanz (Wachheit).*** Nur dadurch sind Auffassen und Erkennen (in Verbindung mit dem persönlich-lebensgeschichtlichen Kontext) möglich.

Die Prüfung des Bewußtseins ist nur indirekt über Beobachtung der Aufmerksamkeit, Konzentration, Merk- und Gedächtnisfähigkeit möglich.

Störungen der Elementarfunktion

Störungen des Bewußtseins können quantitativer oder qualitativer Art sein, häufig sind sie eine Kombination beider.

Quantitative Bewußtseinsstörung/Vigilanzstörung
Definition: durch Verminderung der Vigilanz bedingte Bewußtseinsstörung.
Vorkommen: bei hirnorganischen Störungen, Intoxikationen, schweren Allgemeinerkrankungen. Leichtere Formen auch bei körperlicher Erschöpfung, schwerere Formen nach Schädel-Hirn-Trauma, bei Stoffwechselstörung sowie präfinal. Vigilanzstörungen sind immer Hinweis auf organische Ätiologie!
Formen:

- ***Benommenheit***
  Definition: leichtester Grad von Vigilanzstörung
  Erscheinungsbild: Auffassungsstörungen und Verlangsamung des Denkens
- ***Somnolenz***
  Definition: abnorme (krankhafte) Schläfrigkeit
  Erscheinungsbild: schläfrig-benommen, stark verlangsamt, fehlende Spontanäußerungen,
  aber weckbar! Oft weitgehende Amnesie!
- ***Sopor***
  Definition: ausgeprägter Grad von Vigilanzstörung, Betäubung
  Erscheinungsbild: nur stärkere Reize lösen noch Reaktionen aus: bei Schmerzreizen geordnete Abwehrbewegungen. Für kurze Zeit weckbar!
- ***Koma***
  Definition: Bewußtlosigkeit
  Erscheinungsbild: Zustand tiefster, nicht zu unterbrechender Bewußtseinsstörung, d.h. nicht weckbar! Keine Reaktion auf

Anrufen. Auf Schmerzreize evtl. unkoordinierte Abwehrbewegungen (Reflexverhalten je nach Tiefe des Komas unterschiedlich), u. U. fehlende Sehnen- und Hautreflexe

Qualitative Bewußtseinsstörung
Definition: Veränderung des Bewußtseins
Formen:

- ***Bewußtseinstrübung***
  Definition: Verwirrtheit von Denken und Handeln
  Der Begriff „Bewußtseinstrübung" wird in der Allgemeinmedizin häufig weit gefaßt und auf fast alle Störungen des Bewußtseins (mit Ausnahme vom Koma auch auf die quantitativen Störungen) angewandt. Auch wenn die Unterscheidung zwischen Bewußtseinstrübung und Benommenheit gelegentlich problematisch ist, sollte sie prinzipiell jedoch aufrechterhalten werden!
  Erscheinungsbild:
  - mangelnde Klarheit der Vergegenwärtigung des Erlebens in bezug auf Ich und Umwelt
  - Fehlen von Zusammenhängen zwischen einzelnen Vorgängen (zerstückeltes Bewußtsein)
  - Verlangsamung, Inkohärenz und Verwirrtheit des Denkens
  - Merkfähigkeitsstörungen
  - oft gepaart mit Desorientierung

  Vorkommen: Delir, organische Verwirrtheitspsychose, zerebrovaskuläre Erkrankungen, schwere paranoid-halluzinatorische Psychosen
- ***Bewußtseinseinengung***
  Definition: traumhafte Veränderung des Bewußtseins
  Erscheinungsbild:
  - Einengung von Denkinhalten und Vorstellungen, Erlebnissen und Handlungsweisen
  - verminderte Ansprechbarkeit auf Außenreize: Aufmerksamkeit erscheint nach innen gerichtet
  - Handlungsfähigkeit bleibt im großen und ganzen erhalten, es können sogar komplizierte Handlungen möglich sein
  - gelegentlich mit illusionärer Verkennung oder Halluzinationen gepaart
  - für den Zustand der Bewußtseinseinengung besteht anschließend in der Regel Amnesie

Vorkommen: Dämmerzustand bei Epilepsie, pathologischem Rausch, Hirntraumen, Intoxikation, Enzephalitis; gelegentlich unter hohem Affektdruck (z. B. Panik, Schock) bei sog. hysterischem Dämmerzustand
Differentialdiagnose: ***Oneiroid*** (=traumhafte Verworrenheit), Patient wirkt wie im Trancezustand. In der Regel zusätzlich illusionäre Verkennung und andere Sinnestäuschungen, evtl. auch wahnhafte Erlebnisse. Hier u. U. auch getrübtes Bewußtsein

- ***Bewußtseinsverschiebung/-erweiterung***
  Definition: abnorme Helligkeit des Bewußtseinsfeldes
  Erscheinungsbild: Veränderung gegenüber durchschnittlichem Tagesbewußtsein, Gefühl der Intensitäts- und Helligkeitssteigerung, Vergrößerung des Bewußtseinsraums, ungewöhnliche Wachheit. Diese Zustände können mit verkürzter Reaktionszeit, aber auch mit Einschränkung der Wahrnehmungs- und Koordinationsfähigkeit, Unruhe und leerem Beschäftigungsdrang einhergehen.
  Vorkommen:
  - Intoxikation (insb. psychoanaleptische Medikation)
  - beginnende endogene Psychose
  - Meditation, Ekstase

3.2 Aufmerksamkeit und Gedächtnis

Definition der Elementarfunktion

Die Aufmerksamkeit (das Ausrichten des Wahrnehmens, Vorstellens und Denkens auf bestimmte gegenwärtige oder erwartete Erlebnisinhalte), Konzentration und Auffassung sind eng mit Merkfähigkeit und Gedächtnis verknüpft. Diese Funktionen sind schwer isoliert zu prüfen!

Störungen der Elementarfunktion

Aufmerksamkeits-/Konzentrationsstörungen

Definition: Unfähigkeit zur Ausrichtung, Sammlung und Hinordnung auf einen Gegenstand

Erscheinungsbild: Störung der Fähigkeit, „bei der Sache" zu bleiben, seine Aufmerksamkeit ausdauernd einer bestimmten Tätigkeit oder einem bestimmten Gegenstand zuzuwenden

Vorkommen: physiologische Müdigkeit, organisches Psychosyndrom

Prüfung:

- *Aufmerksamkeit:* im klinischen Gespräch
- *Konzentration:* Testaufgaben wie z. B. den Patienten von der Zahl 100 immer jeweils 7 subtrahieren lassen u. ä. Aufgaben oder Testverfahren wie z. B. Aufmerksamkeits-Belastungs-Test d2 (s. Anhang B)

Auffassungsstörungen

Definition: Störung der Fähigkeit, Wahrnehmungserlebnisse in ihrer Bedeutung zu begreifen, sie sinnvoll miteinander zu verbinden und mit früheren Erfahrungen zu verknüpfen. Auffassung kann falsch oder verlangsamt sein oder fehlen.

Erscheinungsbild: (nicht wahnhafte) Fehldeutung von Wahrgenommenem, Schwerbesinnlichkeit (bei organisch Verlangsamten)

Vorkommen: Aphasie, exogene Psychosen

Prüfung: Patient Fabeln oder kleine Geschichten nacherzählen lassen (= Prüfung der Merkfähigkeit)

Merkfähigkeits-/Gedächtnisstörungen

Definitionen:

- *Merkfähigkeitsstörungen:* Herabsetzung bis Aufhebung der Fähigkeit, sich neue Eindrücke über eine Zeit von ca. 10 min zu merken und ins Gedächtnis einzuprägen (Merkfähigkeit ist Voraussetzung für Gedächtnisfunktionen. Ein Teil des Gemerkten wird in Minuten wieder gelöscht, ein Teil wandert in den Gedächtnisspeicher.)
- *Gedächtnisstörungen:* Störung der Erinnerungsfähigkeit, Herabsetzung oder Aufhebung der Fähigkeit, länger als ca. 10 min zurückliegende Eindrücke im Gedächtnis zu behalten bzw. abzurufen

Erscheinungsbild:

- *Amnesie:* (Erinnerungslosigkeit)
  - *total; lakunär:* bezogen auf Episoden körperlicher oder seelischer Störungen
  - *retrograd:* Erinnerungslosigkeit für die *vor* einem bestimmten Ereignis mit Bewußtlosigkeit liegende Zeit (z. B. Verkehrsunfall)
  - *anterograd:* Erinnerungslosigkeit für die *nach* einem Ereignis mit Bewußtlosigkeit liegende Zeit
- *Hypomnesie:* unterdurchschnittliches Gedächtnis
- *Hypermnesie:* übermäßiges Gedächtnis (z. B. manche Autisten)
- *Zeitgitterstörung:* mangelnde Zuordnung biographischer Ereignisse bei mnestisch gestörten Kranken
- *Konfabulation:* Erinnerungslücken werden mit Einfällen und Phantasien des Patienten aufgefüllt, die dieser für Erinnerungen hält (Patient ist von der Realität der Konfabulationen überzeugt)
- *Paramnesien:* Erinnerungstäuschungen bis Gedächtnisillusionen und -halluzinationen (Trugerinnerungen)
- *Déjà-vu:* meist kurzdauerndes Gefühl der Bekanntheit, des bereits einmal Erlebten ohne Gedächtnisbelege hierfür (häufig auch bei Nichterkrankten als flüchtiges Erleben)
- *Jamais-vu:* Gefühl der Fremdheit in einer bestimmten Situation
- *Ekmnesie:* Vergangenheit wird als Gegenwart erlebt; Störung von Zeiterleben und Zeitgitter

Prüfung: In bezug auf die Funktionsprüfung sind zu unterscheiden:

- *Ultrakurzzeitgedächtnis (sec):* Rezeption und sofortige Wiedergabe von z. B. 6 vorgesprochenen Zahlen (1 Zahl/sec) vorwärts/4 Zahlen rückwärts (z. B. dem Patienten unbekannte Telefonnummern); Addition von 2stelligen Zahlen mit Zwischenergebnis
- *Kurzzeitgedächtnis (min):* Prüfung der Behaltensleistung von Testwörtern (Segelschiff, Sonnenblume, Zimmermann, Kleiderschrank usw.), neugelernten Namen, zuvor gehörten Fabeln nach ca. 10 min
- *Langzeitgedächtnis:* hierzu zählen Erinnerung von früher Gelerntem (Schulwissen), biographischen Inhalten (Altgedächtnis) und von in den letzten Tagen/Wochen neu Gelerntem wie aktuelle Tagesereignisse, Mahlzeiten vom Vortag usw. (Neuge-

dächtnis). Prüfung durch Abfragen entsprechender Gedächtnisinhalte

3.3 Orientierung

Definition der Elementarfunktion

Fähigkeit, sich zu Zeit, Ort, Gesamtsituation und auch bzgl. der eigenen Person zurechtzufinden und die entsprechenden Angaben zu machen
Voraussetzung: keine beträchtliche Störung der Vigilanz, keine ausgeprägte Auffassungs- oder Merkfähigkeitsstörung!

Störungen der Elementarfunktion

Orientierungsstörung
Definition: fehlende oder unzureichende Fähigkeit, sich aktuell zu Raum und Zeit und der eigenen Person zu äußern. Der Betroffenc wirkt unsicher bis desorientiert
Formen:

- *Zeitliche Orientierungsstörung:* Prüfung auf Tageszeit, Wochentag, Jahreszeit, Monat, Jahr und Datum (Datum wird oft auch von zeitlich Orientierten nicht genau gewußt!)
- *Örtliche Orientierungsstörung:* Patient weiß nicht, wo er ist. Voraussetzung für die Prüfung ist, daß der Patient die Möglichkeit zur Orientierung hatte (evtl. fehlend bei Krankenhausaufnahme auf unbekannte Station)
- *Situative Orientierungsstörung:* Patient hat keinen Überblick über die Situation, in der er sich befindet (z. B. Untersuchung). Vorkommen: Verlust der situativen Orientierung bei Demenz, wahnhafte Fehlorientierung z. B. beim Delir
- *Orientierungsstörung zur Person:* Wissen um die eigene Person und persönliche lebensgeschichtliche Gegebenheiten sind gestört. Prüfung über Fragen nach Namen, Geburtstag, Beruf, Familienstand usw. *Divide* dementielle vs. wahnhafte Störung:

bei wahnhafter Störung u. U. doppelte Orientierung (Wahnwelt und Realwelt!).
Vorkommen: vor allem bei körperlich bedingten psychischen Störungen

3.4 Wahrnehmung

Definition der Elementarfunktion

Sinnliche Wahrnehmung von Objekten aufgrund von Erinnerungsbildern als Gestalt (Ganzheiten)
Voraussetzung: ausreichende Funktion der Sinnesorgane

Störungen der Elementarfunktion

Quantitative Wahrnehmungsstörungen
Definition: falsche Wahrnehmungen meist im Sinne von lückenhafter oder verminderter Wahrnehmung
Erscheinungsbild: Ausweitung und Beschleunigung, Fragmentierung oder Einengung sowie Fehlen der Wahrnehmung aufgrund von Aufmerksamkeits-, Auffassungs- oder Konzentrationsstörungen
Vorkommen: körperlich bedingte psychische Störungen, zerebrovaskuläre Erkrankungen

Qualitative Wahrnehmungsstörungen
Definition: veränderte Wahrnehmungen bei verändertem Realitätserleben oder Wahrnehmungserleben ohne entsprechende Sinnesreize
Formen:

- ***Illusionen***
  Definition: verfälschte wirkliche Wahrnehmungen; etwas wirklich gegenständlich Vorhandenes wird für etwas anderes gehalten, als es tatsächlich ist
  Differentialdiagnose: im Gegensatz zur Halluzination ist bei der illusionären Verkennung der Wahrnehmungsgegenstand tatsäch-

lich vorhanden. Im Gegensatz zur Wahnwahrnehmung, wo der Gegenstand richtig erkannt, ihm jedoch eine abnorme Bedeutung beigemessen wird, wird der Gegenstand hier verkannt.

- ***Halluzination***

  Definition: Trugwahrnehmungen, d. h. Wahrnehmungserlebnisse ohne objektiv gegebenen Sinnesreiz, die für wirkliche Sinneseindrücke gehalten werden. Realitätsgewißheit (Störung bzw. Aufhebung des Realitätsurteils!). Halluzinationen sind auf sämtlichen Sinnesgebieten möglich, so im Bereich des Hörens, Sehens, Riechens, Schmeckens, des Tastsinns, aber auch im Bereich von Temperatursinn und Schmerz sowie des Bewegungsgefühls (kinästhetische Halluzinationen):

  - *Akustische Halluzination:* Stimmenhören (grenzwertig als Gedankenlautwerden), sonstige halluzinierte Geräusche (Akoasmen). Es ist wichtig zu unterscheiden, ob Stimmen den Patienten direkt ansprechen (imperativ oder kommentierend, die Handlungen des Patienten begleitend) oder ob sie als Rede und Gegenrede von Drittpersonen empfunden werden (dialogische Stimmen). Zwischen Stimmenhören und Gedankeneingebung ist gelegentlich schwer zu unterscheiden. Vorkommen: Schizophrenie, Alkoholhalluzinose
  - *Optische Halluzination:* szenische Halluzination oder Wahrnehmung kleiner Gegenstände, Figuren, Tiere („weiße Mäuse"). *Divide* hypnagoge Halluzination: optische Sensationen beim Aufwachen oder Einschlafen. Vorkommen: Alkoholdelir
  - *Olfaktorische und Geschmackshalluzination:* treten häufig gemeinsam auf oder gehen phänomenologisch ineinander über. Vorkommen: häufig während der epileptischen Aura; zuweilen auch Initialsymptom einer Schizophrenie
  - *Haptische (taktile) Halluzination:* Wahrnehmung im Bereich der Haut oder Schleimhaut. Vorkommen: Dermatozoenwahn, Delir
  - *Leibhalluzination, koenästhetische Halluzination:*
    (Koenästhesie = Leibgefühl, in der Literatur unterschiedliche Schreibweise: auch Zoenästhesie) „abstruse" Empfindungen, eigenartige Leib-(Körper)gefühlsstörungen, oft Charakter des „Gemachten", unterschiedliche „Begründung". Vorkommen: koenästhetische Schizophrenie

- ***Dysästhesien***
  Definition: veränderte unangenehme Wahrnehmungen auf der Körperoberfläche, etwa bei Berührung

3.5 Denken

Definition der Elementarfunktion

Zentrale Ich-Funktion im Zusammenhang mit Vorstellen und Urteilen. Denken manifestiert sich in Sprache und Schrift, wird gesteuert von Wahrnehmungen, Assoziationen und Denkzielen

Störungen der Elementarfunktion

Störungen des Denkens sind in bezug auf formalen Denkvorgang (formale Denkstörung) und auf Gedankeninhalt (Wahn, Zwang) möglich

Formale Denkstörungen
Definition: Es handelt sich um subjektive und objektive Veränderungen und Abwandlungen des normalen Denkvorgangs. Bedeutungsveränderungen und unlogisches Denken werden als vorwiegend formal gestört angesehen, obwohl hier auch eine Störung des Denk*inhalts* vorliegt
Formen:

- *Hemmung des Denkens:* subjektiv empfundene Erschwerung des Denkablaufs hinsichtlich Tempo, Inhalt und Zielsetzung, die auch bei offensichtlichem Bemühen des Patienten nicht behoben werden kann; Einengung, Mangel an Einfällen
- *Verlangsamung:* objektiv wahrgenommene Verzögerung des Denkablaufs. Gedankengang ist mühsam und schleppend
- *Perseveration*
  - *inhaltlich:* Haften, an einem Thema „kleben". Eingeengter Gedankengang, da Umstellung auf neue Denkziele kaum möglich

- *verbal:* Verbigeration
- *Umständlichkeit:* mangelnde Abstraktionsfähigkeit; keine Trennung von Wesentlichem und Nebensächlichem. Der Patient verliert sich in Einzelheiten, ohne jedoch vom Ziel gänzlich abzukommen (weitschweifig!)
- *Vorbeireden:* trotz Verständnis der Frage (aus Antwort und/oder Situation ersichtlich) nicht beabsichtigtes (!) an der gestellten Frage „Vorbeiantworten"
- *Sperrung des Denkens/Gedankenabreißen:* plötzlicher Abbruch eines zunächst flüssigen Gedankenganges, zuweilen mitten im Satz, ohne erkennbaren Grund; u. U. Themawechsel
- *Begriffsverschiebung*
  - *Konkretismus:* Begriffe können nur noch wörtlich, nicht im übertragenen Sinne verstanden und eingesetzt werden
  - *Symboldenken:* Begriffe werden nur im übertragenen (metaphorischen) Sinne verstanden; Denken in Symbolen, die für Erlebniskomplexe stehen, nicht in abstrakten Begriffen
- *Begriffszerfall:* Begriffe verlieren ihre exakte Bedeutung und ihre scharfe Abgrenzung gegenüber anderen Begriffen
- *Kontamination:* Unterschiedliche, z.T. logisch unvereinbare Bedeutungen werden miteinander verquickt. Das äußert sich sprachlich u.a. in Wortneubildungen (Neologismen)
- *Zerfahrenheit:* zusammenhangsloses und alogisches Denken; dissoziierter Gedankengang. Bei guter Kenntnis des Patienten ist der „tiefere Sinn" zerfahrener Äußerungen oft verstehbar. Im Extremfall bruchstückhafte, beziehungslose Sprache, unzusammenhängende Wörter oder Wortreste („Wortsalat")
- *Inkohärenz:* zerfahrenes Denken bei gleichzeitiger Bewußtseinstrübung (exogene Psychosen vom amentiellen Typ). Denken ist absolut zusammenhangslos, d.h. die einzelnen Bruchstücke zeigen keinerlei Beziehung zueinander
- *Ideenflüchtiges Denken:* Patient ist außerstande, etwas längeren Gedankengang zu Ende zu führen, da ständig neue Assoziationen und Einfälle auftauchen. Denken wird nicht mehr von einer Zielvorstellung straff geführt. Patient „gerät vom Hundertsten ins Tausendste". Gesamtzusammenhang gelockert, bleibt jedoch verständlich; leichte Ablenkbarkeit durch Außenreize
- *Gedankendrängen:* Patient steht unter dem übermäßigen Druck vieler Einfälle oder auch ständig wiederkehrender Gedanken

Inhaltliche Denkstörung

Definition: Störung der Inhalte des Denkens, stets im Zusammenhang mit Störung des Realitätsurteils.

Formen:

- ***Wahn***

  Definition: aus krankhafter Ursache entstehende, (im Sinne der Umwelt) irrige, gegenwärtig nicht korrigierbare Überzeugung von unmittelbarer Gewißheit. Obwohl Widerspruch zur Realität, dennoch unmittelbare persönliche Evidenz (Wahngewißheit); kein Bedürfnis nach Begründung dieser Fehlbeurteilung

  - *Wahngedanken, -ideen und -vorstellungen* (synonym verwendet) gehören der Vorstellungswelt des Kranken an
  - *Bei der Wahnwahrnehmung* wird einer realen Sinneswahrnehmung abnorme Bedeutung (meist im Sinne der Eigenbeziehung) beigemessen.

  Der Wahn im zeitlichen Verlauf:

  - *Wahnstimmung:* einleitende, unbestimmte Wahnstimmung mit Unheimlichkeit, Ratlosigkeit, Mißtrauen. Wahnwahrnehmungen oder -vorstellungen sind noch unbestimmt
  - *Manifester Wahn/Wahngewißheit:* entwickelt sich aus der Wahnspannung. Über sog. *Wahnarbeit* Ausgestaltung einzelner Wahnerlebnisse zu einem zusammenhängenden *Wahnsystem* möglich
  - *Residualwahn:* nach Abklingen einer akuten Manifestation weiterbestehender Wahn im Sinne eines Restwahns

  Durch eine intensive *Wahndynamik* (Beteiligung der Affekte, des Antriebs, des inneren Interesses am Wahn) kann es zu Suizid(-versuch) oder auffälligen Verhaltensweisen (evtl. Schutz- und Hilfesuche bei der Polizei) kommen, um dem wahnhaft befürchteten Schicksal zu entgehen

  Wahnthemen/-inhalte:

  - *Beziehungswahn:* abnormes Bedeutungsbewußtsein, wahnhafte Eigenbeziehung. Patient ist davon überzeugt, daß bestimmte Ereignisse in seiner Umgebung nur seinetwegen geschehen bzw. daß ihm damit etwas bedeutet werden soll
  - *Beeinträchtigungswahn:* Patient sieht Ereignisse nicht nur auf sich bezogen, sondern auch gegen sich gerichtet

- *Verfolgungswahn:* Steigerung des Beeinträchtigungswahns. Harmlose Ereignisse in der Umgebung werden als Anzeichen der Bedrohung und Verfolgung empfunden. Häufigster Wahn!
- *Querulantenwahn:* Aus einer oft tatsächlich erfolgten Kränkung und der zunächst überwertigen Idee, dieses Unrecht nicht auf sich beruhen lassen zu können, entwickelt sich der Querulantenwahn. Er ist gekennzeichnet durch einen absolut uneinsichtigen, selbstgerechten Kampf ums Recht, der sich allmählich vom ursprünglichen Gegner auf die ganze Gesellschaft ausweitet (klassisches Literaturbeispiel: „Michael Kohlhaas" von H. v. Kleist)
- *Eifersuchtswahn:* „Wahn ehelicher Untreue", Wahn, vom Partner hintergangen zu werden. Mögliche Aggressionen richten sich vornehmlich auf den Partner, nicht auf den Nebenbuhler. Insb. im Zusammenhang mit Alkoholismus auftretend
- *Größenwahn:* expansives Erleben mit wahnhafter Selbstüberschätzung bis zu enormer Selbsterhöhung; verstiegenste Vorstellungen von ungeheurer Macht, revolutionärer Weltverbesserung und umwälzenden Erfindungen. Zum Größenwahn zählen der „Wahn hoher Abstammung", „Erfinderwahn", „religiöser Wahn" (Kommunikation mit Gott)
- *Schuldwahn:* Patient wähnt, gegen Gott, höhere sittliche Instanzen oder Gesetze verstoßen, Vertrauen mißbraucht zu haben etc. Ebenso wie Verarmungs- und hypochondrischer Wahn oft sekundär bei affektiven Psychosen
- *Symbiontischer Wahn/Folie-à-deux:* Ein dem primär Erkrankten Nahestehender partizipiert an dessen Wahnerleben: Induzent und Induzierter entwickeln einen gemeinsamen Wahn (häufige Thematik: Verfolgungswahn)

- ***Zwang***

  Definition: Auftreten von Vorstellungen und Handlungsimpulsen, die als der Person zugehörig, aber Ich-fremd erlebt werden und nicht zu unterdrücken sind (trotz ihres als unsinnig erkannten Charakters). Keine willentliche Beeinflussung möglich. Quälendes Erleben, bei Unterdrückung des Zwangs tritt jedoch Angst auf. Wird wegen des Persistierens bestimmter Denkinhalte bzw. des Beharrens von Vorstellungen als „inhaltliche Denkstörung" angesehen

Formen:

- *Zwangsgedanken:* zwanghaft persistierende Denkinhalte, die nicht unsinnig sein müssen, deren Persistenz jedoch als unsinnig oder ungerechtfertigt empfunden wird. Charakteristisch ist das Sich-aufdrängen von abgelehnten Vorstellungen. Zu Zwangsgedanken werden gerechnet: Zwangsgrübeln, Zwangsvorstellungen, Zwangserinnerungen, Zwangsbefürchtungen usw.
- *Zwangshandlungen:* meist aufgrund von Zwangsgedanken oder -befürchtungen · stereotyp wiederholte Handlungen (Zwangsrituale). Beispiele: Kontrollzwang, Waschzwang usw.
- *Zwangsimpulse:* sich zwanghaft aufdrängende innere Antriebe, als sinnlos oder gefährlich empfundene Handlungen durchzuführen: jemanden umbringen, selbst aus dem Fenster springen, während eines Konzerts obszöne Worte rufen etc. Zwangsimpulse werden glücklicherweise fast nie realisiert!

- ***Phobien***
  Definition: als affektive Denkstörung zu klassifizierende Angstgefühle, die sich auf bestimmte Situationen oder Objekte beziehen; häufig Vermeidungsverhalten. Beispiele: Agoraphobie, Klaustrophobie, Tierphobie etc.

- ***Überwertige Ideen***
  Definition: nichtwahnhafte, aber inhaltlich als Komplex fest miteinander verbundene Gedanken, die in unangemessener Weise die Person beherrschen

3.6 Affektivität

Definition der Elementarfunktion

Zusammenfassende Bezeichnung für Gefühle, Affekte und Stimmungen. Die Affektivität (das Gefühlsleben, die Emotionalität, das Gemüt) ist persönlichkeitsbestimmend. Spezielle Leibwahrnehmungen wie Hunger, Schmerz, sexuelle Erregung (lokal und auch ganzheitlich empfunden) sowie allgemeinere Leibwahrnehmungen (Gemeingefühle, Vitalgefühle) bestimmen die Befindlichkeit und tragen die Stimmung. Begriffsbestimmung:

- *Stimmung:* gleichmäßige Gesamtlage des Gefühlszustandes über längere Zeitstrecken, welche Empfindungen, Denken und Handeln bestimmt, also langfristiger Gefühlszustand
- *Affekt:* kurzdauernde, umschriebene Gefühlsabläufe; Gefühlswallungen wie Wut, Ärger, Angst, Verzweiflung, Freude
- *Gefühle (Emotionen):* zahlreiche einzelne Gefühle elementarer und höherer Art wie Liebe, Freude, Trauer, Zuneigung, religiöse Verehrung, aber auch Vitalgefühle wie Spannkraft, Wohlbehagen, Abgespanntheit und Erschöpfungsgefühl

Störungen der Elementarfunktion

Affektivitätsstörungen

Definition: Störungen von Stimmung und Gefühlen (Emotionalität), einschließlich abnormer Affekte. In Verbindung mit Störungen der Affektivität treten häufig synthyme (zur Stimmung passende) Wahninhalte wie Verarmungswahn, Insuffizienzgefühle, Schuldwahn oder auch Größenwahn auf

Formen:

- *Affektlabilität:* rascher Wechsel von Affekten, die meist von kurzer Dauer sind und vielfachen Schwankungen unterliegen
- *Affektinkontinenz:* fehlende Beherrschung von Affektäußerungen
- *Stimmungslabilität:* Wechsel der länger dauernden Gesamtstimmung
- *Depressivität:* niedergeschlagene Stimmung
- *Euphorie, Hypomanie, Manie:* unterschiedliche Grade gehobener Stimmung, am stärksten ausgeprägt bei manischer Stimmung
- *Dysphorie:* gereizte Verstimmtheit
- *Affektverflachung:* mangelnde Ansprechbarkeit des Gefühls, fehlende Schwingungsfähigkeit, oft „läppisches“ Verhalten; (häufig bei Hebephrenie)
- *Apathie:* Gefühllosigkeit, Teilnahmslosigkeit
- *Torpidität:* Stumpfheit, Unansprechbarkeit bei Schwachsinnigen

- *Ambivalenz:* Koexistenz gegensätzlicher Gefühle, meist als quälend empfunden
- *Parathymie:* paradoxer Affekt, Gefühlsausdruck und Erlebnis- bzw. Gedankeninhalt stimmen nicht überein (affektiv inadäquat)
- *Gefühl der Gefühllosigkeit:* Verlust von affektiver Schwingungsfähigkeit; statt dessen Gemütsleere und -öde; Gefühle wie abgestorben; qualvolles Erleben
- *Störung der Vitalgefühle (Vitalstörungen):* Darniederliegen der allgemeinen Leibgefühle (Gemeingefühle), fehlende körperlich-seelische Frische und Spannkraft; Niedergeschlagenheit, Müdigkeit, körperliches Unbehagen; oft begleitet von Druck auf der Brust etc.
- *Angst:* als frei flottierende, unbestimmte Angst und als anfallsartig auftretende Panik; verbunden mit vegetativen Symptomen
- *Phobie:* „unangemessene“ Angst vor bestimmten Personen, Tieren, Gegenständen oder Situationen

3.7 Antrieb

Definition der Elementarfunktion

Im effektorischen oder zentrifugalen Funktionsbereich vom Willen weitgehend unabhängig wirkende Kraft, verantwortlich für die Bewegung aller seelischen Leistungen hinsichtlich Tempo, Intensität und Ausdauer. Der Antrieb unterhält Lebendigkeit, Initiative, Aufmerksamkeit, Tatkraft. Vor allem am Ausdrucksverhalten und an der Psychomotorik zu erkennen
Weitere Definitionen aus diesem Bereich:

- *Trieb:* vitale Lebensbedürfnisse wie Nahrungstrieb, Sexualtrieb etc. Kann nur indirekt aus Handlungen und Äußerungen erschlossen werden („Triebhandlung“ ist die auf Erreichen eines bestimmten Triebziels gerichtete Handlung)
- *Drang:* unbestimmtes, ungerichtetes, nach Entladung drängendes Gefühl innerer Unruhe („Dranghandlung“: oft planlos aus dem Drang entstehende Handlungen wie Poriomanie, Pyromanie etc.; oft bei zerebral Geschädigten, z. B. Anfallskranken)

Störungen der Elementarfunktion

Antriebsstörungen

Definition: Steigerung oder Verminderung oder Veränderung der wirkenden Persönlichkeitskraft. Eine Veränderung, die vom Willen nicht zu steuern ist

Formen:

- *Antriebsschwäche/-mangel:* Fehlen von Spontanantrieb mit Trägheit, Mangel an Leistungen, oft auch Gleichgültigkeit bis hin zur Stumpfheit
- *Antriebshemmung:* Verringerung des vorbestehenden Antriebs, besonders bei Depressionen
- *Antriebssteigerung:* erhöhte Aktivität, starker Bewegungsdrang, unermüdliche Betriebsamkeit (z. B. Manie)
- *Beschäftigungsdrang:* motorische Unruhe mit scheinbar gerichteten, oft aber sinnlosen Tätigkeiten, z. B. im „Beschäftigungsdelir" Geld sammeln, Flocken wegwischen etc.
- *Mutismus:* Nichtsprechen über längere Zeit, bei intakten Sprechorganen und Sprachfähigkeit

Psychomotorische Störungen

Definition: Störung der durch psychische Vorgänge gesteuerten Bewegungen, Desintegration von psychischen und motorischen Funktionen

Formen:

- *Hyperkinese:* Bewegungsunruhe von impulsivem Charakter (oft bei Kindern mit Hirnschädigung), Steigerung der Motorik bei Psychosen
- *Akinese/Hypokinese:* Bewegungslosigkeit/Mangel an Bewegung
- *Katalepsie:* starres Verharren in einmal eingenommenen Körperhaltungen
- *Stupor:* relative Bewegungslosigkeit mit Einschränkung der Reizaufnahme und Reaktion. Vorkommen: psychogen, bei Depressionen, bei körperlich bedingten psychischen Störungen, als gespannter Stupor bei Katatonie; meist mit Mutismus, häufig mit Katalepsie verbunden
- *Stereotypien:* ständige Wiederholung der gleichen Bewegungen
- *Raptus:* ungeordneter Bewegungssturm; plötzliches Auftreten bei unterschiedlichen Störungen aus einem Zustand der Ruhe heraus

3.8 Ich-Erleben

Definition der Elementarfunktion

Erleben der personalen Identität (der Meinhaftigkeit) im Zeitverlauf und in der Abgrenzung zu den anderen Personen (Ich-Umwelt-Grenze)

Störungen der Elementarfunktion

Ich-Störungen
Definition: Störungen des Einheitserlebens des Ichs (der Meinhaftigkeit) im aktuellen Augenblick; Veränderung der Ich-Umwelt-Grenze: größere Durchlässigkeit bis hin zu Verlust oder (meist sekundär) Autismus (Abschottung)
Formen:

- *Entfremdungserlebnisse*
  - *Depersonalisation* bezüglich der eigenen Person: abnorme Gefühle der Veränderung des Körpers; Störung des Einheitserlebens der Person im Augenblick oder der Identität im Zeitverlauf
  - *Derealisation:* Erlebnis der abnorm veränderten Umwelt
- *Beeinflussungserlebnisse:* Gedankenentzug, Gedankenausbreitung, Gedankeneingebung; Willensbeeinflussung, leibliche Beeinflussungserlebnisse (Gefühl, daß das Erleben von außen „gemacht" wird); Gefühle des Gelenkt- und Beeinflußtwerdens, von Hypnose und Bestrahlung
- *Transitivismus:* Projektion eigenen Krankseins auf andere
- *Autismus:* Isolierung des Ichs, Sich-zurückziehen in eine eigene innere Welt
- *Doppelte Persönlichkeit* (doppeltes Bewußtsein): hintereinander auftretende Zustände unterschiedlichen Bewußtseins bei multipler Persönlichkeit, im allgemeinen ohne Kenntnis der einen Form von der anderen (literarisches Beispiel „Dr. Jekyll and Mr. Hyde" von R. L. Stevenson)

3.9 Intelligenz

Definition der Elementarfunktion

Komplexe Funktion mit zahlreichen unterschiedlichen Einzelleistungen, um die Aufgaben und Anforderungen der Umwelt durch Sammlung von Erfahrungen und deren sinnvolle Anwendung zu bewältigen
Unterscheidung von praktischer Intelligenz, d. h. Fähigkeit zur Lösung von Lebensaufgaben, und theoretischer Intelligenz mit Leistungen wie Begriffs- und Urteilsbildung
Messung der Intelligenz nach dem HAWIE (Hamburg-Wechsler-Intelligenztest für Erwachsene, s. Anhang B): Bestimmung des Intelligenzquotienten (IQ), Durchschnittswert 100

Störungen der Elementarfunktion

Angeborene Intelligenzminderung (Oligophrenie)
Definition: angeborener oder perinataler Intelligenztiefstand unterschiedlichen Schweregrads
Formen:
- *Idiotie:* IQ unter 20
- *Imbezillität:* IQ 20–49
- *Debilität:* IQ 50–69

Erworbene Intelligenzminderung
Definition: Verlust von im früheren Leben erworbenen intellektuellen Fähigkeiten durch organische Hirnerkrankungen; entspricht der *Demenz*
Divide „Pseudodemenz“: Vortäuschung einer Verblödung (ähnlich auch Ganser-Syndrom); inzwischen häufiger auch für scheinbare Verblödung z. B. bei Depressionen im Alter als depressive Pseudodemenz

Krankheitslehre

4 Körperlich begründbare psychische Störungen

4.1 Allgemeiner Teil

Definition: weitgefaßte Bezeichnung für eine Gruppe von Erkrankungen, deren Ätiologie körperlich zu begründen ist (diffuse oder lokale Schädigung des Gehirns) und die psychopathologisch unterschiedlichste Syndrome mit (produktiven) Plussymptomen wie Halluzinationen oder Wahn und/oder Minussymptomen wie Gedächtnisstörungen oder Antriebsverlust aufweist. Der Verlauf kann akut oder chronisch, reversibel oder irreversibel sein.

Gesetz der Unspezifität: häufig keine Korrelation zwischen Morphologie und Psychopathologie, keine sicheren Rückschlüsse in eine der beiden Richtungen möglich

Es hat sich im Sprachgebrauch ergeben, bei akuten produktiven Störungen von ***exogenen Psychosen,*** bei den in der Regel nichtproduktiven, mehr chronisch verlaufenden Störungen von ***organischen Psychosyndromen*** zu sprechen. Gleichwohl könnte man in einem weiteren Sinne bei all diesen Störungen von Psychosen sprechen.

Epidemiologie: Stichtagsprävalenz (erfaßt in der Mehrzahl chronisch verlaufende Störungen) bezogen auf eine Erwachsenenbevölkerung: 3,0% behandlungsbedürftige Störungen, 1,5% Störungen mit leichten, nichtbehandlungsbedürftigen Beschwerden. Wegen des raschen Abklingens der meisten Störungen relativ geringe Stichtagsprävalenz, trotz hoher Lebenszeitprävalenz: fast jeder Mensch erleidet im Zusammenhang mit körperlichen Erkrankungen (Unfall, Operation, Autointoxikation, Fieberdelir bei Infektionskrankheiten) im Laufe seines Lebens körperlich begründbare psychische Störungen, insb. aber im höheren Alter.

4.1.1 Exogene Psychosen

Allgemein: uneinheitliche Nomenklatur, zahlreiche Synonyma. Vielfalt von Störungen, vor allem auch produktive Symptome und Bewußtseinsstörungen, häufig Amnesie für die psychotische Episode; ätiologische Unspezifität; Einteilung der exogenen Psychosen in *organische Psychosen* (Gehirn direkt betroffen) und *symptomatische Psychosen* (bei sonstigen körperlichen Krankheiten und Intoxikationen)

Symptome:

- *Vorstadium* uncharakteristisch: mit Unruhe, Ängstlichkeit, vegetativen Störungen
- *im Verlauf* unterschiedlich, jedoch typisch: produktive Symptome (Sinnestäuschungen, Wahn), quantitative und qualitative Bewußtseinsstörungen (Vigilanzstörungen und Bewußtseinstrübung), Merkfähigkeits- und Gedächtnisstörungen (Konfabulationen), Aufmerksamkeits- und Orientierungsstörungen (zu Ort, Zeit, Person und Situation), Antriebsstörungen (Antriebsminderung, psychomotorische Verlangsamung, Unruhe, Erregung)

Ätiologie: jegliche schwerere körperliche Schädigung, bei der das Gehirn direkt oder indirekt betroffen ist:

- Hirntumor (z. B. Temporallappentumor: olfaktorisch-gustatorische Halluzinationen/schizophreniforme Psychosen)
- Hypo- und Hyperthyreose
- Vitamin-B-12-Mangel (funikuläre Myelose, Perniciosa)
- Komplikation bei Therapie mit Anti-Parkinson-Präparaten (L-Dopa)
- Intoxikation mit Meskalin, LSD, Psilocybin
- Leberzirrhose (portokavale Anastomosen, portokavaler Shunt – portokavale Enzephalopathie)
- akute intermittierende Porphyrie
- Infektionen wie Meningoenzephalitis, Typhus abdominalis etc.
- Hirnabszess, Hirnverletzung

Verlauf: bei exogenen Psychosen häufig kurzdauernder Verlauf, Reversibilität und günstige Prognose! Bei einem Teil der Fälle Chronifizierung und Übergang in organisches Psychosyndrom

Syndromatische Erscheinungsformen:

- ***Delir***

  Definition: akute reversible Psychose mit Bewußtseinstrübung und Sinnestäuschungen

  Symptomatik: Verwirrtheit, Desorientiertheit, Bewußtseinstrübung. Vegetative Störungen (adrenergsympathikotone Überregulation: Pulsbeschleunigung, Schwitzen, Tremor, allgemeine psychomotorische Unruhe). Insb. optische und szenische, gelegentlich auch haptische und akustische Halluzinationen. Reversibel!

  Vorkommen:
  - bei Alkohol- und Medikamentenabhängigkeit (Prototyp: Alkoholdelir, s. S. 78f.)
  - bei Medikamentenintoxikation (als häufig unvorhergesehene Komplikation bei Neuroleptika- und Antidepressivagabe und/oder Anti-Parkinson-Mitteln, auch bei Tranquilizermißbrauch)
  - bei Infektionskrankheiten (Urämie etc.)

- ***Amentia (amentielles Syndrom)***

  Symptomatik: Verwirrtheit, Ratlosigkeit, Inkohärenz des Denkens (stärkere Fragmentierung als beim Delir). Halluzinationen stehen weniger im Vordergrund. Nachts häufig Verschlechterung der Symptomatik

  Vorkommen: bei Arteriosklerose, zerebralen Durchblutungsstörungen

- ***Dämmerzustand***

  Symptomatik: veränderter, verschobener Bewußtseinszustand, fehlende Klarheit des Bewußtseins, in Grenzen Handlungsfähigkeit. Dauer: Sekunden bis Tage mit nachfolgender Amnesie. Sog. „besonnener" Dämmerzustand äußerlich nicht auffällig: folgerichtiges Handeln. Übergänge zum Delir!

  Vorkommen: bei Anfallsleiden, Intoxikationen, psychogenen Störungen (Hysterie; auch psychogen in der Hypnose!)

- ***Halluzinose***

  Symptomatik: akustische (Prototyp: Alkoholhalluzinose, s. S. 79), optische oder haptische Halluzinationen. Keine Bewußtseinsstörung!

  Vorkommen:
  - *optische* Halluzinose bei Intoxikation mit Halluzinogenen (LSD), Läsionen des Okzipitallappens

- *haptische* Halluzinose bei Intoxikation mit Amphetaminen
- *akustische* Halluzinose bei Alkoholintoxikation

- ***Katatones Syndrom***
  Symptomatik: Störung der Willkürmotorik (Stupor oder Erregung), Prototyp s. Katatone Schizophrenie, S. 101
  Vorkommen: bei Infektionen (Typhus, Tuberkulose etc.); Hirntumoren (auch psychogen in der Hypnose)
- ► ***Paranoid-halluzinatorisches Syndrom***
  Symptomatik: Prototyp s. paranoid-halluzinatorische Schizophrenie, S. 101
  Vorkommen: bei Intoxikationen, Hirntumoren, als Durchgangssyndrom etc.; bei Morbus Wilson
- ► ***Depressives Syndrom***
  Symptomatik: bei exogenen Psychosen häufig mit depressivem Wahn und Symptomen wie Merkfähigkeits- und Gedächtnisstörungen kombiniert
  Vorkommen: ubiquitär, z. B. Arteriosklerose; Hypothyreose; bei Kortisontherapie etc.
- ***Expansiv-maniformes Syndrom***
  Symptomatik: megaloman mit Selbsterhöhung einhergehend, Größenideen, -wahn; oft mit Konfabulationen
  Vorkommen: bei progressiver Paralyse, fieberhaften Infekten, Fleckfieber nach der Entfieberung

4.1.2 Organische und andere körperlich begründbare Psychosyndrome

Allgemein: Bezeichnung für psychische Störungen aufgrund organischer Hirnveränderungen, die wegen im allgemeinen fehlender Produktivität nicht die „Wertigkeit" von Psychosen erlangen. Primär keine Bewußtseinstrübung; oft chronische, irreversible Verläufe, aber auch als akutes Syndrom, dann reversibel

► **Organisches Psychosyndrom** (E. Bleuler)
Synonyma: hirnorganisches Psychosyndrom (HOPS), psychoorganisches Syndrom (POS), amnestisches Psychosyndrom, hirndiffuses Psychosyndrom (M. Bleuler)

Symptomatik: psychische Störungen (Minussymptomatik) aufgrund allgemeiner, oft nicht näher lokalisierbarer Schädigungen

Im intellektuellen Bereich:

- Hirnleistungsschwäche bis hin zur Demenz
- Gedächtnisstörungen (Merkschwäche, Konfabulationen, Zeitgitterstörungen)
- Störungen des Denkens (Verarmung des Denkens, Auffassungs- und Konzentrationsschwäche, Perseveration, Minderung des Abstraktionsvermögens, Urteilsschwäche und Kritiklosigkeit, Umstellungserschwerung, Anosognosie)
- Störungen von Schrift und Schreiben (Lebenslauf schreiben lassen!)
- Orientierungsstörungen

Im Persönlichkeitsbereich:

- hirnorganische Wesensänderung in Richtung Entdifferenzierung (Defizienz- bzw. Minussymptomatik)
- Störungen des Antriebs (Antriebsminderung, rasche Erschöpfbarkeit, psychomotorische Verlangsamung)
- Störungen des Affekts (Affektschwäche, -labilität, -inkontinenz, Reizbarkeit, Euphorie/Depression)
- soziale Krisen, „Stilbrüche der Persönlichkeit" (Sexualdelikte, Kriminalität)

Diagnostik: im ärztlichen Gespräch oft noch lange Zeit gut erhaltene Fassade und guter affektiver Rapport. Deshalb gezielte Fragen, zusätzlich psychologische Tests (HAWIE, insb. Zahlensymbol- und Mosaiktest, Benton-Test, Kraepelins Rechentest, s. Anhang B), neurologische Untersuchung, Computertomogramm

Vorkommen: z. B. Morbus Alzheimer (präsenile/senile Demenz), vaskuläre Demenz (z. B. Multiinfarktdemenz), posttraumatisches Psychosyndrom, organisches Psychosyndrom bei Anfallsleiden

Formen des chronischen organischen Psychosyndroms:

- ***leichte Form:***
  - *Hirnorganische Wesensänderung:* infolge Hirnschädigung Veränderung von Persönlichkeitsanteilen, häufig irreversibel. Oft Zuspitzung gewisser Persönlichkeitszüge; betroffen z. B. Stimmung (Euphorie oder Reizbarkeit) oder Antrieb (Enthemmung oder Antriebsmangel). U. U. kombiniert mit psychogener Reaktion auf das Krankheitserleben

Vorkommen: bei Suchtkranken, als epileptische Wesensänderung, im „neurasthenischen Vorstadium" der progressiven Paralyse, bei Demenz, nach Schädel-Hirn-Trauma

- ***schwere Formen:***
  - *Korsakow-Syndrom:* ausgeprägte und charakteristische Form des Amnestischen Syndroms (Orientierungsstörung zu Zeit und Raum, schwere Merkfähigkeitsstörung, Altgedächtnis ebenfalls betroffen, Konfabulationen). Hinzu kommen Auffassungsstörung, Kritiklosigkeit, Euphorie, Passivität. Gelegentlich reversibel
    Vorkommen: bei chronischem Alkoholismus nach Wernicke-Enzephalopathie, nach CO-Vergiftung, nach schwerem Schädeltrauma
  - *Demenz:* meist im höheren Alter auftretender, aus organischer Ursache entstehender, progredienter, meist irreversibler, mnestischer und intellektueller Abbau der Persönlichkeit, verbunden mit Wesensänderungen und schwerer Behinderung sozialer Funktionen (erworbene „Verblödung"!)
    Vorkommen: bei vaskulären degenerativen Erkrankungen, bei Pickscher oder Alzheimerscher Erkrankung, bei Chorea Huntington etc.

Hirnlokales Psychosyndrom

Symptomatik: Störungen des Antriebs der Einzeltriebe und der Stimmung (plötzliches Einschießen von Trieben und Verstimmungen, unvermitteltes Abklingen). Im allgemeinen keine intellektuellen Ausfälle, jedoch Entdifferenzierung der Persönlichkeit (Störungen des Taktgefühls, Abnahme altruistischer Regungen). Keine produktiv-psychotischen Symptome! Keine Bewußtseinsstörungen!

Diagnostik: oft schwierige Differentialdiagnose gegenüber neurotischen Störungen. In vielen Fällen sind gewisse Zuordnungen von Symptomatik und Lokalisation der Schädigung möglich, gemäß Gesetz der Unspezifität sind eindeutige Korrelationen im Sinne der Lokalisationslehre jedoch zu relativieren!

Vorkommen: Hirntumoren, Morbus Pick, Enzephalitis, Anfangsstadien von Chorea Huntington etc.

Endokrines Psychosyndrom

Symptomatik: Störung von Antrieb, Einzeltrieben, Stimmung (ähnlich wie bei hirnlokalem Psychosyndrom). Genaue Zuordnung von Syndromen häufig schwierig! Im Rahmen der Endokrinopathie über das endokrine Psychosyndrom hinaus auch symptomatische Psychosen; Reversibilität bei Behandlung (Substitution, Operation) der Grundkrankheit, bei jahrelanger Hirnsubstanzschädigung jedoch irreversible Störungen

Vorkommen z. B. bei:

- *Hypothyreose* (wenn angeboren: geistige Behinderung; Apathie, Depression, Kälteüberempfindlichkeit)
- *Hyperthyreose* (Unruhe, Agitiertheit, Reizbarkeit, Hitzeüberempfindlichkeit, auch Depression)
- *Prolaktinom* (Prolaktin produzierender Tumor des Hypophysenvorderlappens: Amenorrhoe, Galaktorrhoe, Stimmungslabilität, paranoides Syndrom etc.)
- *Cushing-Syndrom* (Überproduktion von ACTH oder Kortisol, z. B. bei basophilem Adenom des HVL: Antriebsmangel, Verstimmung, Schlafstörung, endogeniforme Psychosen)
- *Nebennierenmarkatrophie* (Morbus Addison: Ermüdbarkeit, Depression)

4.2 Spezieller Teil

Im folgenden werden einzelne Krankheitsbilder beschrieben, bei denen sich die Syndrome im Verlauf verändern können (z. B. im Längsschnitt nach einer akuten paranoid-halluzinatorischen symptomatischen Psychose Übergang in ein amnestisches Psychosyndrom).

► 4.2.1 Alzheimersche Erkrankung

Allgemein: Demenz aufgrund von Neuronendegeneration und diffuser Hirnatrophie. Wesentlich häufiger als vaskuläre Form. Ursprünglich Bezeichnung für *präsenile* Demenz zwischen dem 40.

und 65. Lebensjahr, Ausweitung des Begriffs auch auf die viel häufigere *senile* Form der Demenz (*s*enile *D*emenz vom *A*lzheimer *T*yp - SDAT)
Schleichender Beginn im Sinne eines organischen amnestischen Psychosyndroms. Ätiologie noch unbekannt, bei der präsenilen Form familiäre Belastung

Neuropathologie: diffuse Hirnatrophie mit Betonung des frontalen Kortex und Hippocampus, Verschmälerung der Hirnwindungen, Verbreiterung der Furchen; keine genaue Entsprechung zwischen Ausmaß der Atrophie und Schwere des psychischen Befundes
Histologisch: Degeneration von Neuronenendigungen; Verminderung der Neuronenpopulation (Hippocampus, Substantia innominata, Locus coeruleus, temporoparietaler und frontaler Kortex); Auftreten von neurofibrillären Knäueln, Alzheimerschen Fibrillen, senilen Plaques und Drusen aus Amyloid
Verminderung von Acetylcholin und Cholin-Acetyltransferase

Symptome:
- Merkfähigkeits- und Gedächtnisstörungen, Wort- und Namensfindungsstörungen
- Einengung der Interessen, Erstarrung
- Apraxie, Aphasie, Sprachzerfall
- Apathie/Gereiztheit, Unruhe (Erethismus)
- Regression der Vorstellungswelt auf die Kindheit
- ferner: Stupor, Delir, Wahn

Neurologisch: extrapyramidale Störungen, Dyskinesien, Tremor, träge Pupillenreaktionen
CCT: Hirnatrophie (keine eindeutige Korrelation mit dem klinischen Befund)

Verlauf: gleichmäßig progredient; Tod durch Marasmus oder hinzukommende körperliche Krankheit (Infektion)

Therapie: körperliche Pflege; Aufklärung und Beratung der Angehörigen; sparsamer Umgang mit Sedativa; Beschäftigungstherapie, Physiotherapie, Vermeidung von Bettlägerigkeit! Schutz des Patienten vor sich selbst (z. B. im Umgang mit Feuer und Gashahn, Schutz vor Hinstürzen!)

Gutachten: wie bei allen übrigen Formen der Demenz häufig psychiatrisches Gutachten erforderlich zur Feststellung der Berufs- bzw. Erwerbsunfähigkeit, der Geschäftsunfähigkeit (§ 104.2 BGB) sowie der Testierfähigkeit (§ 2229 BGB), ferner zur Einrichtung einer Pflegschaft (§ 1910 BGB) sowie der Entmündigung (§ 6.1 BGB) etc. (vgl. Kap. Forensische Psychiatrie, S. 246 ff.). Das Gutachten wird nach dem Grundsatz erstellt, den Kranken und seine Interessen zu schützen - möglichst geringe Eingriffe in den noch verbleibenden Freiheitsraum des Patienten!

► 4.2.2 Demenz bei zerebrovaskulärer Erkrankung

(vaskuläre Demenz)

Allgemein: in Schüben, unregelmäßig verlaufendes, vielgestaltiges Krankheitsbild mit wechselnder Progredienz und zwischenzeitlichen Besserungen; neurologische Symptome je nach Lokalisation; häufig verbunden mit Hypertonus

Formen: akuter Beginn nach größerem Schlaganfall; Multiinfarktdemenz mit zahlreichen kleineren ischämischen Episoden; subkortikal bedingte Demenz (Morbus Binswanger) mit arteriosklerotischen Veränderungen der langen Markarterien, im CCT Dichteminderung im Marklager (Demyelinisierung)

Differentialdiagnose: Morbus Alzheimer

Neuropathologie: Grunderkrankung an den Gefäßen zur Versorgung des Gehirns: A. carotis interna und ihre Äste, A. a. vertebralis und basilaris und Äste, Circulus arteriosus Willisii; Gefäßhyalinose; seltener Blutungen (Hämorrhagien), häufiger ischämische Insulte

Symptome: in der Vorgeschichte oft transitorisch-ischämische Attacken (TIA) mit Vigilanzstörungen, Visusverlust und flüchtigen Paresen. Beginn der Demenz nach mehreren ischämischen Episoden oder einem Schlaganfall, meist in höherem Alter, abrupt, aber auch schleichend. Ungleichmäßige Ausprägung der Symptome (Wechsel von Besserungen und Verschlechterungen)

Psychische Symptomatik:

- Zuspitzung der Persönlichkeit
- Apathie oder Enthemmung
- Affektlabilität

- amnestisches Syndrom
- Episoden von Bewußtseinstrübung (Delir)
- nächtliche Verwirrtheitszustände

Therapie: Herz- und Kreislaufbehandlung, Einstellung des Blutdrucks (Erfordernishochdruck!), evtl. Vasotherapeutika, aktivierende Behandlung mit Beschäftigungs- und Physiotherapie, falls möglich psychotherapeutische Gespräche

4.2.3 Morbus Pick

Allgemein: im Frontal- und Temporalhirn lokalisierte degenerative Erkrankung mit starker erblicher Komponente. Beginn ab 4. Lebensjahrzehnt, Verlauf über mehrere Jahre, Tod 2–10 Jahre nach Beginn; Persönlichkeitsabbau sowie Demenz

Differentialdiagnose: Morbus Alzheimer, Chorea Huntington

Neuropathologie: Atrophie vorwiegend von Frontal- und Temporallappen, aber auch Parietallappen, später auch diffuse Atrophie (Walnußrelief!). Nervenzelldegeneration, argentophile Einschlüsse

Symptome: frühzeitig progrediente Persönlichkeitsveränderungen: Verlust des Takts und der Distanz, Enthemmung, Triebhaftigkeit (Kriminalität), Verlust sozialer Fähigkeiten und Funktionen. Leere, Erregung/Apathie, Euphorie; Gedächtnisstörungen, Sprachstörungen, intellektueller Abbau, Stereotypien, sprachliche Verarmung; zunächst meist keine Orientierungsstörungen; öfter extrapyramidale Symptome

Therapie: nur symptomatisch, Pflege

► 4.2.4 Chorea Huntington

Allgemein: dominant autosomales, degeneratives Erbleiden mit Bewegungsstörungen und Demenz
Synonyma: Chorea major, Erb-Veitstanz
Epidemiologie: Prävalenz 0,05‰, gleiche Häufigkeit für Männer

und Frauen. Auftreten meist im 35.–50. Lebensjahr (auch Kindheit!). Hohe erbliche Penetranz (ca. 50%), autosomal dominanter Erbgang; auch sporadische Fälle

Neuropathologie: progrediente Degeneration des Corpus striatum (Nucleus caudatus und Putamen), Claustrum sowie (Frontal)hirnrinde. GABA-Mangel und relativer Dopaminüberschuß

Symptome:

- *zu Beginn:* arrhythmische, unkoordinierte Hyperkinesen, Bewegungen eingebaut in Willkürbewegungen oder Verlegenheitsgesten
- *im weiteren Verlauf:*
  - *neurologisch:* Drehen und Schlenkern von Rumpf und Extremitäten, athetotische und dystone Elemente; Hyperkinesen im Gesicht (Mimik!); Gangstörungen; Sprechstörungen, Hyperkinesen der Zunge, verwaschene Sprache; herabgesetzter Muskeltonus, Poikilotonie (wechselnder Tonus); Rigidität, Akinese, Versteifung der Glieder; Parästhesien und Schmerzen (Thalamusreizung!); vegetative Störungen
  - *psychisch:* affektlabil, reizbar; euphorisch/depressiv, ängstlich; Antriebsstörungen (Frontalhirnfunktionen!); Haltlosigkeit; Verwahrlosung (Kriminalität); Wahnbildung, schizophreniforme Psychosen; Gedächtnisstörungen; Demenz (Choreophrenie)

Verlauf: progredient; Tod innerhalb von 10–15 Jahren

Differentialdiagnose:

- vaskuläre und postenzephalitische Chorea
- Chorea minor (im Kindesalter, besonders bei Mädchen, pararheumatisch; raschere Bewegungen!)
- Chorea gravidarum (öfter als Rezidiv der Chorea minor in den ersten Monaten der Gravidität)
- Athetosen und Myoklonien
- psychogene Bewegungsstörungen
- Persönlichkeitsstörungen (bei Beginn der Erkrankung mit psychischen Störungen!)

Therapie: Tiaprid (Tiapridex®) 3mal 50 mg bis 3mal 200 mg. Neuroleptika: Haldol®; Perphenazin (Decentan®). Genetische Beratung (Manifestation meist nach dem Heiratsalter!). Genetische Untersuchung des familiären Umfeldes, dann evtl. Amniozentese (bei chromosomalem Nachweis u. U. Interruptio)

4.2.5 Morbus Parkinson (Paralysis agitans)

Allgemein: extrapyramidale Bewegungsstörungen und hirnlokales Psychosyndrom. Auftreten ab 40. Lebensjahr; etwa 1% der über 65jährigen. Unterschiedliche Schwere und Verlauf!

Neuropathologie: erblich gehäufte Systematrophie (Stammganglien, besonders Substantia nigra) mit Nervenzelldegeneration; Dopaminmangel

Symptome:
- *neurologisch* (im Vordergrund stehend): Ruhetremor, Akinese, Rigor (Zahnradphänomen), kleinschrittiger Gang, monotone Sprache, Mikrographie, vegetative Störungen (Speichelfluß, Salbengesicht)
- *psychisch:* Depression, Antriebsminderung, Apathie/Erregung, Gedächtnisstörungen, Verlangsamung (Bradyphrenie), Halluzinosen, Delir (provoziert durch Behandlung mit L-Dopa, Dopa-Agonisten wie Bromocriptin oder Anticholinergika)

Therapie: L-Dopa (+ Decarboxylasehemmer), Bromocriptin (Pravidel®), Amantadin (Symmetrel®), Anticholinergika wie Biperiden (Akineton®) und Metixen (Tremarit®), ggf. niedrigdosiert Antidepressiva, z. B. Amitriptylin (Saroten®). Selten stereotaktische Operation! Physiotherapie; psychotherapeutische Betreuung!

4.2.6 Morbus Wilson: hepatolentikuläre Degeneration
(Westphal-Strümpel-Wilson)

Allgemein: in der Kindheit oder Jugend beginnende, familiär gehäufte Störung des Kupferstoffwechsels mit extrapyramidalen und zerebellären neurologischen Symptomen

Neuropathologie: pathologische Kupferablagerungen in Leber, Stammganglien (Nucleus lentiformis), Kornea (Kayser-Fleischerscher Kornealring), Coeruloplasminmangel (niedriger Kupferspiegel!)

Symptome: initial pseudoneurasthenisches Syndrom. Kriminelle Entgleisungen möglich! Depressives Psychosyndrom, Affektinkontinenz, Antriebsstörungen, sexuelle Enthemmung, pseudopsycho(sozio)pathische Züge, schizophreniforme Psychosen, amnestisches Syndrom, Demenz

Therapie: kupferarme Diät, D-Penizillaminhydrochlorid

4.2.7 Morbus Creutzfeldt-Jakob

Allgemein: im Erwachsenenalter auftretende Infektionskrankheit mit langsamen Viren. Gelegentlich auch familiäre Häufung. Progredienz in Monaten bis zu 2 Jahren bis zur Demenz und Exitus letalis

Neuropathologie: subakute spongiöse Enzephalopathie; Atrophie des 1. motorischen Neurons

Symptome: u. U. exogene Psychose, sodann rasch fortschreitende Demenz; Myoklonien, extrapyramidale Symptome, Ataxie, spastische Lähmung, Muskelfibrillationen, Visusverlust, typisches EEG mit triphasischen Wellen

Therapie: keine Therapie möglich. Pflege, Hygienemaßnahmen (Übertragungsgefahr)

► 4.2.8 Progressive Paralyse

Allgemein: Chronisch entzündliche Erkrankung (syphilitische Enzephalitis), im Spätstadium (Quartärstadium) der nicht ausreichend behandelten Lues auftretend. Vorwiegend psychiatrische Symptome

Epidemiologie: 10–20 Jahre nach Infektion, in seltenen Fällen 2 Jahre bis max. 30 Jahre. Beginn meist zwischen 30. und 60. Lebensjahr; Manifestation nur bei 5–10% der Infizierten; häufiger bei Männern

Neuropathologie: Polioenzephalitis des Großhirns mit Hirnatrophie; Stammganglienatrophie (Striatum und Claustrum). Nachweis der Treponemen, besonders in basalen Anteilen des Frontalhirns. Auch Pachymeningeosis haemorrhagica; Einlagerung von Lymphozyten und Plasmazellen mit Eisenpigment in die Gefäßwand (Adventitia)

Symptome:

- unruhige Mimik (periorales Beben, Gesichtsflattern)
- Zungentremor, unzureichende Sprechmuskelkoordination, Silbenstolpern (Zungenbrecher-Testsätze wie „Rotkraut bleibt Rotkraut und Brautkleid bleibt Brautkleid" etc.)
- Schrift und Gang ataktisch
- spastische Lähmung
- reflektorische Pupillenstarre (Argyll-Robertson-Phänomen: Lichtreaktion fehlend oder träge)
- epileptische Anfälle
- Liquorveränderungen, erhöhte Zellzahl (10–200/3) und Eiweiß-(Globulin-)Vermehrung, seropositive Liquorreaktionen!

Stadien und Krankheitsformen:

- *Verlauf:* unbehandelt meist nur wenige Jahre bis zum letalen Ende; auch deletärer, kurzer Verlauf als galoppierende Paralyse! evtl. Kombination mit Tabes (Taboparalyse – fehlende Sehnenreflexe, Schmerzkrisen!). Juvenile Form meist aufgrund konnataler Syphilis (Hutchinsonsche Trias: Keratitis parenchymatosa, Innenohrtaubheit, Tonnenzähne)
- *pseudoneurasthenisches Vorstadium:* organisches Psychosyndrom mit Gedächtnisstörungen, Auffassungsschwäche, Reizbarkeit, Antriebslosigkeit etc.
- *Krankheitsformen während des Verlaufs*: klassisch (heute selten!) expansiv-maniform mit Größenwahn, Ideenflucht, Betätigungsdrang, Euphorie; depressiv-hypochondrisch; einfach dement; Lissauersche Paralyse mit Herdsymptomen (sensorische Aphasie oder Hemianopsie)
- *dementielles Endstadium* im Anschluß an die oben beschriebenen Verlaufsformen mit vollständigem intellektuellen Abbau

Therapie: Hochdosierte Penizillinbehandlung. Bereits eingetretene Schäden sind irreversibel. Somit Frühdiagnose entscheidend!

4.2.9 **Enzephalitiden** (Enzephalomeningitiden)

Allgemein: Gehirnentzündungen unterschiedlicher Ätiologie, rufen verschiedenste, akute oder chronische klinische Bilder bzw. psychische Syndrome hervor (Einzelheiten s. Lehrbücher der Neurologie!)

AIDS (Acquired Immune Deficiency Syndrome)
Aktuelles *Beispiel* einer chronischen Enzephalitis ist *AIDS,* erstmals 1981 beschrieben.

Neuropathologie: Infektion mit lymphotropem Retrovirus (Human Immunodeficiency Virus: HIV) mit Schädigung des zellulären Immunsystems

Symptome: Auftreten von Symptomen nach monate- bis jahrelanger Latenz (seropositiv)

- im *Stadium der Lymphadenopathie:* mit Allgemeinsymptomen wie Müdigkeit, Leistungsabfall, Gewichtsverlust und Durchfällen; Exantheme und Lymphdrüsenbefall
- im *späteren Verlauf* in vielen Fällen Auftreten der progressiven multifokalen subakuten Leukenzephalopathie mit neurologischen Ausfällen, depressivem Syndrom, schwerem organischen Psychosyndrom (Gedächtnis-, Konzentrations- und Antriebsschwäche)

Therapie: keine kausale Behandlung möglich, jedoch Behandlung der Sekundärinfektionen. Überragende Bedeutung der Prophylaxe

4.2.10 Traumatische Hirnschädigungen

Allgemein: Beurteilung der Schädigung durch Neurologe/Neurochirurg *und* Psychiater. Schädel-Hirn-Trauma wird, da oft in Verbindung mit Alkoholintoxikation, leicht übersehen!

Commotio cerebri
Allgemein: traumatische Hirnschädigung ohne Hirnsubstanzschädigung oder neurologische Ausfälle; sog. Gehirnerschütterung; reversibel
Symptome: Bewußtlosigkeit bis zu 1 h, Erbrechen (Übelkeit). Nach

dem Erwachen retrograde Amnesie (Zeit vor Unfall betreffend; partielle Rückbildung) und partiell auch anterograde Amnesie (Zeit nach der Bewußtlosigkeit betreffend). Vorübergehende Desorientiertheit, Gedächtnisstörungen etc. Kein Dauerschaden: Beschwerden (z. B. Kopfschmerzen) reversibel, längstens 1–2 Jahre!

Postkommotionelles Syndrom mit pseudoneurasthenischen Symptomen, speziell vegetativen Störungen

Therapie: nur kurze Zeit Bettruhe, baldige Belastung durch gestuftes Training

Contusio cerebri

Allgemein: Hirnquetschung mit Schädigung der Hirnsubstanz; Dauerfolgen möglich (Minderung der Erwerbsfähigkeit oft 30–50%)

Wegen späterer diesbezüglicher *Begutachtung* muß direkt nach dem Unfall nicht nur eine neurologische, sondern auch eine genaue psychiatrische Untersuchung mit vollständigem psychischen Befund durchgeführt werden. Wichtig ist auch die weitere Beobachtung des Verletzten (Vigilanzstörung bei Entwicklung eines epiduralen oder akuten subduralen Hämatoms!).

Symptome: länger dauerndes Koma (Tage), neurologische Symptome (Herdbefunde im EEG), längeres Durchgangssyndrom, gelegentlich Kontusionspsychosen (produktive Symptomatik jeglicher Art), zentralvegetative Störungen

- *Komplikationen:* epidurale oder subdurale Blutungen u. U. mit Compressio cerebri
- *Spätfolgen:* schwer objektivierbare pseudoneurasthenische Dauersymptome, Merkfähigkeits- und Gedächtnisstörungen im Rahmen eines amnestischen organischen Psychosyndroms, posttraumatische Hirnleistungsschwäche, gelegentlich ausgeprägte Wesensänderung, posttraumatische Epilepsie (u. U. erst nach Jahren manifest), psychogene Ausgestaltung

Therapie: symptomorientiert; in schweren Fällen länger dauernde Rehabilitation (u. U. in Spezialeinrichtungen)

Fallbeispiele

Präsenile Demenz, Alzheimersche Erkrankung

Der 52jährige, berentete Betonarbeiter, Herr S., lebt mit seiner Ehefrau im eigenen Haus. Er kommt über die Chirurgische Ambulanz zur stationären Aufnahme in die Psychiatrie, nachdem er zu Hause im Krampfanfall gestürzt war, sich dabei eine Kopfplatzwunde zugezogen hatte und anschließend unruhig und verwirrt erschien. Bei der Aufnahme war eine geordnete Unterhaltung nicht möglich, Herr S. war zwar wach, zu allen Qualitäten aber desorientiert.

Die Ehefrau berichtete, daß ihr Mann seit 5 Jahren zunehmend vergeßlich geworden, seit einer Nasennebenhöhlenoperation vor 3 Jahren auch häufig verwirrt gewesen sei.

Im CCT fand sich eine beträchtliche kortikale und subkortikale Atrophie, besonders links-temporal.

Noch am Aufnahmetag erlitt der Patient einen weiteren generalisierten Krampfanfall, woraufhin eine Therapie mit Phenytoin (Phenhydan®) eingeleitet wurde. Wir interpretierten die Krampfanfälle im Zusammenhang mit der dementiellen Erkrankung.

In den Tagen nach der Aufnahme schwankte die Stimmung des Patienten zwischen unangemessen euphorisch und ängstlich-depressiv. Deutlich ausgeprägt waren unspezifische aphasische Störungen: an einmal gefundenen Begriffen blieb er mit stereotypen Wiederholungen haften. Herr S. wirkte bei der Visite ratlos, etwas ängstlich, stets freundlich.

Die Entlassung erfolgte nach einigen Wochen, nachdem die Ehefrau häusliche Hilfe organisiert hatte. Sie wollte die weitere Pflege zunächst selbst übernehmen.

Senile Demenz, vaskulärer Typ

Die 75jährige Patientin, Frau P., wird aus der Pflegeabteilung eines Altersheims in die Klinik eingewiesen. Im Heim störte die Patientin durch mehrfach aufgetretene Unruhezustände mit lautem Hilferufen (sie solle ermordet werden). Häufig war sie verwirrt und verirrte sich in fremde Zimmer.

Bis zu ihrer Berentung vor 10 Jahren war Frau P. Bürovorsteherin in einem Anwaltsbüro gewesen und hatte daneben zahlreiche ehrenamtliche Tätigkeiten ausgeübt. Bis vor 1 Jahr, als sie wegen Verwirrtheitszuständen mit Verfolgungswahn in eine Innere Klinik eingewiesen wurde, war sie gesund gewesen. Kurze Zeit nach der Entlassung mußte sie erneut stationär aufgenommen werden, dieses Mal im Psychiatrischen Landeskrankenhaus. Von dort erfolgte die Verlegung in die Pflegeabteilung eines Altersheimes, nachdem eine Aufenthalts- und Vermögenspflegschaft eingerichtet war.

Bei der Aufnahme wurden starke Merkfähigkeitsstörungen, wie auch Störungen des Altgedächtnisses festgestellt, daneben eine Neigung zu Konfabulationen. Verlangsamter und haftender Gedankengang, keine wahnhaften Gedanken. Subdepressive Stimmung, Antriebsverarmung. Auffallend war die inselartig recht gut erhaltene Rechenfähigkeit von Frau P. Umgang mit Zahlen war wesentlicher Teil ihres Berufes und zugleich Hobby.

Im CCT zeigten sich Zeichen einer subkortikalen und vor allem kortikalen Hirnsubstanzminderung mit multiplen Infarkten im Sinne vaskulärer Demenz.

In den ersten Tagen litt die Patientin noch unter Schlafstörungen und nächtlichen Unruhezuständen. Unter Digitalisbehandlung, nach Gabe von Haloperidol (Haldol®) während des Tages und Prothipendyl (Dominal®) zur Nacht sowie unter einer Infusionsserie mit makromolekularen Dextranen kam es dann zwar zu einer Beruhigung, Frau P. wurde nach einigen Wochen in das Pflegeheim zurückverlegt, das amnestische Psychosyndrom konnte dagegen nicht nachhaltig beeinflußt werden.

Paranoide Psychose im Senium (Kontaktmangelparanoid)

Ein 78jähriger Patient, Herr E., hatte sich einige Tage vor der Aufnahme in die Psychiatrische Klinik an die Intensivstation des Klinikums wegen Magenbeschwerden gewandt, die er auf Fremdeinflüsse zurückführte.

Bei der Aufnahme in unserer Klinik berichtete er, daß aus der unter ihm liegenden Wohnung einer attraktiven jungen Frau schädliche Gerüche in seine Wohnung drängen. Zunächst seien es harmlose Gerüche etwa nach Zwiebeln gewesen, jetzt Eisengeruch. Er fürchte Explosionsgefahr. Dabei könne nicht nur sein Haus zerstört werden, sondern auch Gebäude in der Nachbarschaft. Es müsse entgast werden, womöglich in einem NATO-Programm, das vom Bundeskanzler ins Leben gerufen werden müsse.

Herr E. hatte früher ein eigenes Lebensmittelgeschäft geführt, seit 16 Jahren ist er Rentner. Er war Zeit seines Lebens ein empfindlicher, einzelgängerischer Mensch und ging nie eine engere Partnerschaft ein. Seit 4 Jahren lebt der Patient in einer inzwischen völlig verwahrlosten Einzimmerwohnung, ohne ausreichende sanitäre Einrichtungen und mit ungenügender Heizmöglichkeit.

Bei der Aufnahme zeigten sich inhaltliche Denkstörungen im Sinne eines paranoiden Wahnsystems. Längere Zeit hatte sich Herr E. sexuell beeinträchtigt gefühlt, die gegenwärtigen Magenbeschwerden erklärte er damit, daß russische Spione sich in seinem Hause herumtrieben und vor einigen Tagen angefangen hätten, Gas in seine Wohnung zu leiten. Die seit Jahren bestehenden olfaktorischen Halluzinationen bilden offenbar den Kern seines Wahnsystems. - Keine Merkfähigkeits-, Konzentrations- oder Orientierungsstörungen!

Unter neuroleptischer Medikation trat Beruhigung ein, jedoch keine Distanzierung vom Wahn. Zwar läßt sich Herr E. zur Aufnahme in ein Altersheim überreden, er sieht jedoch nicht ein, daß er nicht mehr allein leben kann.

Herr E. wies keine neurologischen Störungen, keine über das Altersmaß hinausgehenden, auf eine Hirnatrophie hinweisenden Befunde im CCT auf, kein amnestisches organisches Psychosyndrom, so daß wir das Krankheitsbild als paranoid-halluzinatorische psychotische Entwicklung ansahen, wie bei entsprechend disponierten Persönlichkeiten als Kontaktmangelparanoid beschrieben. Die anfängliche Diagnose eines paranoiden Syndroms im Rahmen einer senilen Demenz wurde nicht bestätigt.

Depressive Reaktion nach Meningiomoperation
einhergehend mit symptomatischer Epilepsie, rechtsseitiger Hemiparese und hirnorganischem Psychosyndrom

Die 43jährige Patientin, Frau K., wurde wegen unklarer Bewußtseinsstörung zunächst in die Neurologische Klinik aufgenommen, wegen depressiver Symptomatik jedoch einen Tag später in die Psychiatrische Klinik verlegt.

Frau K. ist verheiratet, hat zwei Töchter. Sie hat Verkäuferin gelernt, ihren Beruf aber seit der Eheschließung nicht ausgeübt.

Nach im übrigen unauffälliger somatischer Anamnese wurde bei ihr vor 2 Jahren ein Meningiom diagnostiziert. Seit der damaligen Operation mußte sie mehrfach in Verbindung mit dem seither aufgetretenen symptomatischen Anfallsleiden stationär behandelt werden.

Offenbar war es vor der jetzigen Aufnahme zu einem epileptischen Anfall mit verlängerter Aufwachphase gekommen. In der Klinik wurde ein kurzzeitiger fokalmotorischer Anfall mit Sopor beobachtet, nachfolgend geringgradige Somnolenz und Erbrechen sowie paroxysmale Tachykardien. Psychisch wirkte Frau K. verlangsamt, umständlich, am Einzelnen haftend; subdepressiv, gelegentlich gereizt. Keine Merkfähigkeits- oder Gedächtnisstörungen. Im CCT war kein Tumorrezidiv nachzuweisen, die Lumbalpunktion blieb ohne Befund.

Nachdem auf Carbamazepin (Tegretal®) eine beträchtliche allergische Hautreaktion aufgetreten war, wurde auf Zentropil® eingestellt. Im Vordergrund der Behandlung standen Einzel- und Angehörigengespräche, die die nach der Operation in der Familie aufgetretenen Spannungen reduzierten. Eine wesentliche Besserung des Zustandes von Frau K. konnten wir allerdings nicht erreichen.

Hirnorganisches Psychosyndrom bei Chorea Huntington

Die 36jährige Patientin, Frau S., eine berentete Bürokauffrau, wurde von ihrem Ehemann in die Klinik gebracht, da zu Hause mehrfach Erregungszustände aufgetreten waren.

Der Ehemann berichtete zur Familienanamnese und Lebensgeschichte: die Mutter der Patientin verstarb mit 38 Jahren im Landeskrankenhaus an einer Chorea Huntington, der Großvater mütterlicherseits war ebenfalls daran gestorben.

Frau S. ist das ältere von 2 Kindern eines Bauschlossers, die Scheidung der Eltern erfolgte, als die Patientin 8 Jahre alt war, wegen Alkoholismus des Vaters. Sie wuchs mit dem 3 Jahre jüngeren Bruder bei der Mutter auf, die 30jährig an einer Chorea Huntington erkrankte. Die Muttersmutter übernahm die Erziehung der Kinder. Nach der Hauptschule absolvierte Frau S. eine Lehre zur Bürokauffrau, einen Beruf, den sie nach der Heirat mit 21 Jahren noch weitere 4 Jahre ausübte.

Vor 10 Jahren traten die ersten Symptome der Krankheit auf: Kurz nach der Geburt ihres Sohnes kam es zu Gangunsicherheit. Die Patientin sei launisch und unberechenbar geworden. Zwei Jahre später wurde sie erstmals nervenärztlich untersucht, 5 Jahre nach Krankheitsbeginn stationär in einer Neurologischen Klinik behandelt. Sie reagierte depressiv, als man sie über ihre Diagnose und die Prognose aufklärte. In der Folgezeit kam es mehrfach zu stationären Behandlungen. Wegen der zunehmenden Bewegungsstörung und des hirnorganischen Psychosyndroms wurde sie 4 Jahre vor der jetzigen Aufnahme berentet. Anfang dieses Jahres war eine weitere Verschlechterung des Zustandes eingetreten. Mehrmals versuchte die Patientin, unrealistische Pläne mit allen Mitteln in die Tat umzusetzen. So wollte sie z. B. ein Haus und ein Pferd kaufen, ohne daß dafür genügend Geld zur Verfügung stand. Außerdem war sie wahnhaft davon überzeugt, daß ihr Mann sich von ihr scheiden lassen wolle; und durch nichts ließ sie sich von dieser Meinung abbringen. Im Verlauf der damit verbundenen Auseinandersetzungen kam sie immer wieder in so heftige Erregung, daß sie vom Balkon klettern oder aus dem Fenster springen wollte.

Psychischer Befund bei der Aufnahme: bewußtseinsklar, zeitlich unsicher, im übrigen aber voll orientiert; Auffassung, Aufmerksamkeit und Gedächtnis ungestört. Affektiv erschien die Patientin inadäquat fröhlich. Sie äußerte wahnhafte Gedanken, bezogen auf die von ihr vermuteten Trennungsabsichten ihres Ehemannes.

Neurologisch: grimmassierender Gesichtsausdruck, kehlige dysarthrische, schwer verständliche Sprache. Streckung der Arme im Ellenbogengelenk nicht möglich; Daumen in Fehlstellung, Grundgelenk gebeugt, erhöhter Muskeltonus, MER beidseitig lebhaft, ASR kloniform, BSR beidseitig verbreiterte reflexogene Zonen. Ausfahrende, ataktische Bewegungen, insbesondere auch beim Finger-Nase-Versuch. Intentionstremor, keine Sensibilitätsstörungen

CCT: Erweiterung der inneren und äußeren Liquorräume: fortgeschrittene Hirnatrophie. Vorderhörner der Seitenventrikel zeltförmig erweitert im Sinne einer Substanzminderung des Nucleus caudatus beidseitig.

Die Behandlung erfolgte mit Tiaprid-HCl (Tiapridex®), Perphenazin (Decentan®) und Lorazepam (Tavor®), wegen der zusätzlichen wahnhaften Symptomatik auch mit Haloperidol (Haldol®). Daneben krankengymnastische Behandlung.

Da die weitere häusliche Pflege nicht mehr möglich war, wurde die Patientin nach Einleitung einer Aufenthalts- und Vermögenspflegschaft in ein Krankenhaus für chronisch Kranke verlegt.

Multiple Sklerose (neurotische Entwicklung)
Die 47jährige, verheiratete Patientin, Frau B., war bis kurz vor ihrer Krankenhausaufnahme als Altenpflegerin tätig. Die Einweisung erfolgte wegen Gangstörungen, Paresen und Bewegungsstörung mit Verdacht auf konversionsneurotische Entwicklung.

Frau B. wurde als Tochter eines Vulkaniseurmeisters und einer Hausfrau in der DDR geboren. Als junge Frau verlor sie ihre Eltern, die beide an einer Herzerkrankung verstarben. Nach dem Abitur absolvierte sie eine Lehre als Drogistin. In die Bundesrepublik gekommen, ging sie mit 27 Jahren ihre erste Ehe ein. Aus dieser Verbindung mit einem Marokkaner stammen 2 jetzt schon fast erwachsene Kinder. Nach der Scheidung, 7 Jahre später, heiratete sie ihren jetzigen Mann, einen 10 Jahre jüngeren Griechen, mit dem sie einen Sohn hat. Wegen Arbeitslosigkeit des Ehemannes lebt die Familie in schlechten finanziellen Verhältnissen.

Zur somatischen Anamnese: Mit 29 Jahren habe sie erstmals Augensymptome mit Schleiersehen und Verlust des Farbensehens bemerkt. Mit 40 Jahren trat Schwäche im linken Fuß auf, die sich vor 1 Jahr auf beide Beine und Arme ausbreitete. Seit 1 Jahr Doppelbilder. - Labiler Hypertonus.

Bei der Aufnahme zeigte Frau B. psychopathologisch keine produktive Symptomatik, sie war bewußtseinsklar und voll orientiert. Sie wirkte vital und zeigte sich kooperativ. Im Affekt erscheint sie geringfügig euphorisch, etwas inadäquat.

Neurologisch: endständiger unerschöpflicher Nystagmus beim Blick nach rechts; rhythmischer grobschlägiger Ja-Tremor des Kopfes. Unsicherer, schwankender Gang, Beugeschwäche des linken Unterschenkels, Hyperreflexie des rechten Armes; Hyperalgesie beider Beine, Hypoalgesie am rechten Oberarm, Herabsetzung des Vibrationsempfindens in beiden Beinen.

Psychodynamisch fanden wir eine enge Beziehung zum Vater, eine konflikthafte Verarbeitung der Beziehung zu ihrer Mutter, die häufig Scheidungsabsichten äußerte. Mit 26 Jahren schwere Enttäuschung in einer intimen Liebesbeziehung, die dann von ihr beendet wurde. In der ersten Ehe mit einem Marokkaner häufiges Unglücklichsein. Weitere Beziehungen zu Ausländern aus den Mittelmeerländern in eher ungeordneten Lebensbedingungen. Der jetzige Mann plant, zur See zu fahren. Er hat wenig Verständnis für sie und möchte in ein romanisches Land umsiedeln. Sie erwartet, daß er sie demnächst verlassen wird.

Nach zahlreichen Gesprächen ließen sich die Symptome als konversionsneurotisch bedingt verstehen. Zusätzliche somatische Untersuchungen zwangen uns dann aber zu einer Korrektur der Diagnose: Im CCT fanden sich Demyelinisierungsherde. Bei der Untersuchung visuell evozierter Potentiale ergaben sich Hinweise auf rechtsbetonte Schädigung des visuellen Systems beidseits. Bei Ableitung der akustisch evozierten Potentiale: Verdacht auf Schädigung im Bereich des Colliculus inferior.

Im Liquor Veränderungen mit Pleozytose, Eiweißvermehrung, liquorelektrophoretisch Gammaglobulinvermehrung.

Nach eindeutiger Festlegung der Diagnose „Multiple Sklerose“ wird eine Behandlung in der MS-Ambulanz des Klinikums vereinbart, Frau B. nimmt an einer Gruppentherapie für MS-Kranke teil.

Historische Fälle aus der klassischen Literatur

Symptomatische Psychose bei Pneumonie (nach Griesinger)
„C. G., 21 Jahre alt, sehr kräftig, ist am 26. Febr. 1859 schnell mit starkem Frost, Nasenbluten, Schwindel erkrankt; wird am 28. Febr. in meine Clinic aufgenommen. Die Untersuchung ergibt Pneumonie des rechten unteren Lappens in geringer Ausdehnung, schweres Typhusähnliches Krankheitsbild mit Prostration, viel ruhigen Delirien, Respiration 32–42, Puls 100–104, Temperatur 40,3–41,0 C. Am dritten Krankheitstag erscheint ein Herpes labialis, der sich schlecht entwickelt. Am vierten Krankheitstag sinkt die Temperatur von morgens 40,3 Grad auf abends 39,9 Grad C., der Puls auf 92; der Pat. zeigt dabei mehr Verwirrtheit und Geistesabwesenheit. Am fünften Krankheitstag zeigen die physicalischen Zeichen den vollen Rückgang des örtlichen Processes, die Temperatur ist morgens und abends 38,1 und 38,2 C., Puls 66–72, zeitweise aussetzend. Das Aussehen ist bleich, Pat. total von Sinnen, er weiß gar nicht, wo er ist, erinnert sich an die einfachsten Dinge nicht, schwatzt anhaltend delirierend fort und wird nachts höchst unruhig und ungebärdig (Morphium). Nach der heftigsten Unruhe kam gegen Morgen ein ruhiger langer Schlaf bei blassem, zuweilen leise zuckendem Gesichte, langsamem Athem, irregulärem, 60–66mal schlagendem Puls, Temperatur 37,3 C."

Der Autor dieser Kasuistik, Wilhelm Griesinger, weist darauf hin, daß die psychische Störung sich erst mit der Abnahme des Fiebers entwickelt habe, daß er darum den Fall nicht als Fieberdelir betrachte. Er berichtet darüber, daß sich das psychische Verhalten des Patienten bereits nach 2 Tagen normalisierte.

Expansive Form der Progressiven Paralyse (nach Weitbrecht)
Es wird die Krankengeschichte einer 44jährigen, bis dahin besonders tüchtigen Röntgenschwester dargestellt.

„Man erfuhr, daß die Pat. etwa ein Jahr vor der Aufnahme in dem Krankenhaus in einem immer stärker werdenden Eigensinn mit zunehmender Reizbarkeit auffiel. Ein halbes Jahr zurück erlitt sie während der Arbeit auf der Röntgenstation einen apoplektiformen Insult. Sie konnte nicht mehr sprechen. Als nach einigen Stunden das Sprechvermögen zurückgekehrt war, klagte sie über ein Gefühl von Pelzigsein in der Zunge, der rechten Gesichtshälfte sowie im rechten Arm. Eine motorische Lähmung war nicht vorhanden, auch war kein Bewußtseinsverlust festgestellt worden. Man schickte die Schwester daraufhin in ein Erholungsheim, von wo man sie ihres immer auffälliger werdenden Benehmens wegen nach sechs Wochen wieder in das Mutterhaus zurückholte. Nun wurde im Blutserum eine stark positive Wassermannsche Reaktion festgestellt. Ohne an eine Liquoruntersuchung zu denken, hielt man sie dort noch mehrere Monate lang und machte eine „vorsichtige Neosalvarsankur", die in drei Injektionen zu 0,15 Neosalvarsan bestand. Wegen einer darauffolgenden rasch zunehmenden psychischen Verschlechterung wurde diese Behandlung wieder abgebrochen. Einmal bejahte die Pat. auf Befragen in völlig vager und unklarer Weise die Möglichkeit einer luetischen Infektion. Eine Mitschwester erzählte, daß die Pat., sonst sehr zurückhaltend, schon seit Monaten begonnen habe, ihr gegenüber viel und hemmungslos über sexuelle Dinge zu sprechen. Auf der Krankenstation des Mutterhauses habe sie phantastische Geschichten berichtet, z. B. daß die Frau des Chefs geschlechtskrank sei und sie selbst die Lues, die sie angeblich haben solle, dann wohl von ihrem Chef erworben habe. Pat. drängte wiederholt aus dem Bett, um abzureisen, weil sie in den nächsten Tagen mit einem Arzt Hochzeit feiern werde, den sie in den letzten Jahren gelegentlich in seiner Sprechstunde konsultiert hatte. Dann fing sie an, zunehmend expansiv zu werden. Sie besitze 5 Millionen und einen prachtvollen schwarzen „Mercedes", in Luxusausführung. Wenn Ref. auch so einen haben wolle, könne sie jederzeit dafür sorgen. Auch von ihren Millionen gebe sie ihm sofort eine ab, später bei Bedarf noch mehr. Sie habe 10 oder 20 Kinder, prächtig, gescheit, gesund, jedes habe bei der Geburt 10 oder 12 oder 15 Pfund gewogen. Meist habe sie sich selbst durch Kaiserschnitt entbunden, denn ihr Mann Dr. X. habe sie zu einer erstklassigen Operateurin ausgebildet usw. Pat. wirkt in ihrer strahlenden, kritiklosen Euphorie schon sehr dement. Sie war auf der Abteilung Tag und Nacht unsauber in Stuhl und Urin. Zeitlich und örtlich war sie höchst mangelhaft orientiert und glitt mit Gehobenheit über ihr Versagen hinweg."

Neurologisch bestand eine reflektorische Pupillenstarre, ferner fand sich eine erhebliche artikulatorische Sprachstörung mit Silbenstolpern und Schmieren bereits beim spontanen Sprechen sowie ein unkoordiniertes Flattern der mimischen Gesichtsmuskulatur. Der Liquorbefund bestätigte die Diagnose der Progressiven Paralyse.

Unter einer Fieberbehandlung mit Impfmalaria sowie der dann folgenden Neosalvarsanbehandlung kam es zu einer klinischen und serologischen Besserung. Es gelang, die Patientin wieder voll herzustellen. Bei Erhebung der genaueren Anamnese stellte sich heraus, daß die Infektion der Patientin 18 Jahre zurücklag und unbemerkt geblieben war.

5 Mißbrauch und Abhängigkeit

5.1 Allgemeiner Teil

Zahlreiche psychotrope Substanzen werden verwendet, um in mißbräuchlicher oder abhängiger Weise Effekte hervorzurufen, die die Betreffenden gefährden oder schädigen. Gebrauch, Mißbrauch und Abhängigkeit stehen in Interaktion mit Persönlichkeit (Disposition und Entwicklung), Umwelt (Sozialfeld und Gesellschaft) und Droge (Angebot, Erreichbarkeit, Wirkung).
Der Terminus „Abhängigkeit" als körperliche und/oder psychische Abhängigkeit wird synonym mit „Sucht" verwendet. Der Begriff „süchtige Fehlhaltung" beinhaltet auch süchtige Verhaltensweisen wie Spielsucht etc.

Definitionen:

- ***Mißbrauch*** (schädlicher Gebrauch): körperlicher und seelischer Schaden aufgrund des Gebrauchs in übermäßiger Menge oder (bei Medikamenten) in nichtzweckentsprechender Weise
  Diagnose „Mißbrauch" nur, wenn nicht bereits Abhängigkeit vorliegt: Mißbrauch als Vorstufe!
- ***Abhängigkeit:*** übermächtiges Verlangen nach Einnahme von Drogen oder Alkohol, überwertig gegenüber anderen Verhaltensweisen
  Gekennzeichnet durch Kontrollverlust, körperliche Entzugserscheinungen (Entzugssyndrom, Besserung durch Zufuhr des Suchtmittels), Toleranzentwicklung (Dosissteigerung), Konsum trotz nachweislicher Schädigung, evtl. Beschaffung der Droge mit allen Mitteln (Beschaffungskriminalität)

Mißbrauchs-/Abhängigkeitstypen lt. Weltgesundheitsorganisation (WHO):

- Alkohol
- Opiate (Morphin, Heroin)
- Cannabinoide (Haschisch, Marihuana)
- Sedativa und Hypnotika
- Kokain
- Stimulanzien (Amphetamine, auch Koffein)
- Halluzinogene (LSD, Psilocybin)
- Tabak

► sowie polyvalenter Mißbrauch. Früher auch Khattyp und Morphiumantagonisten. Zu erwähnen auch organische Lösungsmittel (Schnüffelsucht)

Syndrome im Zusammenhang mit Substanzeinnahme

- ***Akute Intoxikation***
  Vorübergehender Zustand aufgrund der Einnahme einer hohen Dosis von Drogen oder Alkohol mit körperlichen und psychischen Störungen bzw. Auswirkungen auf das Verhalten
  Symptome:
  - Sedierung oder Erregungszustände
  - delirante Zustandsbilder
  - sonstige produktiv-psychotische Syndrome
  - Anfälle
  - u. U. Bewußtseinsverlust, Koma
- ***Entzugssyndrom***
  Auftreten bei Abhängigkeit
  Symptome:
  - vegetativ: Schlafstörungen, Tremor, Schwitzen
  - Unruhe, Angst, Depression
  - Besserung durch Zufuhr des Suchtmittels

  im Rahmen des Entzugssyndroms auch:
  - Delirium tremens (Provokation durch Entzug, Trauma, Infekt)
  - häufig symptomatische Anfälle
- ***Exogene Psychosen***
  Produktive Symptome (Wahrnehmungsstörungen und Wahn) sowie affektive und psychomotorische Störungen, u. U. Bewußtseinstrübung

Formen:
- Halluzinose (unterschiedlich je nach Drogentyp)
- schizophreniforme paranoid-halluzinatorische Psychosen sowie organische Psychosyndrome
- vorwiegend wahnhafte Psychose
- Korsakow-Syndrom/amnestisches Syndrom mit Merkfähigkeits-, Orientierungs- und Zeitgitterstörungen sowie Konfabulationen
- Nachhallzustände (flashback) von Psychosen und Intoxikationen
- affektive Zustandsbilder (chronische Angstzustände)

5.2 Spezieller Teil

5.2.1 Alkoholismus

Allgemein: Bei einem Konsum von Alkohol, der über das sozial tolerierte, für Individuum oder Gesellschaft ungefährliche und unschädliche Maß hinausgeht, kann es sich handeln um:
- einmaligen Mißbrauch (Intoxikation)
- gewohnheitsmäßigen schädlichen Gebrauch (Mißbrauch)
- Abhängigkeit/Sucht (Alkoholismus im engeren Sinne)

Epidemiologie: Neben neurotischen (psychogenen) Störungen in Europa verbreitetste psychische Störung!
Prävalenz: in der BRD 1-3% der Erwachsenenpopulation.
Schätzung: 1,5-2,0 Millionen Alkoholiker, dazu etwa ebensoviele Gefährdete sowie betroffene Angehörige, d. h. 3-5 Millionen indirekt oder direkt Betroffene. Nicht gerechnet ist kurzdauernder Mißbrauch!
Erhebliche sozialmedizinische Bedeutung:
- 30% der psychiatrischen Krankenhausaufnahmen (50% der Männeraufnahmen, 20% der Frauenaufnahmen)
- Beteiligung von Alkohol an ca. 50% aller Straftaten sowie an 50% der Selbstmordversuche
- Anstieg des Frauenalkoholismus (oft heimliches Trinken!) Nach

dem 2. Weltkrieg Verhältnis Männer: Frauen 8:1, seither ständig steigender Frauenanteil

Angaben zu Alkoholverbrauch und -toleranz:

- Seit dem Zweiten Weltkrieg bis ca. 1975 in der BRD ständiger Anstieg des Alkoholverbrauchs
- BRD international an 5. Stelle nach Luxemburg, Portugal, Frankreich, Spanien. Verbrauch von 11-13 l reinen Alkohols pro Kopf/Jahr (1950: 3 l, 1987: 11,6 l!)
- Ausgaben für Alkohol in der BRD im Jahr 1987: 32,4 Milliarden DM. Steuereinnahmen im Jahr 1987: 6,1 Milliarden DM
- Schädliche Werte für Männer: über 60-80 g/die, für Frauen: über 40-60 g/die
- Toleranz unterschiedlich: herabgesetzt bei Epilepsie, Ermüdung, Hepatopathie, Hirngefäßsklerose, nach Hirntraumen, unter neuroleptischer Therapie und bei Alkoholikern in der chronischen Phase (s. S. 75). Verstärkung (Potenzierung) der Alkoholwirkung durch Barbiturate, Tranquilizer, Neuroleptika, Antidepressiva etc.

Ätiologie: multikausale Entstehung aus dem Zusammenwirken von genetischer Disposition, Persönlichkeitsstruktur, Droge und sozialem Umfeld (Familie, Sozialschicht, Beruf, kulturelle Einflüsse). Psychoanalyse nimmt starke orale Anteile in der Persönlichkeit an (geringe Frustrationstoleranz)
In der BRD wie z. B. auch in Frankreich permissive Haltung gegenüber Alkohol. Demgegenüber Abstinenzkulturen (Islam, Hindu) sowie Ambivalenzkulturen (USA, Großbritannien, Norwegen)

Phasen nach Jellinek
(Symptome je nach Stadium der Abhängigkeit)

Präalkoholische Phase

- Spannungsreduktion durch Alkohol
- häufiges Trinken
- leichte Toleranzerhöhung

Prodromalphase

- Erleichterungstrinken (gierig!)
- Toleranzerhöhung

- Gedächtnislücken (Palimpsest = Verblassen alter Erinnerungen, Erinnerungslücken, Black-out, „Filmriß")
- heimliches Trinken mit Schuldgefühlen
- dauerndes Denken an Alkohol, aber Vermeidung von Gesprächen über Alkohol

Kritische Phase

- nach Trinkbeginn: Kontrollverlust
- Ausreden, Alibis, Rationalisierung
- Aggression und Schuldgefühle (Zerknirschung)
- nach Perioden von Abstinenz stets Rückfälle
- Trinksystem (nicht vor bestimmten Stunden!) gelockert
- Interesseneinengung, Verlust von Sozialbezügen
- Toleranzverminderung
- Zittern und morgendliches Trinken
- mangelhafte Ernährung
- Libido- und Potenzverlust (evtl. Eifersucht)

Chronische Phase

- verlängerte Räusche
- ethischer Abbau
- Fehlbeurteilung der eigenen Lage
- Trinken mit Alkoholikern („unter Stand")
- Trinken als Besessenheit
- Angstzustände, Zittern
- Auftreten von Psychosen
- Toleranzverlust
- Erklärungssystem versagt – Niederlage zugegeben – Behandlungsansatz!

Jellinek EM (1952) Phases of alcohol addiction. Quart J Stud Alc *13:*673

Bild des chronischen Alkoholikers

Gesichtshaut rötlich, gedunsen; Tränensäcke; Teleangiektasien; belegte Zunge; Foetor ex ore

- *Psychisches Bild:*
  - passiv abhängige Persönlichkeit
  - depressive Verstimmung (Suizidalität)

- affektlabil
- distanzlos (Wesensänderung)
- Gefälligkeitshaltung, latente Gereiztheit
- psychoorganisches Syndrom

- *Körperliche Erkrankungen:*
  - Gastritis mit Erbrechen und Übelkeit
  - Leberschädigung (Fettleber, Leberzirrhose): Gamma-GT, GOT, GPT, alkalische Phosphatase erhöht
  - Erhöhung der MCV (Makrozyten)
  - Pankreatitis
  - Herzmuskel-Erkrankungen
  - neurologische Störungen, vor allem Polyneuropathie (Gangstörungen, Sensibilitätsstörungen)
  - Krampfanfälle

Formen des Alkoholismus nach Jellinek			
Art des Alkoholismus	***Versuch einer Typisierung***	***Abhängigkeit***	***Suchtkennzeichen***
Alphatypus	Problem-, Erleichterungs-, Konflikttrinker	episodenweise psychisch	kein Kontrollverlust, aber undiszipliniertes Trinken, Fähigkeit der Abstinenz
Betatypus	Gelegenheitstrinker (übermäßig, unregelmäßig)	keine, außer soziokulturelle	kein Kontrollverlust; Organschäden möglich
Gammatypus	süchtiger Trinker	zuerst psychische Abhängigkeit, später physische Abhängigkeit	Kontrollverlust, jedoch Phasen von Abstinenzfähigkeit

Deltatypus	Gewohnheitstrinker (rauscharmer kontinuierlicher Alkoholkonsum)	physische Abhängigkeit	Unfähigkeit zur Abstinenz, aber kein Kontrollverlust
Epsilontypus	episodischer Trinker („Quartalssäufer“, Dipsomanie)	psychische Abhängigkeit	Kontrollverlust, jedoch Fähigkeit zur Abstinenz; Tendenz zum Übergang in Gammatypus
Gamma-, Delta- und Epsilontyp: Alkoholkrankheit im engeren Sinne mit seelischen, körperlichen und sozialen Schädigungen und Abhängigkeit			
Jellinek EM (1960) The disease of alcoholism. Yale Univ. Press, New Haven			

Die folgenden spezifischen, durch Alkohol bedingten, psychiatrischen Krankheitsbilder können auftreten:

Einfacher Rausch

Alkoholvergiftung = Alkoholpsychose im weiteren Sinne

Symptome:

- zerebelläre Symptomatik mit Ataxie, Dysarthrie, Koordinationsstörungen beim Sprechen, Gehen, Schreiben; Blickrichtungsnystagmus
- vegetativ: erweiterte Hautgefäße, Mydriasis, Pulsbeschleunigung
- psychisch: Enthemmung, Euphorisierung oder depressive Regression (Suizidalität!), Urteilsschwäche, Selbstüberschätzung
- Konzentrations-, Merkfähigkeits- und Orientierungsstörungen
- Bewußtseinsstörungen
- für den Rausch oft (partielle) Amnesie (Black-out)

Therapie: meist keine Therapie; bei Erregung u. U. Neuroleptika

Komplizierter Rausch
Symptome: stärkere Ausprägung des „einfachen" Rausches, mit Erregung und Bewußtseinstrübung. Öfter Amnesie, besonders bei Oligophrenen und hirnorganisch Kranken

Therapie: Sedierung mit Neuroleptika wie Haloperidol (Haldol®), Chlorprothixen (Truxal®), Promethazin (Atosil®), evtl. Diazepam (Valium®) langsam i. v.

Pathologischer Rausch
Alkoholbedingte symptomatische Psychose (Dämmerzustand). Eintreten nach u. U. nur geringer Alkoholmenge (Alkoholunverträglichkeit)

Vorkommen: bei Hirntraumatikern, Epileptikern, chronischen Alkoholikern; psychoreaktiv bei abnormen Persönlichkeiten. Öfter als Ausflucht nach normalem Rausch, um vor Gericht Exkulpierung (§ 20 StGB) zu erreichen

Symptome:
- Desorientiertheit
- Personenverkennung, Wahrnehmungsstörung (Halluzinationen)
- schwere Erregung, sinnlose Gewalttaten
- Terminalschlaf
- Erinnerungslücke, meist nur kurze Dauer (15 min – mehrere Stunden)

Therapie: wie bei kompliziertem Rausch

► **Delirium tremens**
Vorkommen: Auftreten einige Tage nach Entzug als Entzugsdelir oder (selten) als Kontinuitätsdelir; provoziert auch durch Anticholinergika (Anti-Parkinson-Mittel, Antidepressiva), Neuroleptika, Spasmolytika etc.
Dauer: unbehandelt 3 bis maximal 20 Tage; früher oft letaler Ausgang

Symptome:
- *Prodromi:* Schlafstörungen; Aufmerksamkeitsstörungen; Angst, Unruhe (nächtliche Verwirrtheit); Zittern, Schwitzen (vegetatives Entzugssyndrom); Muskelwogen (besonders mimisches Beben)

- *Vollbild:* Bewußtseinstrübung; Desorientiertheit; Beschäftigungsdrang, motorische Unruhe, Nesteln; gesteigerte Suggestibilität (z. B. Ablesen von einem weißen Blatt); Konfabulationen; optische und szenische Halluzinationen, Akoasmen

Therapie:
- Distraneurin® (möglichst oral bereits im beginnenden Delir), sonst Infusionen (vermehrte Bronchialsekretion! cave: Atemdepression!)
- Kombination mit Neuroleptika (z. B. Haloperidol®)
- u. U. Anfallsprophylaxe (Carbamazepin)
- Herz- und Kreislaufstützung
- genaue Beobachtung (Intensivkurve!)
- *keine* Alkoholinfusionen! (auch aus ethischen Erwägungen)

► Alkoholhalluzinose

Paranoid-halluzinatorische Psychose, relativ selten; Auftreten während chronischen Trinkens; Vorherrschen akustischer Halluzinationen; syndromatisch alle Übergänge zu Delir und Schizophrenie möglich
Dauer: Stunden bis maximal 6 Monate (bei längerer Dauer Zweifel an der Diagnose! Schizophrenie?)

Symptome:
- Stimmenhören in dialogischer und kommentierender Form (bedrohlich, Beschimpfungen, „Über-Ich“)
- (Verfolgungs-)wahn
- Angst
- durch das Erleben der Kranken erklärbare Handlungen (z. B. Aggressivität gegen vermeintliche Personen)
- keine Bewußtseinsstörung, Orientierung erhalten
- zeitweilige Krankheitseinsicht

Therapie: Neuroleptika

Alkoholischer Eifersuchtswahn

Psychologisch meist verstehbare, durch die Impotenz des Alkoholikers und Ablehnung der Ehefrau/Partnerin bedingte seltene Wahnentwicklung; häufiger bei Männern

Symptome:

- groteske Beschuldigungen (z. B. wahnhaft interpretierte „Spermaflecken im Bettlaken!")
- keine Krankheitseinsicht

Therapie: Alkoholabstinenz und (danach) Partnertherapie

Alkoholisches Korsakow-Syndrom (Psychose)

Vorkommen: häufig im Anschluß an Alkoholdelir, an Wernicke-Enzephalopathie oder chronisch-progredient auftretend; von manchen Autoren auch im Zusammenhang mit Wernicke-Enzephalopathie gesehen; bei 3–5% der Alkoholiker; auch nach Monaten noch Besserung möglich, aber auch ungünstige, irreversible Verläufe möglich

Symptome:

- Merkfähigkeitsstörungen }
- Desorientiertheit } *Symptomentrias*
- Konfabulationen }
- oft flach euphorische Stimmung
- Passivität
- Auffassungsstörungen

Therapie: Vitamin-B-Komplex, insb. Vitamin B_1

Wernicke-Enzephalopathie (Polioencephalopathia haemorrhagica superior Wernicke)

Lebensbedrohliches Syndrom, klinisch oft schwer von Korsakow-Psychose zu trennen, oft auch Übergang ins Korsakow-Syndrom. Mortalität 10–20% trotz Therapie; vorwiegend neurologische Symptomatik

Vorkommen: infolge Thiaminmangels bei Alkoholismus, aber auch bei Magenerkrankungen, Mangelernährung, schweren Infektionskrankheiten etc. Neuropathologisch: Blutungen und Gefäßläsionen im Thalamus, den Corpora mamillaria, der Gegend des Aquädukts und des 3. und 4. Ventrikels sowie im Zerebellum

Symptome:

- Auffassungs- und Gedächtnisstörungen
- Desorientiertheit
- Bewußtseinsstörungen (Delir)

- Erregungszustände

neurologisch:

- Augenmuskellähmungen
- Pupillenstörungen (Miosis)
- horizontaler Blickrichtungsnystagmus
- zerebelläre Ataxie
- zentralvegetative Störungen (Hypersomnie)

Therapie: Vitamin B_1 (sofort hohe Dosen, dann 100 mg i. v./die)

Weitere vorwiegend neurologische Erkrankungen

- alkoholische Kleinhirnatrophie
- Alkoholepilepsie: symptomatische, generalisierte Anfälle oder durch Alkohol provozierte genuine Epilepsie
- Pachymeningiosis haemorrhagica interna (akute oder chronische subdurale Blutung)

Therapie des Alkoholismus

Allgemein gilt: möglichst Früherkennung in voralkoholischer und Prodromalphase, bereits Primär- und Sekundärprävention

Entzug und Entwöhnung sind 2 nicht klar voneinander abgrenzbare Phasen

- ***Körperlicher Entzug:*** Sedierende Neuroleptika; evtl. Distraneurin® (10 Tage, maximal 2 Wochen - cave: Suchtgefahr! Anwendung in der Regel nur stationär)
- ***Entwöhnung:*** Ziel ist die Abstinenz! D. h. kein Schluck Alkohol, auch kein „alkoholfreies" Bier, keine Likörbonbons etc., keine mit Alkohol zubereiteten Soßen! Kontrolliertes Trinken ist bei Abhängigen unmöglich! Entwöhnung meist zunächst stationär, dann ambulant
- ***Psychotherapeutische (stationäre) Behandlung:*** In der Regel intensive Gruppenbehandlung nach psychoanalytischen oder verhaltenstherapeutischen Prinzipien mit den Zielen: Erlernen von Frustrationstoleranz, Unterstützung von Autonomiebestrebungen, Festlegung einer genauen Zeitstruktur des Tages und der Woche; Dauer der Behandlung in Spezialkliniken etwa 3 Monate; nur noch selten die früher üblichen Langzeitaufenthalte von 9-12 Monaten; Empfehlung der langfristigen Teil-

nahme an Selbsthilfegruppen (Guttempler, Blaukreuz, Anonyme Alkoholiker), später auch Einbeziehung von Angehörigen

- ***Medikamentöse Behandlung:*** Dauermedikation mit Disulfiram (Antabus®) nur bei motivierten Patienten als psychologische Unterstützung, unter ständiger ärztlicher Kontrolle (cave: bei Überdosierung Leberschädigung, Psychosegefahr, Krampfanfälle, deshalb: kein Trinkversuch; Dosierung 0,1 g/die)

Prognose

Abhängig von Ausgangspopulation. Behandlungserfolg mit Dauerabstinenz bei ca. 30-60%, aber starke Selektion: von den alkoholismusbedingten Aufnahmen kommt es nach dem körperlichen Entzug nur bei etwa 10% zu stationärer Kurztherapie, bei einem noch geringeren Anteil zu langfristiger Entwöhnung

Unbehandelt beträchtliche Verkürzung der Lebenserwartung, hohe Suizidrate

Rezidivgefährdung besteht lebenslang, Rückfallrisiko im 1. Jahr am höchsten

5.2.2. Drogenabhängigkeit

Opiate (Morphintyp)

- *Opium* (getrockneter Saft des Schlafmohns): seit Jahrtausenden in Verwendung; schmerzstillend, euphorisierend, hypnogen
- *Morphinum hydrochloricum* (Morphium): ein Alkaloid des Opiums
- *Synthetische Suchtmittel* (austauschbar, Kreuztoleranz): Diacethylmorphin, Diamorphin (Heroin®), Hydromorphon (Dilaudid®), Hydrocodon (Dicodid®), Oxicodon (Eukodal®), Codein (in Hustenmitteln), Dihydrocodein (Paracodin®, Tiamon®), Pethidin (Dolantin®), Methadon (Polamidon®), Dextromoramid (Jetrium®), Tilidin (Valoron®), Pentazozin (Fortral®), Buprenorphin (Temgesic®) etc.

Symptome/Wirkungen:

- *kurz nach der Einnahme:*
  Stimulation, Euphorisierung, Sistieren von Mißbefinden, Reaktionsverlangsamung, Rückzug auf das innere Erleben, Abkapselung, Analgesie

- *oft bereits nach wenigen Tagen:*
  Gewöhnung mit Toleranzsteigerung/Dosissteigerung(!) und Abhängigkeit mit chronischer Intoxikation:
  - Tonuserhöhung des Parasympathicus: Bradykardie, Blutdruckabfall, Müdigkeit, Miosis, Inappetenz, Gewichtsverlust, Obstipation, Impotenz, Frösteln, Zittern
  - fahle Haut (Injektionsstellen! Abszesse! Thrombophlebitiden!)
  - Haarausfall
  - Ataxie, undeutliche Sprache
  - Stimmungslabilität, Leistungsabfall
  - soziale Deprivation (Wesensänderung)
  - Beschaffungskriminalität, Prostitution, Erschleichen von Kleinkrediten etc.

Diagnostische Hilfsmittel:
- Trunkenheit ohne Alkohol!
- vegetative Stigmata: gerötete Augen, trockener Mund, Herzklopfen, Durst, enge Pupillen
- Einstiche (Hautläsionen)
- psychische Auffälligkeit (moros-gereizt-vernachlässigt)

Entzugserscheinungen (sympathikotone Reaktion):
- weite Pupillen (Mydriasis)
- Schwitzen, Tränenfluß, Nasenlaufen
- Zittern, Gliederschmerzen, Muskelkrämpfe
- Tachykardie, Anstieg von Blutdruck und Temperatur
- Übelkeit, Erbrechen, Durchfälle
- Schlaflosigkeit
- psychisch erregt, verzweifelt, Angstzustände
- Drogenhunger (craving)

Schwere des Entzugs entsprechend der Schwere der Abhängigkeit und Konzentration des Mittels (Reinheitsgrad; Dauer 2 Wochen und länger, Maximum nach 1–2 Tagen)

Komplikationen: Intoxikation (als psychogene Fehlreaktion, als Suizidversuch, als Überdosierung aus Unwissenheit), Spritzeninfektion mit Hepatitis-B oder HIV

Therapie:
- *akute Morphiumvergiftung* mit Bewußtlosigkeit und Atemdepression: keine Magenspülung, keine Flüssigkeit! Atemwege freihal-

ten. Morphinantagonisten Naloxon (Narcanti®) i.v. 0,2 mg bis Wirkungseintritt. Bei Verwendung Beachtung möglicher Suchtpotenz! Ferner Gabe von Tierkohle und Natriumsulfat

- *im Entzug:* niedrigpotente Neuroleptika; Antidepressiva z. B. Doxepin (Aponal®); Antihypertonika z. B. Clonidin (Catapresan®) 0,4–0,75 mg/die (internistische Überwachung!)
- *zur Entwöhnung:* möglichst drogenfreie Entwöhnung in Behandlungsketten mehrerer Einrichtungen im Verbund mit Psycho- und Soziotherapie; Langzeitbehandlung erforderlich. Umstritten: Methadon-Ersatzbehandlung (Ersatz der einen durch eine andere suchterzeugende Substanz), dadurch Gefahr der Suchtstabilisierung sowie der Weitergabe des Ersatzpräparates; aber: z. B. bei HIV-Infizierten Verringerung des Infektionsrisikos! Überbrückungsbehandlung! Entkriminalisierung! Gegenwärtig keine abschließende Wertung möglich

Cannabis, Marihuana

Aktive Substanz: Tetrahydrocannabinol (THC). Haschisch kann „Einstiegsdroge" sein; wesentlich geringere Gefährlichkeit als Opiate; geringere Suchtpotenz! In Europa kulturfremd, in anderen Kulturen ähnliche Funktion wie hier Alkohol

Symptome/Wirkungen:

- gehobene Stimmung, euphorisch, albern, friedlich
- Wahrnehmungsstörungen (Farbwahrnehmung intensiver etc., illusionäre Verkennungen)
- Veränderung der Realität, Gefühl der Irrealität, Denkstörungen, Verschiebung der Zeit-/Raumdimension

bei Intoxikation:

- paranoide Gedanken
- optische (Pseudo)Halluzinationen
- vegetative Störungen (Schwindel, Tränenfluß, Schwitzen, Erbrechen, Übelkeit, Tachykardie, Pupillenerweiterung)
- evtl. Horrortrip mit Angst

Nachhallzustände (Echophänomene, flashback):

- nach Tagen bis Wochen Wiederkehr der Cannabiserlebnisse ohne erneute Einnahme

Haschischpsychosen (selten):

- andauernde Intoxikationswirkung über Tage und Wochen

Wesensänderung bei chronischer Einnahme:
- adynames Syndrom mit Apathie, Rückzug, evtl. Verwahrlosung

Therapie: Neuroleptika

Halluzinogene (Phantastika, Dysleptika)
LSD (Lysergsäurediäthylamid), Psilocybin, Meskalin.
Wirkung ähnlich wie Haschisch, jedoch massivere Intoxikationspsychosen. Keine körperliche Abhängigkeit. LSD wird auch für psychedelische Behandlung verwendet (obsolet!): Erzeugung von Modellpsychosen, die Seele offenlegend (delos griech. = offenbar)

Symptome/Wirkungen:
- vegetative Symptome
- illusionäre Verkennungen, (Pseudo)Halluzinationen, vor allem Formen und Farben, Depersonalisation/Derealisation
- im Horrortripp (Angstreise): Angst, Panik, Erregung, produktive psychotische Symptome, Realitätsverlust

Therapie:
- *im Horrortrip:* Valium, dämpfende Neuroleptika, ruhiges Gespräch
- *bei prolongiertem Verlauf von LSD-Psychosen:* Neuroleptika. Vor allem bei schizophreniformen Bildern und längerem Verlauf u. U. differentialdiagnostische Schwierigkeiten; gelegentlich späterer Übergang in Schizophrenie

Kokain
Im Jargon: C, Koks, Charley, Schnee oder White stuff. Anbau der Kokapflanze in Südamerika.
Bereits um die Jahrhundertwende und gegenwärtig wieder Suchtmittel: Kauen von Kokablättern gegen Ermüdung; Schnupfen (Nasenscheidewandulzera!), Injizieren, Rauchen des Kokainpulvers. Keine Toleranzsteigerung, fehlender körperlicher Entzug, nur psychische Abhängigkeit

Symptome/Wirkungen:
- maniforme Erregung, Rededrang, sexuelle Enthemmung, euphorische (oder ängstliche) Verstimmung
- Sympathikusreaktion

Kokainpsychosen:

- Delir mit euphorisch/ängstlicher Verstimmung
- taktile Halluzinosen, Dämmerzustände mit szenischen Halluzinationen und farbigen Visionen
- „Kokainwahnsinn“: fahrige Betriebsamkeit, (Verfolgungs)Wahn und Halluzinationen
- möglicher Ausgang: Wesensänderung (organisches Psychossyndrom); Impotenz; Dermatozoenwahn; sonstige chronische Psychosen

Therapie:

- *bei Intoxikation:* Valium, Neuroleptika
- *bei Blutdrucksteigerung:* Betablocker

Khat

Ähnlich wie Kokain; in Ostafrika und Jemen als Stimulans verwendet; nur frische Blätter wirksam

Stimulanzien (Psychoanaleptika)

Weckamine, Amphetamine, Psychotonika (speed): Methamphetamin (Pervitin®), Methylphenidat (Ritalin®), Amfetaminil (AN 1®), Pemolin (Tradon®), Fenetyllin (Captagon®), Ephedrin (Ephedrin Knoll®)

Weitverbreitet, insb. als Appetitzügler, z. T. rezeptfrei; „speed“

Symptome/Wirkungen:

- sympathikomimetische und zentralstimulierende Wirkung
- psychische, keine körperliche Abhängigkeit, rasche Gewöhnung, Dosissteigerung; wenig körperliche Entzugssymptome
- geringeres Schlafbedürfnis
- Antriebssteigerung, Anregung
- Enthemmung

im Entzug:

- Müdigkeit, Abgeschlagenheit, Verstimmung

Komplikationen:

► • paranoid-halluzinatorische Psychosen: Angst, Verfolgungswahn, haptische Halluzinationen (Mikrohalluzinationen, ähnlich wie bei Kokainpsychosen)
- Schlafstörungen (REM-Deprivation): als Folge abends Hypnotika, morgens Stimulanzien

Therapie: bei Psychosen hochpotente Neuroleptika, bei Schlafstörungen niedrigpotente Neuroleptika

Barbiturate

Symptome/Wirkung:

- Intoxikations- und Entzugssyndrome ähnlich wie bei Alkoholabhängigkeit: Barbiturat-Alkoholtyp, Kreuztoleranz zwischen Alkohol, Barbituraten, Benzodiazepinen
- sedierend, euphorisierend, anästhetisch

chronische Intoxikationen:

- Abmagerung
- Tremor
- Ataxie
- Nystagmus
- fehlende Bauchhautreflexe

→ *körperliche Symptome*

- Euphorie/Dysphorie
- Verlangsamung, Abstumpfung
- Wesensänderung
- Gedächtnisstörungen
- organisches Psychosyndrom

→ *psychische Symptome*

Entzugserscheinungen (prolongiert: Tage bis Monate!)

- Unruhe, Tremor
- Erbrechen
- Delir, Halluzinosen, Anfälle

Therapie: meistens fraktionierter Entzug wegen Gefahr von Anfällen und Delir; u. U. auch abrupter Entzug unter antiepileptischer Medikation möglich; evtl. wenige Tage Gabe von Distraneurin® (erhöht Krampfschwelle!)

Tranquilizer (Benzodiazepine)

Symptome/Wirkungen: anxiolytische, sedierende und euphorisierende Wirkung; während der Einnahme Störungen des Schlafrhythmus. Psychische, seltener körperliche Abhängigkeit (häufiger als früher vermutet!).
Nicht in jedem Fall Dosissteigerung: Niedrig-Dosis-Abhängigkeit (Low-dose-dependency); Wirkungsverlust besonders bei Tranquilizern mit kurzer Halbwertzeit! Verschreibung als Schlafmittel nur kurze Zeit (längstens 3 Wochen! Iatrogene Abhängigkeit!).

Oft (psychologische) Schwierigkeiten beim Absetzen; bei Auftreten körperlicher Entzugserscheinungen u. U. fraktionierter Entzug!

Symptome im Entzug:

- Angstzustände, depressive Verstimmung, Suizidimpulse
- Zittern, motorische Unruhe
- Schlafstörungen
- selten Delir und Anfälle
- öfter prolongierte Entzüge über viele Wochen!

Therapie: *im Entzug:* Gabe von niedrigpotenten Neuroleptika

Analgetika

Häufig Dosissteigerung wegen Wirkungslosigkeit der Analgetika bei längerem Gebrauch; Steigerung der Schmerzen unter Analgetikamißbrauch, z. B. Kopfschmerzen unter Phenacetin, Auftreten von Nierenschäden, Anämie etc.

Symptome: *im Entzug:* Kopfschmerzen, Unruhe, Angstzustände, Depression

Therapie: u. U. Antidepressiva

Fallbeispiele

Delir bei chronischem Alkoholismus

Der 52jährige Patient, Herr P., wurde vom Hausarzt ins Psychiatrische Krankenhaus eingewiesen, nachdem er während eines „Absetzversuches" zunehmend delirant geworden war.

Herr P. war bei der Aufnahme zu Zeit und Raum nicht, zur Person mangelhaft orientiert. Es fielen deutliche Merkfähigkeits- und Konzentrationsstörungen auf. Der Patient war hochgradig suggestibel und las von einem leeren Blatt Sätze ab. Er berichtete über optische Halluzinationen, so über weiße Hunde und Elefanten. Er wirkte deutlich schreckhaft. Es bestanden vegetative Entzugszeichen mit Tremor und Schweißigkeit.

Internistisch: Bei Aufnahme Blutdruck RR 180/90, Pulsfrequenz 120/min.

Neurologisch: Ataktischer Gang; Sensibilitätsstörungen und Schmerzen in den Beinen mit Ausfall der Beineigenreflexe im Sinne einer Polyneuropathie.

Laborbefunde: Erniedrigung des Kaliums auf 3,22 mmol/l (normal: 3,7–5,4); erhöhte Werte: GOT auf 44 U/l (normal: <18), Gamma-GT auf 53 U/l (normal: <24).

Zur Vorgeschichte erfuhren wir, daß Herr P. früher als Hilfsarbeiter im Baugewerbe tätig war; vor 1 Jahr wurde er frühberentet. Herr P. ist geschieden, lebt jetzt alleine, hat keinen Kontakt mehr zu seinen 3 erwachsenen Kindern.

Der Alkoholismus soll seit 15–20 Jahren bestehen. Mehrfach war Herr P. zu Entzugsbehandlungen im Landeskrankenhaus, wo es 2mal zum Delir, mehrfach begleitet von symptomatischen Krampfanfällen kam. Vor 4 Jahren nahm Herr P. an einer halbjährigen Entwöhnungsbehandlung teil, er wurde jedoch bald wieder rückfällig. In den Wochen vor der Aufnahme trank er täglich mehrere Liter Bier und bis zu ½ l Korn pro Tag, aß in letzter Zeit fast nicht mehr, „ernährte mich von Alkohol“. Unter hochdosierter oraler Distraneurin®-Behandlung klang das Delir bereits nach 1 Tag ab. Nach Abschluß des Entzuges erklärte sich Herr P. dazu bereit, an der von uns angebotenen stationären Motivationsgruppe teilzunehmen.

Delirium tremens bei chronischem Alkoholismus
Rezidivierende synkopale Anfälle; Zustand nach Schrittmacherimplantation bei angeborenem AV-Block III. Grades
Der 25jährige ledige Kellner wurde in die Psychiatrische Klinik mit einem Alkoholdelir eingewiesen. Er hatte am frühen Morgen zu Hause 2 Anfälle erlitten, so daß er von den Angehörigen gebracht wurde. Bei der Aufnahmeuntersuchung war er wach, verlangsamt, desorientiert; er halluzinierte und nestelte. Fingertremor und Schweißigkeit, Zungenbißwunde, mehrere Hämatome an Rücken und Extremitäten. RR 165/60, Systolikum über allen Ostien. Leber handbreit vergrößert, derb, druckschmerzhaft. Mehrere markstückgroße Ulzera am linken Unterschenkel. Labor: Erhöhung der Transaminasen, Gamma-GT 299 U/l.

Wegen Adams-Stokes-Anfällen wurde der Patient auf die

Intensivstation verlegt; dort erfolgte einige Tage später die Implantation eines Herzschrittmachers, der wegen des Septumdefektes seit langer Zeit geplant war.

Auch nach der Schrittmacherimplantation war der Patient nicht bereit, eine längerdauernde Entwöhnungsbehandlung mitzumachen, sondern ließ sich vorzeitig entlassen. Er begann wieder, Alkohol zu trinken, und wurde noch einmal kurzfristig in die Psychiatrische Klinik aufgenommen. Trotz der immer wieder auftretenden symptomatischen Krampfanfälle war Herr R. nicht in der Lage, sein Leben umzustellen, und nicht motiviert, an einer Behandlung mitzuwirken, sondern verhielt sich bezüglich seiner schwierigen Situation uneinsichtig.

Alkoholhalluzinose

Der 57jährige Patient, Herr L., hatte von sich aus in den frühen Morgenstunden die Polizei benachrichtigt mit der Bitte, ihn ins Krankenhaus zu bringen. Die Nacht vor der Aufnahme hatte Herr L. in großer Angst zu Hause verbracht, da er sich von Nachbarn sowie auch besonders von seiner Cousine bedroht fühlte; man könne ihn über Funkverbindungen ausmachen und Zwiegespräche über ihn führen. Die Stimmen bezeichnen ihn als Mörder, Zuhälter und Säufer. Zeitweise habe er auch die Stimme seiner Cousine gehört, die in Kanada wohne; sie habe ihm über drahtlosen Sprechverkehr Vorwürfe gemacht, daß er schon wieder schlafe. In dieser Nacht habe er sie in seine Wohnung, seinen Keller und Garten eindringen sehen und ihre Stimme gehört, was den akuten Anlaß zu seiner Angst darstellte.

Der seit 9 Jahren geschiedene Patient ist von Beruf Elektrotechniker und wurde vor 6 Jahren nach einem Herzinfarkt berentet. Er lebt allein in seinem Haus und versorgt sich selbst. Zu seinen 4 Söhnen besteht so gut wie kein Kontakt.

Der Alkoholismus besteht seit der Militärzeit während des Zweiten Welkrieges bei der Marine. Behandlungen wurden im Landeskrankenhaus vor 3 Jahren 5 Monate lang, vor 1 Jahr mehr als 2 Monate lang durchgeführt. Nur kurzzeitig blieb Herr L. anschließend trocken.

Die Alkoholhalluzinose besteht seit 3 Monaten. Sie war in

einer ambulanten nervenärztlichen Behandlung nicht zugänglich, da er immer wieder trank und die Medikamente nur unregelmäßig einnahm.

In den letzten Monaten vor der Aufnahme habe er immer mehr Gewißheit über die Herkunft der Stimmen erlangt, die ihn im Tagesverlauf verfolgen, bedrohen und nach seinem Leben trachten. Er sei sich sicher, daß sie ihren Ursprung in Kanada hätten. Zusätzlich habe er eine Überwachung durch Strahlen gespürt. Alles habe bei ihm solche Angst ausgelöst, daß er vermehrt, in den letzten Wochen bis zu ½ Flasche Schnaps pro Tag, getrunken habe.

Bei der Aufnahme war der freundliche, zugewandte und lebhafte Patient voll orientiert. Veränderungen der Bewußtseinslage und formale Denkstörungen waren nicht zu beobachten. Während des stationären Aufenthaltes berichtete er anfänglich über akustische Halluzinationen im Bereich der Station, während der Untersuchung richtete er sich einmal entschieden an seine Stimmen: „Ruhe, ich spreche jetzt mit dem Doktor!"

Während des stationären Aufenthaltes wurde Herr B. mit Haldol® behandelt. Bei 2maliger Übernachtung zu Hause traten die Halluzinationen zwar nicht auf, er konnte sich jedoch trotz der Besserung zunächst noch nicht von seinem Wahn distanzieren, denn er meinte, seine Verfolger hätten nur eine Funkpause eingelegt. Den Zusammenhang zwischen seinem jahrelangen Trinken und den akustischen Halluzinationen begann er erst zum Entlassungszeitpunkt langsam zu realisieren. Entlassungsempfehlung: Neuroleptische Weiterbehandlung und Alkoholabstinenz.

Symptomatische Psychose nach Appetitzüglerabusus

Die 42jährige Patientin, Frau H., wird von ihrem Verlobten wegen Angst- und Unruhezuständen in die stationäre Behandlung gebracht.

Sie berichtet, daß sie sich von allen Seiten beobachtet fühle, zu niemandem mehr Vertrauen habe, drohende Stimmen höre, daß sie und ihre Kinder umgebracht werden sollten. Die ganze Familie könnte an einem Komplott gegen sie beteiligt sein. Alles sei „so komisch" geworden, alle Menschen seien „hinter ihr her". Sie habe Angst um ihr Leben und müsse wohl bald sterben. Es verwirre sie, daß die Stimmen ihr sagten, sie sei Erbin des großen Industriewerkes, in dem sie arbeite. Das alles sei ihr unheimlich.

Bei der Untersuchung ist Frau H. bewußtseinsklar, voll orientiert, dabei erregt, ängstlich, spricht ununterbrochen über ihre Befürchtungen, verfolgt und umgebracht zu werden. Sie berichtet über akustische Halluzinationen, Wahnideen, Wahnwahrnehmungen und körperliche Beeinflussungsstörungen.

Frau H. hat 1 Sohn von 17 Jahren und 1 Tochter von 16 Jahren und ist geschieden. Gegenwärtig ist Frau H. verlobt; diese Partnerschaft bringe viele Probleme mit sich, denn ihr Partner trinke gelegentlich größere Mengen Alkohol und zeige dann ein sehr temperamentvoll-aggressives und uneinsichtiges Verhalten.

Zur unmittelbaren Vorgeschichte erfahren wir von Frau H., daß sie, (wie so viele andere ihrer Kolleginnen, die von wachmachender Wirkung berichten) um leistungsfähiger zu sein, gerade auch bei ihrer großen Belastung zu Hause, seit 3 Monaten täglich 6-8 Tabletten Recatol® (Appetitzügler mit stimulierender Wirkung) genommen habe. Diese Menge habe sie allmählich noch gesteigert.

Unter Behandlung mit Haldol® kam es in der Klinik rasch zu einem Rückgang der Symptomatik. Nach wenigen Tagen konnte Frau H. in gutem Zustand entlassen werden.

Polyvalente Drogenabhängigkeit
Paranoid-halluzinatorische Schizophrenie

Der 25jährige ledige Patient, Herr Z., war bereits mehrfach stationär in unserer Klinik aufgenommen, jetzt kam er von sich aus auf die Station, ohne jedoch seinen Aufnahmewunsch begründen zu können.

Herr Z. ist Sinti. Besuch der Sonderschule, keine Lehre, statt dessen habe er verschiedene Jobs gemacht, nie längere Berufstätigkeit. Die Mutter ist Hausfrau; Herr Z. hat 3 Brüder. Er habe bis vor einem Jahr bei seiner Mutter gewohnt, damals sei sie mit ihrem zweiten Mann, dem Stiefvater, aus der Stadt in einen Vorort umgezogen und habe ihn nicht mitnehmen wollen; seither habe er versucht, alleine zu leben, fühle sich aber nicht wohl.

Bei Herrn Z. besteht seit dem 15. Lebensjahr ein polyvalenter Abusus. Einnahme von Haschisch, LSD und Opiaten, hinzu kommt ein beträchtlicher Alkoholabusus. Unter Drogeneinnahme auch Selbstverstümmelung. Seit 7 Jahren immer wieder längere und kürzere Aufenthalte im Landeskrankenhaus wegen paranoid-halluzinatorischer Syndrome. Seit einigen Jahren wurde die Diagnose einer Schizophrenie gestellt. Nur gelegentlich akzeptierte Herr Z. Medikamente der Nervenärzte. Drogen nahm er, soweit er sie bekommen konnte. - Ein Versuch, in einer therapeutischen Wohngemeinschaft zu leben, scheiterte an den Anpassungsschwierigkeiten des Patienten, dessen Verhalten zunehmend bizarr und für die Umwelt immer belastender wurde.

Nachdem das Gesundheitsamt eine Zwangseinweisung verweigert hatte, stellte die Mutter 3 Monate vor der jetzigen Aufnahme in unsere Klinik den Antrag auf Entmündigung.

Bei der jetzigen Aufnahme reagierte er zunächst nicht auf Ansprache, äußerte gelegentlich Satzfetzen, die aber unverständlich blieben. Er lief in einer bunten Karnevalsuniformjacke hin und her, prüfte mit ritualisiert wirkenden Handbewegungen zahlreiche Gegenstände, murmelte etwas vor sich hin und lehnte jegliche körperliche Untersuchung ab.

Nur sehr langsam konnte Herr Z. aus seiner Phantasiewelt heraustreten. Ein erstes Gespräch war schließlich nach 10 Tagen möglich. Er konnte dann Gedanken über seine Krankheit formulieren. So leide er unter dem Gefühl, keine „Milch zu haben", etwas versäumt zu haben beim Tod verschiedener Angehöriger, von denen er jetzt negativ beeinflußt werde. Zu diesen Personen müsse er Kontakt aufnehmen. Er kämpfe damit, nichts Böses zu tun. So mußte er viele Rituale entwickeln, beispielsweise „pusten" oder Reinigungsgesten ausführen. Oft meint er, er müsse gewisse Körperteile abtrennen oder einschneiden, dann werde das alles aufhören. Über den Inhalt seiner Stimmen wollte er nicht sprechen, er berichtete aber, daß er verstorbene Verwandte gesehen habe, für ihn eine Aufforderung, sich zu überlegen, auf welche Weise er wieder etwas richtig stellen könne.

Unter Behandlung mit Haldol® und Atosil® besserte sich die starke Denkzerfahrenheit im Verlauf von etwa 2 Monaten.

Langsam nahm er Kontakt zu den Mitpatienten auf. Leider blieb Herr Z. recht sprunghaft in seinen Plänen, so daß die Erarbeitung von Zukunftsperspektiven nicht durchführbar war.

Nach einigen Wochen entwich der Patient aus stationärer Behandlung, kehrte einige Tage später wieder zurück, um dann allerdings wiederum nach einigen Tagen nicht mehr vom Stadtausgang zurückzukommen.

Polyvalenter Mißbrauch und Spielsucht

Der 22jährige Patient, Herr R., wurde in alkoholisiertem Zustand nach Schnitten am linken Handgelenk stationär aufgenommen. Er war von sich aus zur Polizei gegangen und hatte sich in die Chirurgische Ambulanz bringen lassen. Die suizidale Handlung war durch den Verlust von 600,- DM beim Spielen ausgelöst worden.

Herr R. stammt aus Berlin. Seine Eltern ließen sich scheiden, als er 7 Jahre alt war. Er ist der 2. von 3 Brüdern. Wie seine Brüder ist er größtenteils, vom 6.-8. Lebensjahr im Heim aufgewachsen. Ohne Hauptschulabschluß begann er eine Malerlehre, die er nach kurzer Zeit abbrach. Danach besuchte er eine Abendschule bis zum Hauptschulabschluß. Er hat nur gelegentlich in unterschiedlichen Jobs gearbeitet. Im letzten ½ Jahr war er in einem Kaufhaus als Aushilfsarbeiter tätig. Herr R. hat gegenwärtig keine feste Partnerin, bereits mit 15 Jahren wurde er nach einer flüchtigen Bekanntschaft Vater.

Seit dem 9. Lebensjahr Nikotinabusus, seit dem 12. Lebensjahr Alkoholabusus, vom 15.-17. Lebensjahr trocken. Damals habe er auch häufig Haschisch geraucht. Einmal habe er auch Heroin gespritzt. Seit 2 Jahren nehme er keine Drogen mehr. Gelegentlich nehme er Demetrin® zur Beruhigung. Raucht 1-2 Schachteln Zigaretten pro Tag. Trinkt täglich 2-3 Gläser Bier, es komme aber immer wieder auch zu Alkoholexzessen. - Seit der Bundeswehrzeit vor 2 Jahren habe er oft an Automaten gespielt, nach großen Verlusten auch schon manchmal Selbstmordgedanken gehabt.

Bei der Aufnahme war der Patient deutlich alkoholisiert, er war wach und voll orientiert; wechselndes Kontaktverhalten, zeitweilig ablehnend, zeitweilig depressiv verstimmt und suizidal. Er erschien affektiv inadäquat, fühlte sich besonders dadurch belastet, daß er seiner Mutter immer wieder Geld entwendet hatte, das er für das Spiel mit den Automaten verbrauchte.

Wenn er spiele, könne er nicht mehr aufhören, immer wieder sei er von der Hoffnung gebannt, mehr zu gewinnen, doch noch Glück zu haben. Er spreche geradezu innerlich mit dem jeweiligen Automaten, schüttele ihn, kose ihn und strafe ihn. Vielleicht habe der Automat doch etwas mit Ersatz für eine Freundin zu tun; er habe seit einem Jahr keine feste Freundin mehr.

Während des stationären Aufenthaltes nahm Herr R. an einer Motivationsgruppe für Abhängige teil. Bereits von der Klinik aus besuchte er Treffen der Anonymen Spieler, die er auch weiterhin aufzusuchen gedenkt.

6 Schizophrene Psychosen

6.1 Definition

Schizophrenien sind psychische Erkrankungen der gesamten Persönlichkeit mit sehr unterschiedlichen Symptomen und syndromatisch verschiedenen Erscheinungsformen (jedoch ohne Herabsetzung des intellektuellen Potentials), deren Verursachung noch nicht geklärt ist.

Bereits seit dem Altertum Beschreibungen dessen, was heute „Schizophrenie" genannt wird: „démence précoce" (Benedict Augustine Morel 1856); „Katatonie" (Kahlbaum 1868); „Hebephrenie" (Hekker 1870); Gegenüberstellung von „Dementia praecox" und „manisch-depressivem Irresein" (Emil Kraepelin 1896); Einführung des Begriffs „Schizophrenie" (Spaltungsirresein) mit Denk-, Affekt- und Ich-Störungen, Autismus und Ambivalenz (Eugen Bleuler 1911); nach 1945 durch Kurt Schneider wesentliche Beiträge zur Psychopathologie und besonders zum Wahn (Symptome 1. und 2. Ranges)

6.2 Epidemiologie

- Jahresinzidenz 0,03-0,06% der Bevölkerung; Punktprävalenz 0,4%, Lebenszeitprävalenz 1-(2)% der Bevölkerung
- häufigstes Auftreten zwischen dem 20. und 40. Lebensjahr, Häufigkeitsgipfel bei Männern: 15.-24. Lebensjahr, bei Frauen: 25.-34. Lebensjahr (Auftreten im Kindesalter bei ca. 2% der

Fälle, Auftreten nach dem 40. Lebensjahr bei ca. 20% der Fälle als sog. „Spätschizophrenie")

- Frauen etwas häufiger betroffen als Männer
- Häufigkeit schizophrener Psychosen in den Familien von schizophren Erkrankten: Eltern 5-15%, Geschwister 8-10%, Kinder 10-20% (bei schizophrenem Partner 50%), Enkel 3% (bei Verwandten 1. Grades ca. 10% Belastung, dagegen Allgemeinbevölkerung: ca. 1%!)
- Transkulturell: vergleichbare Häufigkeit in allen Teilen der Welt

6.3 Ätiologie

Polyätiologischer Ansatz, d. h. nicht *ein* ursächlicher Faktor. Unterscheidung zwischen Verursachung und Anlaß bzw. Auslösung der Erkrankung!

Biologische Faktoren

- ***Erbliche Komponente:*** genetische Disposition, eher Polygenie und schwache Penetranz (vgl. die Ergebnisse der Adoptionsstudien an Zwillingen mit schizophrener Familienbelastung: keine Unterschiede zwischen getrennt und gemeinsam aufgewachsenen Zwillingen); Konkordanz bei Zwillingen: zweieiig 10-15%, eineiig 25-85%
- ***Abnorme Befunde im Pneumenzephalogramm und CCT:*** erweiterte Seitenventrikel und 3. Ventrikel sowie frontale Atrophie (vorwiegend bei Langzeitpatienten in Psychiatrischen Anstalten)
- ***Neuroophthalmologischer Befund:*** Sakkaden bei der Mehrzahl von Schizophrenen gegenüber 8% in der Normalbevölkerung
- ***Biochemische Befunde:*** erhöhte Dopaminkonzentration an zentralen Synapsen (postsynaptische Rezeptorblockade durch Neuroleptika); Monoaminooxidase Typ B erniedrigt

Psychogene Faktoren

- ***Ich-Entwicklungsdefizit,*** Ich-Schwäche, Trennungs- und Individuationsprobleme in den ersten Lebensjahren, Persistieren der Mutter-Kind-Symbiose, „broken home"

- ***Inkonsequente Erziehung,*** Kommunikationsstörungen, Pseudomutualität
- ***„double bind“:*** gestörte Metakommunikation, Diskordanz zwischen geäußerter Mitteilung und gegenseitiger verdeckter Botschaft
- ***Rollenprobleme***: Kind als Ersatzpartner; elterliches Schisma

Sonstige Faktoren

- ***Jahreszeitliche Schwankungen:*** auf der Nordhalbkugel sind mehr Kranke in den Wintermonaten (Januar - März) geboren, auf der Südhalbkugel mehr in den Sommermonaten (Juli - September)
- ***Einfluß der Sozialschicht:*** eher gering, Drifttheorie vs. soziale Kausalitätshypothese: krankheitsbedingter sozialer Abstieg vs. schicht- bzw. milieubedingte Krankheitsentstehung

Prämorbide Persönlichkeit

Z. B. schizoider Typus mit Distanz, Reserviertheit, geringem emotionalen Kontakt, hoher Sensibilität und Verdrängung von Emotionen

Auslösend sind oft belastende und entlastende Lebensereignisse („life events“) verschiedener Art: Todesfälle, Verlust- und Trennungssituationen, sexuelle Begegnungen, Prüfungen etc.

6.4 Symptome

Einteilung der Symptome nach Eugen Bleuler (1911)[1]:

Grundsymptome

- ***Formale Denkstörung:*** Zerfahrenheit (Denkdissoziation, zusammenhanglos, alogisch), Sperrung des Denkens oder Gedankenabreißen, gemachte Gedanken oder Gedankenentzug, Begriffszerfall, Kontaminationen (Begriffsverschiebung, Konkretismus, Symbolismus)

---

[1] Bleuler E (1911) Dementia praecox oder Gruppe der Schizophrenien. In: Aschaffenburg G (Hrsg) Handbuch der Psychiatrie. Deuticke, Leipzig

- ***Störungen der Affektivität:*** inadäquate Affektivität (Parathymie: inadäquater Affekt in bezug auf den Gedankeninhalt, Affekt bzw. Erleben entsprechen nicht dem Affektausdruck), Ambivalenz (beziehungsloses Nebeneinanderbestehen, unvereinbare Erlebnisqualitäten), Instabilität der Stimmungslage, mangelnder Kontakt, affektive Steifigkeit, Verflachung, Gefühlseinbrüche, Verlust der emotionalen Schwingungsfähigkeit, aber auch ekstatische Stimmung mit Glücksgefühl und Entrücktheit, Ratlosigkeit, erlebte Gefühlsverarmung, depressive Verstimmungen
- ***Ich-Störungen:*** Desintegration von Denken, Fühlen, Wollen, Handeln. Autismus (Rückzug aus der Wirklichkeit, überwiegendes Binnenleben; auch sekundär nach negativen Umwelterfahrungen), Entfremdungserlebnisse (Depersonalisation, Derealisation - eher unspezifisch!), Verlust der Meinhaftigkeit, häufig verbunden mit dem Erleben des von außen Gemachten und der Beeinflußung von Fühlen, Wollen und Denken

Akzessorische Symptome

- ***Wahn*** (Verfolgung, Beeinträchtigung, Vergiftung, aber auch Berufung und Größe)
- ***Halluzinationen*** (Stimmen)
- ***katatone Symptome*** (Störungen der Motorik und des Antriebs: Stupor, Katalepsie, psychomotorische Unruhe und katatone Erregungszustände, Bewegungsstereotypien, Negativismus und Befehlsautomatie)

lese Frage 4.19, 4.20 - 4.23

Nach Kurt Schneider (1967)[2] liegt bei Vorhandensein von *Symptomen 1. Ranges* und nach Ausschluß einer körperlichen Grundkrankheit eine Schizophrenie vor. Ein gehäuftes Auftreten von *Symptomen 2. Ranges* erlaubt ebenfalls diese Diagnose (s. S. 100).

bei chronisch verlaufenden schizophrenen Psychosen fehlen katatone Symptome selten, bei Spätschizophrenien treten sie dagegen kaum auf

[2] Schneider K (1967) Klinische Psychopathologie. Thieme, Stuttgart

Abnorme Erlebnisweisen	Symptome 1. Ranges	Symptome 2. Ranges
Akustische Halluzinationen	Dialogische Stimmen, kommentierende Stimmen (imperative Stimmen), Gedankenlautwerden	sonstige akustische Halluzinationen
Leibhalluzinationen	Leibliche Beeinflussungserlebnisse	Koenästhesien im engeren Sinne
Halluzinationen auf anderen Sinnesgebieten	–	Optische, olfaktorische, gustatorische Halluzinationen
Schizophrene Ich-Störungen	Gedankeneingebung, Gedankenentzug, Gedankenausbreitung, Willensbeeinflussung	–
Wahn	Wahnwahrnehmung	Einfache Eigenbeziehung, Wahneinfall

Äußere Erscheinung der Patienten oft hölzern, gespreizt, starr und verschroben

6.5 Diagnose

Nach Ausschluß von körperlich begründbaren psychischen Störungen wird die Diagnose aufgrund der Symptome und des Verlaufs (s. u.) gestellt. Bisher keine eindeutigen biologischen Marker, keine spezifischen psychologischen Tests!

6.6 Unterformen schizophrener Psychosen

► **Hebephrenie**
Allgemein: Typisch ist Beginn in der Adoleszenz bzw. im frühen Erwachsenenalter mit Leistungsknick

Symptome:
- *affektive Störungen:* läppische Gestimmtheit, Affektindolenz
- *Kontaktstörungen:* Rückzug, Beziehungslosigkeit, auch Enthemmung
- *Denkstörung:* abschweifend, zerfahren, konfus; häufig Wahnvorstellungen

► **Paranoid-halluzinatorische Schizophrenie**
Allgemein: Beginn eher später; Persönlichkeit bleibt überwiegend intakt; häufigste Form der Schizophrenie, oft schizoide, sensitive Persönlichkeiten

Symptome:
- *Wahnwahrnehmungen*
- *Verfolgungswahn* (seltener Größenwahn, manchmal systematisierter Wahn)
- *akustische Halluzinationen* (Stimmen), seltener optische Halluzinationen; gelegentlich Ausführung von akustisch halluzinierten Befehlen (imperative Stimmen)
- *Ich-Störungen* (Gefühl des Gemachten)

Bei abklingendem Schub allmähliche Distanzierung von den Wahninhalten, häufig erhebliche Ambivalenz gegenüber dem Wahn

► **Katatone Formen**
Allgemein: Beginn häufiger im jüngeren Erwachsenenalter; oft plötzliche Manifestation der Erkrankung

Erscheinungsbilder/Symptome:
- *Katatoner Stupor:* Erstarren mit Katalepsie (Haltungsverharren), Haltungsstereotypien, Mutismus. *Untersuchung:* Feststellung der wächsernen Biegsamkeit (Flexibilitas cerea) und der kataleptischen Starre bei Hochheben einer Extremität oder auch des

Kopfes („oreiller psychique“ – psychisches Kissen) mit anschließender Beibehaltung dieser Stellung

- *Katatone Erregung:* Toben, Schreien, Bewegungssturm mit starker motorischer Aktivität, Aggressivität, Selbst- und Fremdgefährdung
- *Febrile (perniziöse) Katatonie* (seltene, lebensbedrohliche Sonderform): neben der katatonen Symptomatik hohes Fieber, Kreislaufstörungen und Exsikkose; bei erfolgloser Behandlung mit Neuroleptikainfusionen Indikation für Elektrokrampftherapie! Flüssigkeitszufuhr!

Deutung des *katatonen Stupors* als Erstarren, Angst, Schrecken und Ratlosigkeit etwa infolge halluzinatorischer bzw. wahnhafter Erlebnisse; die motorische Aktivität bei der *katatonen Erregung* als Möglichkeit, sich selbst zu spüren
Dauer: Stunden bis Wochen, unbehandelt auch Monate bis Jahre.
Der Katatone nimmt wahr und hat oft keine Amnesie!

Schizophrenia simplex
Allgemein/Symptome: ohne auffällige produktive Symptome. Vorwiegend Antriebsdefizit, Initiativeverlust, Mangel an Aktivität und an Vitalität. Knick in der Lebensentwicklung, öfter Übergang in Residualzustände, ungünstiger Verlauf. Selten zu stellende Diagnose

Koenästhetische Form
Im Vordergrund stehen Koenästhesien (abstruse Körperfühlstörungen) und Körperhalluzinationen (z. B. Gefühl, innerlich zu verbrennen, Spüren einzelner Blutgefäße im Gehirn, Verfaulen der Leber etc.)

Katatone, koenästhetische und depressive Syndrome bei der Erstmanifestation günstig

hebephrene S. ungünstig
akustische Hallus. ungünstig

allgemein die günstige Tendenz

6.7 Verlauf schizophrener Psychosen

Beginn akut oder schleichend: bei schleichendem Beginn im Vorfeld der manifesten Psychose bestimmte Prodromi wie Wahnstimmung, Gefühl des Nichtfaßbaren, Unheimlichen, Vermutung diffuser Veränderungen der Außenwelt, Schlafstörungen

Stadien der beginnenden Schizophrenie nach Conrad (1958)

1. ***Trema*** („Lampenfieber"): mit Überanspannung, Unruhe, Angst, Mißtrauen, unbestimmtem Schuld- und Versündigungsgefühl, gehobene Stimmung oder gehemmt-mutlose Verstimmung
2. ***Apophänie:*** im *Außen*raum abnormes Bedeutungsbewußtsein, Wahnwahrnehmungen, Bekanntheits- und Entfremdungserlebnisse, Verlust des Überstiegs von der Wahnwelt in die Realität; im *Innen*raum Gedankenlautwerden, Gedankenausbreitung, Erleben von wahnhaften Körpersensationen, Ich-Erleben im Mittelpunkt der Welt
3. ***Apokalyptik*** (Weltuntergang): mit Lockerung der Wahrnehmungszusammenhänge, Überflutung durch fremde Wesenseigenschaften, Gestaltzerfall von Sprache und Denken, Wahnchaos und Halluzinationen
4. ***Terminales Stadium:*** mit katatoner Symptomatik
5. ***Konsolidierung,*** ggf. gefolgt von einem *Residualzustand* mit Reduktion des energetischen Potentials und Verlust der Spannkraft; Wiedererlangung des Überstiegs in die Realität, Selbstwertsteigerung, Gewinn an innerer Freiheit und schließlich Möglichkeit sozialer Anpassung, u. U. Weiterbestehen eines Residualwahns

Die genannten Stadien können sämtlich durchlaufen werden, viele Manifestationen sind aber auf eines oder wenige Stadien beschränkt, die mit den Unterformen in Beziehung gesetzt werden können

---

Conrad K (1958) Die beginnende Schizophrenie. Thieme, Stuttgart

Kreapelins klassische Beschreibung eines stets ungünstigen chronischen Verlaufs (Dementia praecox) wird von wenigen Psychiatern immer noch vertreten.

Modernere Richtung: viele ungünstige Verläufe, aber auch vollständige Wiederherstellung in einem Teil der Fälle

Langzeitstudien ergaben Tendenz zur *„Drittelregel"* ($\frac{1}{3}$ folgenlose Abheilung, $\frac{1}{3}$ mit Rückfällen und leichtem Residuum, $\frac{1}{3}$ mit beträchtlichen bis schweren Dauerdefekten)
Im Alter Tendenz zur Abschwächung und Milderung der Erkrankung
Mögliche Ausgänge außer Vollremission: uncharakteristische asthenische Residualzustände (Antriebspotential verkürzt) und charakteristische Residuen mit Minussymptomatik und typischen Symptomen; große Variabilität mit Strukturverformung oder reiner Defizienz

Schizophrenie im Alter besser

6.8 Prognose

Günstigere Prognose: bei akutem Einsetzen der Psychose, bei stärkerer Beteiligung affektiver Anteile, bei Nachweis von auslösenden Lebensereignissen bzw. Stress, bei vorheriger guter sozialer Integration, abgeschlossener Ausbildung und Vorhandensein eines Arbeitsplatzes
Ungünstigere Prognose: bei langsam schleichendem Beginn, fehlendem Nachweis eines auslösenden Ereignisses und mangelnder sozialer Integration. Unter- und Überstimulation im sozialen Bereich sind schädlich für den remittierten Patienten. Ungünstig: hohe EE-Werte (expressed emotions – geäußerte Emotionen) in der Familie des Patienten

6.9 Therapie

6.9.1 Somatotherapie

Neuroleptika
(s. Kap. „Somatische Behandlung“, S. 195 ff.)
Zielsymptome: Erregung; Wahn, Halluzinationen; Denkstörungen; Minussymptomatik (Defektsyndrom)

- ***Phenothiazine***
  - *niederpotent:* sedierend, starke vegetative Begleiterscheinungen: Levomepromazin (Neurocil®)
  - *höher- bis hochpotent:* antipsychotisch; extrapyramidale Nebenwirkungen: Chlorperphenazin (Decentan®), Fluphenazin (Lyogen®, Dapotum®)
- ***Butyrophenonderivate***
  - *hochpotent:* antipsychotisch; beträchtliche extrapyramidale Nebenwirkungen; Haloperidol (Haldol®), Benperidol (Glianimon®)

Anwendung:
- im *akuten Schub* vorrangig hochpotente Neuroleptika, u. U. Kombination mit niedrigpotenten, sedierenden Neuroleptika, bei Spannungs- und Erregungszuständen auch vorübergehend Benzodiazepine (Tranquilizer)
- bei *katatonem Stupor* Infusion mit hochpotenten Neuroleptika
- nach *Abklingen der akuten Symptomatik* bei Erstmanifestationen in der Regel noch mehrere Monate ein (Depot-)neuroleptikum, nach dem zweiten Schub 1-2 Jahre neuroleptische Medikation, nach mehreren Schüben Dauermedikation mit einem Depotneuroleptikum wie Fluphenazin (Dapotum®, Lyogen®) oder Flupentixol (Fluanxol®) oder bei zuverlässigen Patienten orale (stark- oder mittel-)potente Medikation

Spätdyskinesien seltener bei schwachpotenten Neuroleptika; keine Langzeitgabe von Anti-Parkinson-Mitteln als Routine! Keine Tranquilizergabe (Benzodiazepine) als Langzeitbasismedikation!
Problem der Compliance! Erstrebenswertes Ziel: Management der Medikation durch den Patienten selbst, insb. der Dosierung!

Nebenwirkungen und Komplikationen:

- *extrapyramidale Erscheinungen*
  - Frühdyskinesie
  - Parkinsonoid
  - Spätdyskinesien (tardive Dyskinesien)
- *vegetativ:* Blutdrucksenkung, Tachykardie, Temperaturdysregulation
- *endokrin:* Galaktorrhoe
- *Komplikationen:* Thrombosen, intrahepatische Cholestase, Agranulozytose, Krampfanfälle

Elektrokrampftherapie

Bei febriler Katatonie: u. U. lebensrettend (in Narkose nach Gabe von Muskelrelaxans und mit O_2-Beatmung); Risiko entspricht dem einer Kurznarkose. Durchgangssyndrom; keine Dauerschädigung nachweisbar

6.9.2 Psychotherapie

Therapieformen:

- *stützende, psychotherapeutische Gespräche* mit einfühlendem Verständnis sind zur Bearbeitung gegenwärtiger Konflikte notwendig und grundsätzlich indiziert. Ich-stützende Gesprächsführung, besonders bei starker Angst, Ich-Verlust-Ängsten bzw. Ich-Grenzverlust. Nach Abklingen der akuten Symptomatik Fokussierung der Psychotherapie auf den Umgang mit der Krankheit, Konsequenzen für mitmenschliche Beziehungen und Überlegungen zur Rehabilitation. Aktivierung und Anregung des Patienten, isolatorischen Tendenzen entgegenwirken!
- *Verhaltenstherapie:* positive Verstärker (token economy), Aktivierung
- *psychodynamische Therapie:* in Modifikation der analytischen Neurosenbehandlung, aber aufwendiges Verfahren mit unsicherer Prognose
- *Musiktherapie* mit der Möglichkeit, Eigenerleben und Gefühle auszudrücken und Grenzen zu erfahren
- *Familientherapie* mit Einbezug der Angehörigen in den therapeutischen Prozeß bei vorhandener Motivation

- *Angehörigenarbeit* in Gruppen zur Information der Angehörigen und Austausch von Problemen, die die Angehörigen belasten

Umgang mit schizophrenen Patienten

- *wahnhafte Patienten:* Zuhören, wenige Fragen stellen (den Wahn heraus-, nicht hineinfragen). Den Patienten mit seinem Wahn akzeptieren, nicht so tun, als ob man die Wahninhalte für Realität hielte. Erst später Prüfung, inwieweit Distanzierung vom Wahn möglich ist. Halluzinatorisches Verhalten kann angesprochen werden („Was hören Sie gerade?").
- *unruhige, aggressive Patienten:* Versuchen, mit ruhigem Gespräch und Zureden den Patienten langsam aus seiner Erregung zurückzuholen. Wenn Gefahr droht, Hilfe holen. Nur im Notfall, dann aber entschieden und mit zahlreichem Personal (stets als ärztliche Anordnung) sollten Patienten mit Gewalt mediziert oder auf dem Bett mit Bauchgurt bzw. an Händen und Füßen fixiert werden. Dem Patienten ist vernünftig zu erklären, weshalb man so vorgehen mußte (in England werden psychiatrische Patienten nicht fixiert!)
- *Allgemein:* wichtig ist der Aufbau einer vertrauensvollen therapeutischen Beziehung, die dem Patienten die Möglichkeit läßt, Nähe und Distanz selbst zu bestimmen, und die es ihm ermöglicht, sich in depressiven, suizidalen oder erneuten akuten psychotischen Manifestationen an seinen Therapeuten zu wenden.

6.9.3 Sozialtherapie/Rehabilitation

- Schaffung eines möglichst *natürlichen Behandlungsmilieus:* Vermeiden des Auftretens von Hospitalismus (bedingt durch langdauernde Hospitalisierung in reizarmer Umgebung) mit Anstaltsartefakten wie Autismus, regressivem Verhalten, Stereotypien, Verstärkung der Minussymptomatik. Sicherung allgemeiner Grundbedingungen des Lebens auf Station, Kommunikationsverbesserung. Beteiligung des Patienten an Hausarbeiten auf Station
- *Realitätstraining:* Besprechung aktueller Situationen, Copingverhalten; Rückzugstendenzen entgegenwirken
- *Spezielle therapeutische Aktivitäten:* Beschäftigungstherapie,

Arbeitstherapie, Werktherapie, Gartentherapie, Gymnastik und Sport, Musiktherapie, Entspannungsübungen, Entspannungsgymnastik; stufenweise Heranführung an Selbstverantwortlichkeit, Selbstbewußtsein

- *Behandlungsinstitutionen* (möglichst gemeindenah): Tageskliniken, therapeutische Wohngemeinschaften, Werkstätten für Behinderte, beschützte Arbeitsplätze, Patientenklubs, Angehörigengruppen, Heime zum Dauerwohnen

Fallbeispiele

Paranoid-halluzinatorische Schizophrenie

Ein 32jähriger Mann entwickelte etwa 4 Wochen vor der Aufnahme in die Klinik Schlaflosigkeit und zunehmende Unruhe. Kurz zuvor war die Firma, in der er 14 Jahre lang als Schweißer gearbeitet hatte, in Konkurs gegangen, und er war arbeitslos geworden. Weitere Symptome kamen hinzu: Das Gefühl, von anderen Menschen „komisch“ angesehen zu werden, die Überzeugung, man spreche z. B. im Bus oder auch auf der Straße über ihn bis hin zu Wahrnehmungen, daß Radio- und Fernsehsendungen Botschaften an ihn enthielten, deren genaue inhaltliche Bedeutung er nicht erfassen konnte. Schließlich verbarrikadierte er seine Wohnungstür aus Angst vor Verfolgern, die er auch sprechen hörte („den greifen wir uns jetzt, den machen wir fertig!“) und die ihn von der gegenüberliegenden Wohnung aus beobachten, abhören und bestrahlen würden. Zuletzt verweigerte der Patient das Essen von seiner Ehefrau, die er verdächtigte, ihn vergiften zu wollen, weil sie mit den Verfolgern unter einer Decke stecke. Ein Erregungszustand bei Eintreffen der Polizei, die er selbst um Hilfe gebeten hatte, führte dann zu seiner Einweisung.

Bei der Aufnahme erschien der Patient ängstlich erregt, offensichtlich unter dem Einfluß akustischer Halluzinationen stehend. Im Untersuchungszimmer antwortete er laut den Stimmen und wähnte, wir wüßten ja ohnehin alles über ihn, weil wir - wie andere Menschen auch - seine Gedanken lesen könnten. Die Einbeziehung in den akuten Verfolgungswahn des Patienten gestaltete die Arzt-Patient-Beziehung in den ersten Tagen äußerst schwierig, bis die neuroleptische Behandlung deutliche Wirkungen zeigte.

Zur Vorgeschichte ist erwähnenswert, daß der Großvater mütterlicherseits in einem psychotischen (vermutlich schizophrenen) Schub Selbstmord begangen hatte. Unser Patient selbst hatte vor allem während der Pubertät, in der er sich als zu dick und wenig männlich empfand, deutlich sensitiv-paranoide Beziehungsideen und hatte auch danach eine Neigung zu sensitivem Erleben und Verhalten behalten.

Schizophrenes Residuum

Eine 62jährige Frau wird von ihrem Mann in die Psychiatrische Poliklinik gebracht. Er berichtet, daß seine Frau seit einigen Jahren zunehmend unfähiger geworden sei, den Haushalt zu versehen. Sie habe keine Energie mehr, könne sich nicht konzentrieren, sei rasch erschöpfbar und könne sich in Gesprächen an vieles aus der gemeinsam verbrachten Ehezeit nicht mehr erinnern. Abends werde sie rasch müde und verbringe dann etwa 10-12 Stunden im Bett. Vorgängen im täglichen Leben gegenüber sei sie abgestumpft und uninteressiert, auch den eigenen Kindern gegenüber. Sie habe sich zunehmend isoliert und habe dadurch kaum noch Beziehung zum Kreis der Freunde und Verwandten. Wahngedanken oder Stimmenhören werden vom Mann verneint, ebenso Schwankungen der Stimmung während des Tages.

Zur Anamnese war zu erfahren, daß die Patientin zwischen ihrem 45. und 58. Lebensjahr 3mal wegen „Nervenzusammenbruch“ in Psychiatrischen Kliniken behandelt werden mußte. Den angeforderten Arztbriefen war zu entnehmen, daß es sich um schizophrene Schübe gehandelt hatte. Eine Behandlung mit Depotneuroleptika war 3 Jahre vor der jetzigen Konsultation, 1 Jahr nach dem letzten Klinikaufenthalt eingestellt worden.

Historische Fälle nach Kraepelin (1921)[3]

Katatonie

„Das 24jährige Mädchen, das im Bette liegend hereingefahren wird, befindet sich in halb sitzender Stellung. Die Augen sind geschlossen, die Arme bis zur Kopfhöhe erhoben, die Finger wie Krallen gekrümmt; der Mund ist weit geöffnet. Auf Anreden läßt sich kein Zeichen des Aufmerkens oder des Verständnisses erkennen; Aufforderungen werden nicht ausgeführt. Ergreift man die Hand der Kranken, so fühlt man, daß alle Muskeln straff gespannt sind; jedem Versuch, die merkwürdige Haltung des Körpers irgendwie zu verändern, stellt sich ein starrer Widerstand entgegen. Will man die Augenlider heben, so pressen sie sich fest zusammen; die Augäpfel fliehen dabei nach oben. Drückt man den Oberkörper nach hinten, so behalten die leicht angezogenen und abgekreuzten Beine ihre Stellung bei und heben sich von der Unterlage ab. Stechen in die Stirn oder das obere Augenlid löst weder ein Zusammenzucken noch eine Abwehrbewegung aus; selbst wenn man mit der Nadel tief in die Nase hineinfährt, verrät nur ein leichtes Blinzeln und eine Rötung des Gesichts, daß die Kranke nicht völlig unempfindlich ist. Ganz unvermittelt sehen wir sie dann sich strecken und längere Zeit mit dem Körper taktmäßige, wippende Bewegungen machen, die ebenso plötzlich wieder unterbrochen werden. Hinzufügen will ich noch, daß die Kranke ihre Entleerungen meist ins Bett gehen läßt, ferner, daß sie seit mehreren Wochen keine Nahrung zu sich nimmt, sondern mit dem Schlundrohr genährt werden muß".

Hebephrenie

„21jähriger Mann, der vor einigen Wochen in die Klinik eingetreten ist. Sitzt ruhig da, sieht vor sich hin, blickt nicht auf, wenn man ihn anredet, versteht aber offenbar alle Fragen sehr gut, da er, wenn auch langsam und oft erst auf wiederholtes Drängen,

---

[3] Kraepelin E (1921) Psychiatrische Klinik, Bd II. Barth, Leipzig

so doch durchaus sinngemäß antwortet. Aus seinen kurzen, mit leiser Stimme gemachten Angaben, entnehmen wir, daß er sich für krank hält, ohne daß wir über die Art und die Zeichen der Störung nähere Auskunft erhielten. Der Kranke schiebt sein Leiden auf die von ihm seit dem 10. Lebensjahr betriebene Onanie. Dadurch habe er sich einer Sünde gegen das 6. Gebot schuldig gemacht, sei in seiner Leistungsfähigkeit sehr heruntergekommen, habe sich schlaff und elend gefühlt und sei zum Hypochonder geworden. So habe er sich im Anschluß an die Lektüre gewisser Bücher eingebildet, daß er einen Bruch bekomme, an Rückenmarksschwindsucht leide, obgleich beides nicht der Fall sei. Mit seinen Kameraden habe er nicht mehr verkehrt, weil er gemeint habe, daß sie ihm die Folgen seines Lasters ansehen und sich über ihn lustig machten. Alle diese Angaben bringt der Kranke in gleichgültigem Ton vor, ohne aufzusehen oder sich um seine Umgebung zu kümmern. Sein Gesichtsausdruck verrät dabei keine gemütliche Regung; nur ein flüchtiges Lachen zeigt sich hier und da. Außerdem fällt gelegentliches Stirnrunzeln und Verziehen des Gesichts auf; um Mund und Nase beobachtet man ständig ein feines, wechselndes Zucken. Über seine früheren Erlebnisse gibt der Kranke zutreffende Auskunft. Seine Kenntnisse entsprechen seinem hohen Bildungsgrade; er hat vor einem Jahr die Reife für die Universität erworben. Er weiß, wo er sich befindet und wie lange er hier ist, kennt aber die Namen der ihn umgebenden Personen nur sehr mangelhaft, danach habe er noch nicht gefragt. Auch über die allgemeinen Ereignisse des letzten Jahres weiß er nur sehr spärliche Angaben zu machen. Auf Befragen erklärt er sich bereit, zunächst in der Klinik zu bleiben; lieber sei ihm allerdings, wenn er einen Beruf ergreifen könnte, doch vermag er nicht anzugeben, was er etwa anfangen wolle."

7 Affektive Psychosen

7.1 Allgemeiner Teil

Definition

Psychotische Erkrankungen mit Störungen der Affektivität (Verstimmung), die sich in 2 entgegengesetzte Richtungen äußern können: Manie und endogene Depression/Melancholie. Verlauf meist in abgesetzten Phasen, vollständige Remission und gesunde Intervalle; in der Regel keine Residualzustände

Synonyma: manisch-depressive Krankheiten, Affektpsychosen, Zyklothymien

Verlauf affektiver Psychosen

- ***monopolar vs. bipolar:*** *nur* depressive bzw. manische Phasen vs. depressive *und* manische Phasen im Wechsel
- ***monophasisch vs. polyphasisch:*** einmalige Depression bzw. Manie vs. mehrmalige Depressionen und/oder Manien

Am häufigsten sind polyphasisch-monopolare Depressionen. Ebenfalls relativ häufig sind einmalige depressive Phasen (ca. 25% der affektiven Psychosen). Das Verhältnis melancholische: manische Phasen ist 3:1; Nachschwankungen (subdepressiv bzw. hypomanisch) möglich. *Phasendauer* zwischen 4 und 6 Monaten, max. bis zu 1 Jahr; manische Phasen häufig kürzer als depressive

Epidemiologie

Morbiditätsrisiko: etwa 0,6–0,9% für monopolare und bipolare Erkrankungen (für Depressionen aller Art wesentlich höher). Keine erhöhte Morbidität in Kriegs- und Notzeiten. Ca. ⅓ bipolare, affektive Psychosen, ca. ⅔ monopolare Depressionen; monopolare Manien sehr selten

Geschlecht: Erkrankungshäufigkeit Männer: Frauen etwa 3:7; Fehlerquellen durch geschlechtsrollenspezifisches Verhalten (Frauen geben Symptome leichter zu)

Alter: häufigste Erstmanifestation *bipolarer* affektiver Psychosen um das 4. Lebensjahrzehnt. Bei *monopolaren* affektiven Psychosen 2 Gipfel bzgl. Erstmanifestationsalter: zwischen 20 und 29 sowie zwischen 50 und 59 Jahren (vgl. Angst 1987)[1]; kein Prävalenzanstieg im höheren Lebensalter

Ätiologie und Pathogenese

Biochemische Befunde: Mitverursachung von Depressionen durch Balancestörung der biogenen Amine im ZNS und im peripheren vegetativen Nervensystem. Führende Hypothesen: *Noradrenalinhypothese* (bei Depressionen Mangel, bei Manien Überschuß an Noradrenalin an den Rezeptoren im Gehirn) und *Serotoninhypothese* (Serotoninmangel an den Rezeptoren); Übertragung beider Neurotransmittersubstanzen selektiv gestört, Rezeptorsensibilität an der postsynaptischen Membran gestört

Eine neurobiologische Störung, die Ätiologie und Pathogenese affektiver Psychosen erklären könnte, ist noch nicht gefunden. Antidepressiva hemmen u. a. die präsynaptische Wiederaufnahme von biogenen Aminen an der Nervenendigung.

Chronobiologische Faktoren (Rhythmusforschung): Bedeutsamkeit des zirkadianen Systems bei affektiven Erkrankungen; Desynchronisation rhythmischer Funktionen, z. B. Störung des Schlaf-Wach-Rhythmus bei Depressiven und Manikern, und Tagesschwankungen bei Depressiven. Antidepressive Therapie, z. B. mit Schlafentzug, kann die zirkadiane Rhythmik beeinflussen; REM-Schlaflatenz verkürzt

Prämorbide Persönlichkeit: von *der* zu Depression prädisponierenden Persönlichkeit kann nicht gesprochen werden. Insgesamt sind Patienten mit bipolaren Psychosen bzgl. ihrer prämorbiden Persön-

---

[1] Angst J (1987) Epidemiologie der affektiven Psychosen. In: Psychiatrie der Gegenwart, Bd 5, S 51–66. Springer, Berlin Heidelberg New York Tokyo

lichkeitsstruktur weniger auffällig als Patienten mit monopolarer Depression.

Auslösende Faktoren: Diese sind bekannt, jedoch nicht immer nachweisbar:

- *somatische Faktoren:* z. B. Grippe, hormonelle Störungen, Operationen, Abmagerungskuren, Wochenbett
- *psychische Faktoren:* unspezifische Auslöser privater und beruflicher Art (z. B. Trennungs- und Verlusterlebnisse, chronische Konflikte, Einsamkeit/Vereinsamung, schwere Kränkungen, Entlastung nach anhaltender Belastung, kritische Lebensereignisse etc.), dem Patienten häufig nicht bewußt

Prognose

Der Ausgang affektiver Psychosen reicht von Vollremission über leichtere Residualzustände, Chronifizierung bis zu Tod während einer Phase bzw. durch Suizid; Prognose wird durch allgemein erhöhte Mortalität, Suizidrisiko, Rückfallgefährdung und Chronifizierung verschlechtert. Rückfallgefährdung z. B. durch mangelnde Compliance (Medikamenteneinnahme) oder durch chronische Stressoren, mangelhaftes soziales Netz/soziale Unterstützung

7.2 Spezieller Teil

► 7.2.1 Depression/Melancholie

Symptome

- ***Affektivität:*** depressive Verstimmung im Sinne von „Herabgestimmtsein"; Gefühle innerer Leere, Verlust der affektiven Schwingungsfähigkeit („Gefühl der Gefühllosigkeit", d. h. Unfähigkeit zu positiven Gefühlen ebenso wie zu Traurigkeit, Weinen, Sympathiegefühlen gegenüber Bezugspersonen); Gefühle von Sinn- und Hoffnungslosigkeit, Verzweiflung, Pessimismus/Zweifel/Resignation („Es wird nie besser werden!"); Insuffizienzgefühle, Selbstentwertung und Selbstaggressivität (Suizidgefahr!), schwere Schuldgefühle; Tagesschwankungen (häufiger mit Morgentief und gebesserter Stimmung am Abend)

- ***Antrieb:***
  - *Antriebshemmung* (gehemmte Depression): problemlos bewältigte Alltagsaktivitäten werden zum Problem, Arbeitsunfähigkeit, Initiativelosigkeit
    schwerste Form der Antriebshemmung: depressiver Stupor (kaum Reaktionen auf Ansprache, kaum Bewegung, insgesamt eher selten)
  - *Antriebssteigerung* (agitierte Depression). Depression mit starker innerer und/oder motorisch geäußerter Unruhe, deutlich geäußerte Verzweiflung, stereotyp wiederholte Klagen
- ***Vitalstörungen und vegetative Symptome:*** Druckgefühl auf Brust- oder Bauchraum, Mißempfindungen mit verschiedener Lokalisation; Durchschlafstörungen (mit zerhacktem Schlaf und Früherwachen); Appetitverlust bzw. -mangel (Konsequenz: Gewichtsabnahme); Obstipation; Verlust von Libido und Potenz, evtl. mit sekundärer Amenorrhoe; allgemeines Abgeschlagensein, ständige Müdigkeit
- ***Denken:***
  - ***formal:*** *Denkhemmung*. Das Denken ist verlangsamt, einförmig, unproduktiv, reduziert auf wenige Inhalte (Schlaf, Stuhlgang, negative Kognitionen), geringe Aufnahmefähigkeit für neue Gedanken und Anregungen; intellektuelle Funktionen erhalten, aber krankheitsbedingt nicht voll verfügbar
  - ***inhaltlich:*** *Depressiver Wahn* mit folgender Thematik:
    Schuld und Versündigung: extreme Selbstvorwürfe, z. T. wegen lange zurückliegender, harmloser Verfehlungen; entsprechend irrationale Angst vor den Folgen
    Verarmung: Krankenkasse wird die Behandlung nicht bezahlen, die eigene Existenz und die der Familie wird durch die Kosten vernichtet usw.
    hypochondrischer/Krankheitswahn: unkorrigierbare Gewißheit, eine schwere, evtl. zum Tode führende Krankheit zu haben (z. B. Krebs, Syphilis, AIDS); leichtere Form: extreme Sorge um die eigene Gesundheit
    nihilistischer Wahn: Existenzvernichtung, bezogen auf die eigene Existenz, die Familie, die ganze Welt
  - ***Zwangsgedanken:*** können führende Rolle spielen (anankasti-

sche Depression), z. B. Tötungsimpulse gegen den Partner, die eigenen Kinder oder sich selbst

Diagnose

Weniger ein Symptom allein, als vielmehr ein charakteristischer, für endogene Depression/Melancholie spezifischer Symptomenkomplex. In der Regel mehrere Vitalsymptome und Verlust von Aktivität/Energie; typisch auch Tagesschwankungen, schwere Schlafstörungen

Ferner typische Verlaufskriterien: Frage nach früheren depressiven Phasen, früheren manischen Phasen, manischen oder hypomanischen Nachschwankungen

Differentialdiagnose

Depressive Verstimmungen bei Schizophrenien, depressiv-organisches Psychosyndrom (andersartiger Verstimmungstyp). Depressive Reaktionen, neurotische Depressionen (kein Wahn, keine Phasen!); Depressionen bei diversen somatischen Grunderkrankungen, pharmakogene Depression

Besondere Formen der schweren Depression

- ***Depressive Syndrome in Schwangerschaft und Wochenbett:*** postpartale Depression etwa 10mal häufiger als in der Schwangerschaft. Auftreten: während der ersten 8 Wochen post partum, besonders in den ersten beiden Wochen. Häufigkeit: 0,4–2%. Symptomatik: psychopathologisch unspezifisch; Rezidive auch ohne erneute Schwangerschaft/Wochenbett möglich; bei postpartalen Depressionen häufig Suizidgefahr, auch im Sinne von erweitertem Suizid (Mutter und Kind)
- ***Depressive Syndrome im Klimakterium:*** biologische und psychologische Auslöser denkbar; Ausprägung des depressiven Syndroms unterschiedlich; Spektrum von depressiver Reaktion bis zu endogener Depression
- ***Erschöpfungsdepression:*** insb. nach Dauerbelastungen; häufig bei neurotischen Grundkonflikten bzw. bestimmter Persönlichkeitsstruktur. Symptomatik: Reizbarkeit und Nervosität, affektive und vegetative Labilität, Schlafstörungen, rasche Ermüdbarkeit, Konzentrationsschwäche, diverse psychosomatische Beschwerden

- ***Larvierte Depression:*** depressive Verstimmung als Hintergrundsymptom, leibliche Mißempfindungen, z. B. Herzrhythmusstörungen, über typische depressive Symptome wird nicht geklagt, sie verbergen sich aber „maskiert" hinter den vorgebrachten Körperbeschwerden. Patienten mit larviert depressiver Symptomatik verlangen oft besonders intensive organmedizinische Untersuchungen.
- ***Involutionsdepression:*** depressive Syndrome mit Erstmanifestation zwischen dem 45.-65. Lebensjahr; häufig psycho- oder auch somatogene Auslösung; psychogene Auslöser: z. B. Bilanzierungsfragen, Trennung vom Lebenspartner, Bewältigung von Schwierigkeiten mit Kränkungen (u. a. Altern als Kränkung!) und somatischen Erkrankungen, bevorstehendes Ausscheiden aus dem Berufsleben
- ***Depression im Senium:*** depressive Syndrome nach dem 65. Lebensjahr, häufig in Verbindung mit somatischen Erkrankungen bzw. hirnorganischen Abbauprozessen, aber auch Einsamkeit und sozialer Isolierung; Suizidgefahr besonders groß!
- ***Hirnorganische Depression:*** z. B. bei Hirnerkrankungen und dadurch bedingten Psychosyndromen; auch bei Epilepsie
- ***Symptomatische Depression:*** Depressionen als Begleiterscheinungen körperlicher Erkrankungen (z. B. Infekte, Vergiftungen, endokrine Erkrankungen wie Morbus Cushing, Morbus Addison); Depressivität häufig auch in biologischen Umbruchzeiten (Pubertät, Schwangerschaft, Prämenstruum, Klimakterium)

Therapie

Vorrangiges Behandlungsziel ist allgemein die Therapie der depressiven (bzw. manischen) Symptomatik. Vor Therapiebeginn Diagnosesicherung! Bei körperlich begründbaren affektiven Störungen Therapie der Grunderkrankung; bei gesicherter Diagnose ist psychopharmakologische Behandlung wichtigstes Behandlungsprinzip. Zusätzliche therapeutische Wirkprinzipien: modifizierte Form von Psychotherapie, Beschäftigungstherapie, Musiktherapie, Krankengymnastik. Bei schwerer Ausprägung depressiver oder manischer Symptomatik: stationäre Therapie (u. a. wegen Suizidgefahr)

Bei der ***somatischen Therapie*** bestehen folgende Therapiemöglichkeiten:

- *Antidepressiva:* bei depressiven Phasen affektiver Psychosen; evtl. Kombination mit Neuroleptika bei depressiven Wahnbildungen; zusätzlich Lithiumsalze zur Rezidivprophylaxe (Effektivität von Carbamazepin zur Rezidivprophylaxe derzeit noch nicht sicher beurteilbar)
- *MAO-Hemmer:* relativ stark antriebssteigernde Eigenschaften (s. Kap. „Somatische Behandlung“, S. 200)
- *Schlafentzug* (Wachtherapie): durch totalen (1 ganze Nacht) oder partiellen (2. Nachthälfte) Schlafentzug Milderung von depressiven Beschwerden, evtl. auch Rückgang der depressiven Tagesschwankungen; Effekt hält meist nur kurze Zeit an
- *Elektrokrampftherapie (EKT):* eingeschränkte Indikation (nur bei Versagen der Psychopharmakotherapie); bzgl. Indikation, Durchführung und Nebenwirkungen/Komplikationen der EKT s. Kap. „Somatische Behandlung“, S. 210f.
- *Lichttherapie:* Applikation von hellem Licht (z. B. aus Fluoreszenzlampen), bevorzugt morgens; häufig rascher Eintritt von Besserung (bereits nach 3-4 Tagen), Behandlungsdauer 1-3 Wochen bei ca. 2 h/Tag; keine gravierenden Nebenwirkungen; anfänglich gelegentlich Übelkeit, Kopfweh, Reizbarkeit, insg. aber selten; Indikation zur Anwendung von Lichttherapie insb. bei sog. saisonalen Depressionen, speziell bei Winterdepression

Die ***Psychotherapie*** besteht aus kontinuierlicher Zuwendung im Gespräch, Vermittlung von Geduld, Betonung der Krankheit und ihrer Heilbarkeit, Ansprechen möglicher Suizidgedanken

7.2.2 Manie

„Manie“ von griech. *mania:* Begeisterung, Besessenheit, Raserei! Patienten mit manischer Psychose fehlt meist subjektives Krankheitsgefühl

Symptome

- ***Affektivität:*** *gehobene Stimmung* (Hochgefühl, beste Laune, Tendenz zu anhaltender, mitreißender, grundloser Heiterkeit), Selbstüberschätzung („grandioses Selbst“), aber auch Gereiztheit mit Aggressivität (gereizte Manie), Distanzlosigkeit und Kritiklosigkeit im Verhalten anderen gegenüber, Leistungsfähigkeit häufig gesteigert
  Immer Überschuß an Affektivität!
- ***Antrieb:*** starke *Antriebssteigerung* (erhöhte Aktivität, Tatendrang, Rededrang, unermüdliche Betriebsamkeit), evtl. starke (psychomotorische) Erregung, Enthemmung, Umsetzung der sich selbstüberschätzenden Größenideen in Taten (sinnlose Käufe mit hohen Geldausgaben, wahlloses Verschenken von Gegenständen aus dem Privatbesitz, mit z. T. schädigenden Folgen für den Patienten und seine Familie)
- ***Vitalsymptome:*** Schlafstörungen (Schlafdefizit wird subjektiv häufig nicht als quälend empfunden); gesteigerte Libido/Potenz; evtl. Gewichtsabnahme (ohne Appetitstörung)
- ***Denken:***
  - *formal: Ideenflucht* (Denken beschleunigt, häufig auch das Sprechen, Gedankenjagen, ständig neue Einfälle, dabei leichte Ablenkbarkeit und Sprunghaftigkeit); gelockerter Zusammenhang zwischen Gedanken und sprachlichen Äußerungen
  - *inhaltlich:* Wahnformen (z. B. *Größenwahn* als Ausdruck von Selbstüberschätzung und Hochstimmung)

Diagnose

Aufgrund eindrucksvoller Psychopathologie in der Regel wenig problematisch (vor allem bezogen auf die Stimmung); auch hier entscheidend: charakteristischer Symptomenkomplex, typischer Verlauf

Differentialdiagnose

Hyperthyme Persönlichkeit (Steigerung von Affektivität und Stimmung als Persönlichkeitsmerkmal; keine Phasen), manische Syndrome bei somatischen Erkrankungen (psychische Begleitsymptomatik bei organischen Grundstörungen), maniforme Syndrome bei Schizophrenien (kein phasenhafter Verlauf, häufig durchsetzt mit anderen Schizophreniesymptomen)

Therapie

- *Somatische Therapie* mit *Neuroleptika:* bei manischen Phasen hochpotente Neuroleptika, bei länger anhaltenden maniformen Symptomen evtl. auch depotneuroleptische Medikation. Auch Versuch mit Lithiumsalzen möglich
- *Psychotherapie:* psychotherapeutische Führung bei manischen Patienten symptombedingt äußerst schwierig. Aufgrund häufig fehlender Krankheitseinsicht u. U. Frage der Geschäfts- und Schuldunfähigkeit. Gelegentlich Zwangseinweisung und stationäre Therapie unumgänglich

7.2.3 Mischzustände

Im psychopathologischen Querschnitt sowohl manische als auch depressive Symptome (nicht zu verwechseln mit alternierenden depressiven und manischen Schwankungen im Verlauf einer bipolaren affektiven Psychose sowie bei schizoaffektiven Psychosen)

Symptome
Rascher Wechsel von Stimmungsgehobenheit und tiefer Verzweiflung

Diagnose
Häufig *rascher* Wechsel depressiver und manischer Symptome. Eine klare Zuordnung zu Depression oder Manie kann schwierig sein. Tritt häufig im Übergang von depressiven zu manischen Phasen und umgekehrt auf

Differentialdiagnose
Manische Phase, depressive Phase, Affektlabilität bei Hirnorganik, affektive Syndrome bei anderen organischen Erkrankungen

Therapie
Evtl. Kombination von Antidepressiva und Neuroleptika

Fallbeispiele

Endogene Depression mit Wahninhalten

Eine 64jährige, verwitwete Frau kommt nach einem Suizidversuch in klinische Behandlung. Bei der Aufnahme wirkt die Patientin stark antriebsgemindert, gehemmt, deutlich depressiv. Sie ist erheblich abgemagert, da sie in den letzten 4 Monaten keinen Appetit hatte. Ferner berichtet sie über Schlafstörungen und Tagesschwankungen. Zu Belastungen in ihrem derzeitigen Leben war zu erfahren, daß ihr Ehemann 6 Monate vor der Aufnahme nach längerem Krebsleiden verstorben war.

Die gezieltere psychiatrische Exploration zeigte, daß die Patientin den Tod ihres Mannes in besonderer Weise wahnhaft verarbeitete hatte: Sie wähnte, ihren Mann mit einer Dosis eines Schmerzmittels umgebracht zu haben, was nun auch in den Zeitungen stünde und sogar über die Nachrichten verbreitet würde: Sie sei eine Mörderin! Diese Wahngewißheit war eng mit der depressiven Symptomatik verknüpft und hatte in diesem Fall auch einen ganz spezifischen lebensgeschichtlichen Hintergrund: Die Mutter der Patientin hatte ihren Ehemann (den Vater der Patientin) mit Tabletten vergiftet, nachdem dieser sie mehrfach betrogen und mit einer Geschlechtskrankheit angesteckt hatte. Die Mutter war daraufhin für viele Jahre ins Zuchthaus gekommen, und die Patientin war bei Verwandten aufgewachsen. Die Erkrankung und der dann folgende Tod des Ehemannes hatten möglicherweise diese frühe Szene wiederbelebt und zu einer wahnhaften Verarbeitung durch eine Identifizierung mit einer „mörderischen Mutter“ geführt. Nach einer längeren antidepressiven Therapie und einer vorsichtig aufdeckenden Psychotherapie, die genau dieses eine biographische Detail schwerpunktartig beinhaltete, löste sich die depressiv-wahnhafte Symptomatik nach einer Behandlungsdauer von 3 Monaten allmählich auf.

Bipolare affektive Psychose

Ein 52jähriger, in zweiter Ehe verheirateter kaufmännischer Angestellter kommt mit einer schweren depressiven Symptomatik und Suizidalität zur stationären Aufnahme. Die jetzige Depression besteht seit 2 Monaten, zuvor war der Patient 1 Jahr lang gesund. Zur Vorgeschichte war zu erfahren, daß der Patient seit seinem 38. Lebensjahr an einer manisch-depressiven Erkrankung leidet, die durch die Trennung von seiner ersten Ehefrau ausgelöst worden war. Er hatte bisher 5 depressive und 2 manische Phasen gehabt und war deshalb mehrfach in stationärer Behandlung. Im Laufe dieser Vorbehandlung war der Patient auch auf Lithium eingestellt worden, was er aber in der jetzt zur Aufnahme führenden depressiven Phase unter dem Aspekt der allgemeinen Sinn- und Hoffnungslosigkeit seines Erlebens abgesetzt hatte.

Die klinisch-stationäre Behandlung mit Antidepressiva brachte im Laufe von 8 Wochen eine deutliche Besserung. Gegen Ende der stationären Behandlung bekam der Patient eine hypomanische Nachschwankung, die jedoch nicht weiter exazerbierte. Die Lithiumprophylaxe wurde schon während der klinischen Behandlung wieder aufgenommen.

Die Ehefrau des Patienten nahm an einer Angehörigengruppe teil und konnte dadurch mehr Verständnis für die Erkrankung ihres Mannes und den Umgang damit entwickeln.

8 Schizoaffektive Psychosen, Psychogene Psychosen, Wahnentwicklung

In diesem Kapitel sind Psychosen zusammengefaßt, die *nicht* körperlich begründbar sind und die weder schizophrenen noch affektiven Störungen eindeutig zugeordnet werden können

► 8.1 Schizoaffektive Psychosen

Allgemein: Psychosen mit Symptomen aus dem Überschneidungsbereich des schizophrenen und manisch-depressiven Formenkreises. Diagnostisches Problem: Abgrenzung gegen Schizophrenie und affektive Psychosen; keine scharfe Definition, deshalb unterschiedliche Häufigkeit bei verschiedenen Diagnostikern
Synonyma: Mischpsychosen, atypische endogene Psychosen; zu diesem Bereich gehörig: zykloide Psychosen

Symptome:
- gehobene euphorische oder expansiv gereizte Stimmung mit Größenideen, Erregung, Gereiztheit, Antriebssteigerung, Distanzlosigkeit (vgl. Symptomatik bei „Manie", S. 119) oder
- depressive Verstimmung mit Verlangsamung, Schlafstörungen, Konzentrationsstörungen, Schuldgefühlen, Suizidgedanken (vgl. Symptomatik bei „Depression/Melancholie", S. 114ff.) sowie
- schizophrene Symptome wie Ich-Störungen, parathymer Wahn, akustische Halluzinationen, Gedankenausbreitung (vgl. Symptomatik bei „Schizophrenen Psychosen", S. 98ff.)

Verlauf:
- phasenhafter Verlauf, ähnlich bipolaren Psychosen

- im Intervall restitutio ad integrum, kein Residuum
- langfristig günstige Prognose, kein Persönlichkeitsdefekt

Therapie

- bei *schizomanischen* Phasen: Neuroleptika
- bei *schizodepressiven* Phasen: Neuroleptika und Antidepressiva, bei Therapieresistenz evtl. EKT; stützende Psychotherapie
- *Phasenprophylaxe* mit Lithium oder Carbamazepin; u. U. zweigleisig mit (Depot-)Neuroleptika

► 8.2 Sondergruppe: Zykloide Psychosen

Nach Leonhard (1986)[1] kann man diese Sondergruppe, die mit schizoaffektiven Psychosen Ähnlichkeit aufweist, mit Unterformen abtrennen. Typisch: kurze, rasch wechselnde Phasen von bipolarer Verlaufsform

- ***Angst-Glück-Psychose:*** Leitsymptom *Angst,* auch in Kombination mit Verfolgungswahn und Stimmen bei synthymem Affekt. Rascher Wechsel in ekstatisch (paranoiden) psychotischen Glückszustand; Eingebungswahn
- ***Erregt-gehemmte Verwirrtheitspsychose:*** Leitsymptom *Denkstörung,* Stimmung labil. Gehemmter Pol: Beziehungs- und Bedeutungswahn, kein Stupor, aber Aspontanität. Erregter Pol: Ideenflucht und Zerfahrenheit, Personenverkennungen und Halluzinationen
- ***Hyperkinetisch-akinetische Motilitätspsychose:*** Leitsymptom *Störungen der Motorik.* Hyperkinetisch: ähnlich katatoner Erregung. Akinetisch: ähnlich katatonem Stupor; kurze psychotische Episoden

[1] Leonhard K (1986) Aufteilung der endogenen Psychosen und ihre differenzierte Ätiologie, 6. Aufl. Akademie-Verlag, Berlin

8.3 Akute Psychogene Psychosen

Allgemein: Sammelbezeichnung für unterschiedliche, akut auftretende, kurzdauernde psychotische Syndrome psychogener Genese (insb. nach aktueller Belastung). Zugrunde liegende Disposition; Vorkommen besonders häufig in Ländern der Dritten Welt

Formen:
- paranoide Syndrome
- depressive Syndrome
- Syndrome mit Bewußtseinsstörungen
- katatone Zustände

Verlauf: akuter Beginn, Verlauf im allgemeinen günstig, in einem Teil der Fälle Übergang in Schizophrenie

Therapie: psychopharmakologisch mit Neuroleptika, dann psychotherapeutisch

8.4 Wahnentwicklung

Allgemein: Entwicklung eines anhaltenden Wahns, in der Regel ohne sonstige produktive Symptome wie Halluzinationen sowie ohne tiefgreifende Persönlichkeitsveränderung. Oft finden sich psychogen erklärbare Entstehungsbedingungen bei angenommener Disposition. Therapeutisch schwer beeinflußbare Krankheitsbilder

Nosologische Zuordnung der Wahnentwicklungen: kontrovers diskutiert; Übergänge zu neurotischen Störungen, zu Schizophrenie; nosologische Eigenständigkeit immer wieder in Frage gestellt, aus klinischer Evidenz ist „Wahnentwicklung" jedoch erforderlicher Krankheitsbegriff!

Diagnostisch in diesem Bereich auch chronische, nichtschizophrene paranoide Psychosen (Paraphrenie) mit Paramnesien und Sinnestäuschungen, im übrigen aber gut erhaltener Persönlichkeit; Ursprung der Wahnentwicklung oft nicht gut nachzuweisen!

Verlauf: über Jahre, eher ungünstig. Verlauf günstiger, wenn als Grunderkrankung eine endogene Psychose vorliegt

Therapie: Versuche mit Neuroleptika und/oder Antidepressiva. Häufig Therapieresistenz, häufig Non-Compliance. Ärztliche psychotherapeutische Gespräche sind zu versuchen, u. U. auch sozialtherapeutische Betreuung

Formen von Wahnentwicklung

► • ***Paranoia/sensitiver Beziehungswahn.*** Historisch mehrfach wechselnde Bedeutung von Paranoia. Vorbild für die heutige Bedeutung ist der von Gaupp (1914) beschriebene Fall des Hauptlehrers Wagner (s. Fallbeispiel, S. 132 ff.): ein sich aus dem Charakter entwickelnder, nichtschizophrener chronischer systematischer Wahn, der sich auf Beeinträchtigung, Verfolgung, Eifersucht etc. bezieht.
  Definitorisch schwer von diesem Paranoiabegriff zu unterscheiden ist der *sensitive Beziehungswahn* (Kretschmer): Entwicklung aus dem Zusammentreffen von Charakter (sensitiver Persönlichkeitsstruktur), Erlebnis (persönliche Niederlage) und sozialem Milieu. Umschlag des Primärerlebens der peinlichen Kränkung, der Minderwertigkeit in die Gewißheit, von allen betrachtet, gekannt, verachtet zu werden; Negativvariante eines Größenwahns!
  Verlauf: Beginn häufig ab 4. Lebensjahrzehnt, öfter bei Frauen; ein Teil der Fälle geht in Schizophrenie über; Prognose ungünstig
- ***Querulantenwahn.*** Psychopathologisch: Übergang von einer überwertigen Idee zum systematisierten Wahn. Wahnhafte Überzeugung, immer wieder Rechtskränkungen zu erleiden
  Prämorbide Persönlichkeit: starrsinnig, rechthaberisch, oft nachdrücklich, auch kampfeslustig
  Beginn mit wirklicher oder vermeintlicher Ungerechtigkeit; daraufhin häufig jahrelanges Prozessieren durch alle Instanzen, ohne die geringste Kompromißbereitschaft, Beschuldigungen gegen alle übrigen Beteiligten, schließlich gegen die ganze Gesellschaft
  In der *Gutachtenpraxis* ist die Frage nach Geschäftsfähigkeit relevant (typisch: großer Umfang der Akte mit zahlreichen

Schriftsätzen, engbeschriebene endlose Seiten mit weitschweifigen, zwar von falschen Voraussetzungen ausgehenden, aber in sich meist schlüssigen Ausführungen)
Mögliche Interpretation: Projektion eigenen Unrechts auf die anderen (literarisches Beispiel eines Rechtsparanoikers: „Michael Kohlhaas" von Heinrich von Kleist)

- ***Eigengeruchsparanoia.*** Gelegentlich als isolierter Wahn mit eingebildeter Wahrnehmung von unangenehmem Eigengeruch. Beginn als überwertige Idee, z. B. nach Äußerungen aus der Umwelt; auch als Symptom im Rahmen von schizophrenen Psychosen
- ***Dysmorphophobie.*** Wahnhafte Entwicklung des Inhalts, von der Umwelt wegen eines vermeintlichen oder tatsächlichen Körperfehlers (häufig Form der Nase, Form der weiblichen Brust oder Größe des Penis) abschätzig beurteilt zu werden. Konsiliarische Hinzuziehung des Psychiaters durch den Plastischen Chirurgen; häufig Frage der Kostenübernahme durch Krankenkassen
  Folge der Wahnentwicklung: depressive Verstimmungen, auch suizidale Handlungen, u. U. psychotische Dekompensation. Gelegentlich auch bei beginnender Schizophrenie. Übergang von überwertiger Idee zu Wahn
- ***(Prä)seniler Beeinträchtigungswahn/Kontaktmangelparanoid.*** Im Alter auftretender Wahn, häufig im Zusammenhang mit hirnorganischem Abbau, aber auch bei vereinsamten Personen, nach Verlust des Kontakts zur Umgebung. Oft jahrelang anhaltendes, der Umgebung verborgen bleibendes Syndrom
- ***Wahnentwicklung bei Schwerhörigen.*** Auftreten von wahnhaften Projektionen bei Verlust des Kontakts zur Umgebung durch Hörverlust, ähnlich dem Kontaktmangelparanoid. Vergleichbare Störungen auch in sprachfremder Umgebung sowie nach langer Isolation in sensorisch-deprivierender Situation
- ***Symbiontischer Wahn (induzierter Wahn, Folie à deux).*** Übernahme der Wahnsymptomatik eines Kranken durch einen nicht wahnkranken Partner oder auch eine ganze Gruppe (Familie); der Primärerkrankte suggeriert dem Partner seine Wahninhalte (z. B. Verfolgungswahn, Dermatozoenwahn etc.). Erkrankung der Primärperson häufig an paranoid-halluzinatorischer Schizophrenie.
  Differentialdiagnostik: *konformer Wahn* als gemeinsame Entwicklung eines sich zusammenfügenden Wahns bei zwei kran-

ken, zusammenlebenden Personen. Unabhängige Entstehung bei jedem der beiden, sodann Zusammenwachsen in der Art der Ausformung

Fallbeispiele

Schizoaffektive Psychose

Die 22jährige, ledige, in der Ausbildung zur Schneiderin befindliche Frau I. kommt mit 2 Mitgliedern ihrer Wohngemeinschaft zur Aufnahme. Sie sei seit dem Vorabend auffällig verändert. Zunächst sei sie zornig gereizt gewesen, dann geriet sie in einen Erregungszustand, und schließlich zerstörte sie einige ihrer Einrichtungsgegenstände.

Frau I. stammt aus einer kinderreichen Familie. Der Vater ist wegen politisch linksgerichteter Tätigkeit als Eisenbahnbeamter entlassen worden. Beide Eltern waren politisch stets sehr aktiv, und die Patientin hatte sich wegen häufiger Abwesenheit der Eltern schon als Kind sehr an Selbständigkeit gewöhnen müssen. Die Elternehe war schlecht und sie habe „der Sonnenschein der Familie" sein müssen. Gutes Verhältnis zum Vater, von der Mutter wurde sie häufig herabgesetzt; im Gegensatz zu ihren erfolgreicheren Geschwistern habe diese sie als „höchstens handwerklich begabt" bezeichnet. Immerhin machte sie nach der Trennung von zu Hause ihr Abitur mit einem guten Abschluß und begann danach eine Schneiderlehre. Seit der Trennung von den Eltern lebt sie in einer Wohngemeinschaft.

Zur Vorgeschichte hörten wir, daß sie bereits vor einem Jahr einen Suizidversuch mit Tollkirschen machte; es folgten im selben Jahr mehrere parasuizidale Handlungen bei zunehmender Depressivität und Versagensängsten. Stationäre Behandlung wegen eines depressiven Erscheinungsbildes und einer Eßstörung mit Gewichtszunahme von 10 kg. Sie habe die Klinik mehrfach ohne Verabredung mit den behandelnden Ärzten verlassen. Nach der Entlassung wohnte sie zunächst etwa 1 Jahr wieder bei den Eltern. Es fand eine Familientherapie statt. Nach Abklingen der Depression wurde Frau I. sehr umtriebig, sie kaufte sich Kleidung für mehrere Tausend Mark, eine Summe, die sie den Eltern entwendete.

Vor der jetzigen Aufnahme hatte sie sich von ihrem Freund getrennt und war anschließend sehr „aufgedreht" gewesen. Nachts demolierte sie ihr Zimmer und warf Gegenstände die Treppe hinunter oder aus dem Fenster. Sie äußerte, sie sei die „heilige Johanna".

Die Patientin wird neuroleptisch mit Haloperidol (Haldol®) behandelt. Es ist zunehmend möglich, mit ihr Kontakt aufzunehmen, und sie kann über ihre Erlebnisse berichten. Sie habe im Anschluß an eine Teufelsaustreibung in ihrem Zimmer „einen Ausraster" gehabt, in ihrem Freund, der sich jetzt von ihr trennte, habe sie eine Art Gott gesehen. Sie habe, um für seine Liebe rein zu sein, alles Böse aus ihrem näheren Bereich entfernen müssen, alles aus ihrem Zimmer gesammelt und ins Treppenhaus hinuntergeworfen. Sie sei dann im leichten Kleid nach draußen gegangen, um die Sonne zu begrüßen. Daraufhin habe die Polizei sie aufgegriffen. Dieses Geschehnis habe eine bestimmte Bedeutung für sie gehabt, um sie herum seien überall verschlüsselte Botschaften gewesen.

Psychisch: bewußtseinsklar, orientiert, distanzlos; logorrhoeisch, im formalen Denken beschleunigt, assoziativ gelokkert, ideenflüchtig; Größenideen, Bedeutungserleben, Eindruck des Gemachten, Symboldenken, Derealisation; gehobene Stimmung, starke Ambivalenz, Mißtrauen, depressive Einbrüche.

Die Diagnose ergibt sich aus der Mischung von starken affektiven Anteilen mit sowohl manischen und depressiven Verstimmungen als auch den produktiven psychotischen Symptomen im Sinne eines parathymen Wahnerlebens.

Zykloide Psychose

Der 27jährige Patient, Herr M., ist Fernfahrer, verheiratet. Seine Frau ist jetzt mit dem 1. Kind im 6. Monat schwanger. Er berichtet über eine unglückliche Kindheit. Der Vater habe sich herumgetrieben, viel getrunken, die Mutter mußte viel arbeiten und hatte kaum Zeit für den Patienten. Nach der Volksschule konnte er keine Lehre beginnen, sondern mußte früh Geld verdienen. Mit 25 Jahren heiratete er.

Seit Beginn der Schwangerschaft der Ehefrau veränderte sich der Patient in seinem Verhalten. Nachdem er zuvor areligiös gewesen war, sprach er häufig von Gott, der ihm zu spirituellen Erkenntnissen verhelfe. Die Ehefrau erlebte ihn in solchen Momenten innerlich aufgewühlt. Intensiv erlebte er eine platonische Beziehung zu einer Freundin, und er stand in einer „schrecklichen Zerreißprobe“ zwischen dieser neuen Liebe und seiner Frau, war zutiefst verzweifelt. Neben diesen Phasen von Verzweiflung erlebte er, wenn auch seltener, intensivste Glücksgefühle, ihn durchfahrende Energieströme, worauf er vor Glück habe weinen müssen. In visionären Erlebnissen erblickte er Gott von Angesicht zu Angesicht. Er hatte Angst, mit sich selbst zu verschmelzen, wahnsinnig zu werden.

Zwei Monate vor der Aufnahme kehrte er nach zeitweiliger Trennung zu seiner Frau zurück und arbeitete weiter als Fernfahrer. Auf einer seiner Fernfahrten in Frankreich flehte er Menschen auf der Straße an, ihm zuzuhören. Er meinte, innerlich zu explodieren, sei geradezu zusammengebrochen. Unter ambulanter nervenärztlicher Behandlung besserte sich zwar zunächst sein Befinden, er beging dann aber einen Suizidversuch mit 20 Tabletten Prothipendyl (Dominal 40®) und 10 Tabletten Diazepam (Valium 10®). Von der Intensivstation wurde er in die Psychiatrische Klinik verlegt.

Bei der Aufnahme zeigte er großen Rededrang und monologisierte in gestelzter Ausdrucksweise über seine Empfindungen tiefster Trauer und visionärer Erlebnisse. Er war jetzt nicht depressiv, vom Suizidversuch distanziert, beschreibt diesen als impulsartig. Er arbeitete auf der Station an seinem in der letzten Zeit geschriebenen Buch weiter, in dem er auf über 350 Seiten Themen wie Liebe, Verzweiflung, Seele, Kosmos u. ä. in theoretisierender Form abhandelte. Bei aller Distanz den Mitpatienten gegenüber, versuchte er doch, ihre Nöte zu verstehen. Er bemühte sich dann auch wieder um Integration in das Leben zu Hause, obwohl er sich von der Ehefrau kaum verstanden fühlte. Trotz unserer Warnungen vor zu großer Belastung nahm er kurz nach der Entlassung aus 4wöchiger stationärer Behandlung wieder eine Anstellung als Fernfahrer an. Wir empfahlen, noch über längere Zeit eine niedrige Dosis Primozid (Orap®) einzunehmen.

Paranoide Psychose (chronifizierter Beeinträchtigungswahn)
Die 60jährige Patientin, Frau J., wurde von einem internistischen Kollegen zur Konsiliaruntersuchung überwiesen. Er behandelte sie bisher wegen einer seit 20 Jahren bestehenden primär-chronischen Polyarthritis.

Frau J. ist die 2. von 3 Geschwistern. Sie habe stets unter ihrer 3 Jahre älteren Schwester gelitten, die sie als Rivalin schikaniert habe. Zum jüngeren Bruder bestehe ein besseres Verhältnis. Frau J. lernte Kindergärtnerin und war später Lehrerin für Kinderpflegerinnen. Danach war sie als Sozialpädagogin bis zu ihrer Berentung lange Zeit an einer Berufsfachschule tätig.

Sieben Jahre vor der jetzigen Untersuchung begannen Belästigungen durch einen Rauschgifthändlerring. Sie habe damals im Hause eines Dealers gewohnt, der ihr Schwierigkeiten bereitete. In ihrer Abwesenheit betrat man ihre Wohnung, benutzte ihr Telefon, bestaubte ihre Möbel, vergiftete die Wohnung mit Tetrachlorkohlenstoff und entwendete Gegenstände. Beispielsweise war ein roséfarbener Sessel plötzlich, nachdem sie kurz abwesend gewesen war, weiß wie Rauhreif. Die Polizei habe ihr nicht helfen können. Die Beamten meinten, Nachweis eines Einbruches könne nicht geführt werden und insofern sei die Sache gegenstandslos. Auch in einer anderen Wohnung, wo sie hoffte, Ruhe zu haben, wurde sie weiterhin belästigt.

Wegen ihrer Frühberentung wurde sie zu einem Neurologen geschickt, der einen Verfolgungswahn bei ihr festgestellt habe. Sie fühlte sich aus ihrer Tätigkeit in der Schule herausgedrängt, sei ungern in Pension gegangen. Nach der Pensionierung habe sie dann zunächst zusammen mit ihrer Schwester im Heimatort gewohnt, diese aber zunehmend als schwierig empfunden, so daß sie beide dann auseinanderzogen.

Ihre Schwester habe von den Rauschgifthändlern alles übernommen, um sie weiter zu quälen. Immer noch werde sie von den Rauschgifthändlern beschattet. Ihre Schwester habe sie belogen, betrogen und bestohlen. Bis vor 1 Jahr habe sie die Schwester in ihrer Wohnung gespürt. Überall habe sie gelbe Schmiere festgestellt; es habe gestunken, die Gardinen seien braun und ölig gewesen. Ständig habe sie hohe Rechnungen bei der Reinigung gehabt, oft auch selbst gewaschen, wobei sie dann ihre Hände verdorben habe. Das Gift sei in ihren Körper eingedrungen und habe alle Gelenke befallen, besonders die Handgelenke, Schultern und Knie. Sie müsse also an der Verschlechterung ihrer Krankheit ihrer Schwester die Schuld geben.

Psychisch steht Frau J. in den Gesprächen unter starker Spannung. Sie will ständig selbst sprechen, ohne auf Einwände oder Dialogangebote des Gegenübers einzugehen, so daß kein echter Kontakt zustande kommt. Sie spricht weitschweifig und unpräzise über ihre Biographie und den „Psychoterror" der letzten Jahre. Bei äußerer Liebenswürdigkeit ist sie weder bereit, bezüglich des Wahns Konzessionen zu machen, noch bei mangelnder Krankheitseinsicht eine Behandlung zu akzeptieren. Ein Dreiergespräch mit ihrer Schwester kommt für sie nicht in Frage. Keine Hinweise auf akustische Halluzinationen, keine Ich-Störungen. Eine Psychogenese zu klären ist wegen ihrer Abwehr nicht möglich, da sie über Einzelheiten ihres Lebens nicht weiter sprechen möchte.

Bei Frau J. liegt eine anamnestisch schwer zugängliche, langjährige paranoide Psychose vor mit einem zunehmend systematisierten, präsenilen Beeinträchtigungswahn. Die illusionären Verkennungen könnten auf einen beginnenden hirnorganischen Prozeß hinweisen. Für eine Schizophrenie fanden sich keine ausreichenden Anhaltspunkte, wie Stimmenhören oder Ich-Störungen.

Historischer Fall nach Gaupp (1914)[2]

Paranoia: „Der Fall Wagner"

„Der 1874 in Eglosheim geborene, aus kleinbäuerlicher Familie stammende Lehrer Ernst Wagner, der seit 1903 verheiratet und Vater von 4 gesunden Kindern war, in geordneten Verhältnissen

---

[2] Gaupp R (1914) Die wissenschaftliche Bedeutung des Falles Wagner. Münchner Medizinische Wochenschrift, 61: 633–637

lebte, hatte in der Nacht vom 3./4. September 1913 zuerst seine Frau und dann seine sämtlichen Kinder durch tiefe Zerschneidung der Halsschlagadern getötet, während sie ahnungslos schliefen. Er war dann mit Eisenbahn und Fahrrad von Stuttgart nach Ludwigsburg, Bietigheim und Mühlhausen gefahren und hatte dort in der folgenden Nacht das in tiefem Schlaf liegende Dorf an 4 verschiedenen Stellen in Brand gesteckt, dann, als die durch den Brand aus ihrer Ruhe aufgescheuchten Bewohner ihre Wohnungen verließen, um sich und ihr Vieh zu retten, mit 2 langen Mauserpistolen auf alle männlichen Einwohner, die er zu Gesicht bekam, geschossen, 8 Personen sofort getötet, 12 andere sowie 2 Stück Vieh schwer verletzt." Er wurde daran gehindert, seinen ursprünglichen Plan ganz durchzuführen, nämlich weitere Personen zu töten, sein Geburtshaus durch Feuer zu vernichten und dann schließlich auch das Schloß Ludwigsburg anzustecken.

Wagner wurde psychiatrisch von R. Gaupp untersucht. Dabei stellte sich heraus, daß er einen seit Jahren gehegten und sehr gut vorbereiteten Mordplan ausgeführt hatte. Bei vorhandener Familienbelastung war seine Kindheit offenbar unglücklich. Der Vater war wohl Alkoholiker, die Mutter eine pessimistische Frau mit „Neigung zu Verfolgungsgedanken" und querulatorischen Zügen; von seinen 9 Geschwistern war ein Bruder Trinker, eine Schwester „sehr nervös". Seit der Kindheit litt er unter angstvollen Träumen, fühlte sich verfolgt, lebte in seiner Phantasie in Räuberromanen.

Im Laufe seiner Jugendentwicklung trat ein Pessimismus immer mehr in den Vordergrund. Er erlebte sich als der Onanie ausgeliefert. Trotz eines verständnisvollen Arztes kann er sich nicht von Schuldgefühlen frei machen. „Er ist überzeugt, daß auch andere ihm seine geheimen Sünden anmerken; er glaubt das aus allerhand Andeutungen herauszumerken." In den Jahren darauf litt Wagner unter ständigen Onanieskrupeln und Kämpfen gegen die Onanie. Sodann soll er sich einige Male unter Wirkung von Alkohol an Tieren vergriffen haben, Sodomie begangen haben, ohne daß diese Handlungen etwa von anderen beobachtet wurden. „Unmittelbar nach den Verirrungen war seine Verzweiflung darüber, seine Angst vor Entdekkung und seine Scham, daß er sich mit seiner Sodomie an der ganzen Menschheit vergangen habe, ungeheuer. In qualvoller Unruhe geht er umher, schon am Tage darauf glaubt er, in gespannter ängstlicher Erwartung wahrzunehmen, daß andere ihm seine schändliche Handlung ansehen."

Hier ist der Ausgang seiner Wahnentwicklung, in die er immer mehr Personen um sich herum einbezieht. Wagner lebt in der sicheren Überzeugung, daß die Bewohner von Mühlhausen seine Verfehlungen kennen, sich über ihn lustig machen, ihn verhöhnen. Hier setzt eine Entwicklung ein, die sich schließlich gegen die Verfolgung durch die Bürger von Mühlhausen richtet. Er steigert seinen Haß gegen die Urheber seiner Qual und „beschließt den Untergang seiner Familie und aller männlichen erwachsenen Einwohner von Mühlhausen." Den Plan hat er schließlich weitgehend durchgeführt.

Bei Wagner handelt es sich „um die psychologische Weiterentwicklung einer von Haus aus abnormen Persönlichkeit, die unter dem Einfluß einer schweren Schuld einen unheilbaren inneren Riß erlebte". Bei einem selbstunsicheren, sensitiven und zugleich hochbegabten Menschen entwickelte sich in Projektion eigener Schuld, ein Beziehungs- und Verfolgungswahn, der sich schließlich in schweren Aggressionen entlud.

9 Neurosen

9.1 Allgemeiner Teil

Definition

Krankhafte Störung der Erlebnisverarbeitung; Erklärung der Symptomatik (abnormes Erleben und Verhalten, evtl. auch mit funktionellen Störungen):

- *aus psychoanalytischer Sicht:* Fehlentwicklung/-haltung durch Reaktivierung in Adoleszenz/jungem Erwachsenenalter von ätio- und pathogenetisch bis in die Kindheit zurückreichenden, unbewußten, nicht gelösten infantilen Konflikten (s. „Allgemeine Neurosenlehre", S. 136ff.)
- *aus lerntheoretischer Sicht:* erlerntes (klassisch wie auch operant konditioniertes) Fehlverhalten

Epidemiologie

Psychogene Störungen insgesamt (Reaktionen, Neurosen, Persönlichkeits-, Sexual- und psychosomatische Störungen) 10–20% in der Bevölkerung, 10–30% in der Praxis des Allgemeinarztes, 40–50% beim Internisten. Lebenszeitprävalenz für psychogene Symptome bei Erwachsenen 80–95% (Schepank 1986)[1]

Vorkommen psychogener Störungen *transkulturell,* Symptommanifestationen (Erscheinungsformen) jedoch durch kulturelle Unterschiede geprägt

- ***Geschlecht:*** bei Frauen Überwiegen von Neurosen und psycho-

---

[1] Schepank H (1986) Epidemiologie psychogener Störungen. In: Psychiatrie der Gegenwart, Bd 1, S 1–27. Springer, Berlin Heidelberg New York Tokyo

somatischen Störungen, bei Männern Überwiegen von Persönlichkeitsstörungen, Sucht, Suizid, Delinquenz

- *Alter:* Manifestationsalter von Neurosen zwischen 20. und 50. Lebensjahr, Gipfel in der 3. Lebensdekade
- *Sozialschicht:* keine sichere Beurteilung möglich
- *Genetik:* erbliche Komponenten nachgewiesen (Zwillingsforschung, Adoptivstudien)

Verlauf und Prognose

Bei unbehandelten Neurosen sind nach 20 und mehr Jahren 10-20% der Patienten geheilt (Kriterium: soziale Anpassung), 50-60% gebessert, 20-30% verschlechtert bzw. ungebessert, ca. 50% der Patienten weisen neurotische Residualsymptomatik auf (z. B. Resignation, Stagnation, emotionale Einengung, Verlust an Lebensgefühl). Im Alter häufig Milderung neurotischer Symptome. *Prognoseregel:* Prognose günstiger, wenn Störung akut beginnt, mit starken Emotionen einhergeht und prämorbide Persönlichkeit relativ gesund ist. Eher günstiger Verlauf bei neurotischer Depression, hysterischer Neurose, nicht chronifizierter Angstneurose. Eher ungünstiger Verlauf bei Zwangsneurosen, hypochondrischen Neurosen

Die *Chronifizierung* neurotischer Symptome ist u. U. abhängig von frühzeitiger Erkennung der Psychogenese und rechtzeitiger Vermittlung adäquater Therapie. Häufiger Schwachpunkt: Erstbehandlung nach organisch-naturwissenschaftlichem Krankheitskonzept, „Marsch des Neurotikers durch die ärztlichen Institutionen" häufig 5-10 Jahre, bis adäquate Therapie beginnt!

9.1.1 Allgemeine Neurosenlehre

Psychoanalytisches Phasenmodell (Neurosenentwicklung)

Orale Phase (bis 2. Lebensjahr): libidinöse Erfahrung oral fokussiert. Im Mittelpunkt des Erlebens steht Nahrungsaufnahme, Triebbefriedigung und Lustgewinn am Saugen. Vermittlung von Gefühlen der Nähe, Wärme, Geborgenheit, Sicherheit; „Urvertrauen". Frühestes Erleben von Bindung, Abhängigkeit, Angenommenwerden

Mögliche Manifestationen infolge Störungen während oraler Phase:

- mangelndes Vertrauen in sich selbst und andere
- Nähe-Distanz-Probleme
- Identitätsstörungen
- Sexualstörungen (Hingabestörung)
- psychosomatische Störungen
- depressive Charakterstruktur
- süchtiges Verhalten
- Selbstwertproblematik

Anale Phase (2.–3. Lebensjahr): libidinöse Erfahrung anal fokussiert. Lustempfindung an Ausscheidungsorgane und -prozesse gebunden; Erleben von Hergeben und Zurückhalten des eigenen „Produkts". Weiterentwicklung von Autonomie, Beherrschung von Körperfunktionen, des Selbstwertgefühls
Mögliche Manifestationen infolge Störungen während analer Phase (z. B. durch inadäquate Reinlichkeitserziehung):

- zwanghafter Charakter mit Pedanterie und Ordnungsliebe
- starke Autonomie- und Machtwünsche
- Sparsamkeit/Geiz
- Rigidität im Denken und Handeln
- Querulanz

Ödipale (phallische) Phase (ca. 4.–6. Lebensjahr): libidinöse Erfahrung genital fokussiert. Zunehmende Aufmerksamkeit/Interesse an Miktion und Genitale, Erleben der sexuellen Unterschiede, Akzeptieren des eigenen Geschlechts und der Geschlechtsrolle als Basis für Geschlechtsidentität (damit weitere Sicherung des Selbstwertgefühls). Lösung der ödipalen Konstellation durch Relativierung der Liebe zum gegengeschlechtlichen Elternteil und Identifizierung mit dem gleichgeschlechtlichen Elternteil
Mögliche Manifestationen infolge Störungen während ödipaler Phase:

- Störungen der Geschlechtsidentität
- Sexualstörungen und Sexualängste
- Partnerprobleme
- Konversionssymptome
- Phobien

Latenzphase (ca. 6.–10. Lebensjahr): Erleben und Erfahrungen primär auf Weiterentwicklung von Ich-Fähigkeiten (z. B. Wissenserwerb, soziale Fertigkeiten, Auseinandersetzung und Behauptung in Gruppen) gerichtet, Orientierung an Leitbildern

Störungsmöglichkeiten insb. dann, wenn die früheren Phasen konflikthaft durchlaufen wurden:

- Verhaltensstörungen (z. B. Autismus, Aggressivität)
- autoaggressive Tendenzen
- Enuresis
- Enkopresis
- Konzentrationsmangel
- Leistungsschwächen
- überstarke Fixierung an das Elternhaus
- Schulängste
- Angst vor Auseinandersetzungen mit anderen (z. B. Klassenkameraden)

Genitale Phase/Pubertät (ca. 11.-16. Lebensjahr): verstärktes Erleben des eigenen Selbst, der Triebwünsche, der Geschlechtsidentität. Autonomiebedürfnis vs. Abhängigkeit von den Eltern; Austesten eigener Fähigkeiten und ihrer Grenzen; neue Idealbildungen

Störungsmöglichkeiten, insb. bei vorbestehenden früheren Traumatisierungen:

- schwere Selbstwertprobleme (Unsicherheit, Verlegenheit, Scham)
- Sexualängste und Onanieskrupel
- Flucht in Phantasiewelten (Tagträume)
- Störungen der Geschlechtsidentität (z. B. Homosexualität, sadomasochistische Neigungen)
- Isolierungstendenzen
- triebfeindliche Einstellungen
- Regressionstendenzen (z. B. erste Suchtmanifestation)

Psychoanalytische Instanzenlehre, Ich-Psychologie und Abwehrmechanismen

Instanzenlehre: aus der ursprünglichen Einteilung in Unbewußtes, Vorbewußtes, Bewußtes wurde die spätere Formulierung der Strukturhypothese (psychischer Apparat), bestehend aus den 3, das Selbst bildenden Instanzen: Es, Ich, Über-Ich.

- *Es* umfaßt Gesamtheit der Triebe (Lust-Unlust-Prinzip)
- *Ich* umfaßt koordinierende Funktionen zur Regelung der Bezie-

hung des Individuums zu seiner Umgebung nach dem Realitätsprinzip

- *Über-Ich* enthält die moralischen Maßstäbe des Selbst sowie Idealbildungen

Ich-Psychologie: zentrale Bedeutung des Ichs ist Regelung und Bewältigung der z. T. divergierenden Wünsche/Bestrebungen/Forderungen von Es und Über-Ich. Konfliktanfälligkeit z. B. durch Triebwünsche vs. Verbote (Es vs. Über-Ich) unter Berücksichtigung der Realität (Realitätsprüfung). Das Ich verfügt über eine Reihe von Abwehrmechanismen, die bei Angst (Signal bei drohender Reizüberflutung) einsetzen.

Abwehrmechanismen:

- *Verdrängung* der mit dem Gesamtleben nicht zu vereinbarenden eigenen Impulse oder auch äußerer Erfahrungen/Erlebnisse in den Bereich des Unbewußten. Eine Form von Nichtwahrhabenwollen („was ich nicht weiß, macht mich nicht heiß"). Das Verdrängte bleibt aber aus dem Unterbewußtsein heraus wirksam
- *Verleugnung* schmerzhafter bzw. schamhafter, unangenehmer Teile der Realität
- *Projektion:* Eigene Konflikte/Wünsche/Triebregungen werden nach außen verschoben (projiziert) und dort häufig bekämpft, d. h. Verlagerung eigener Vorstellungen auf einen anderen Menschen, an dem diese Regungen (tatsächlich oder vermeintlich) wahrgenommen und möglicherweise kritisiert werden, während sie im eigenen Erleben nicht ertragen werden können
- *Identifikation:* Bestrebungen, Ziele, Persönlichkeitscharakteristika anderer werden in das eigene Selbst integriert und damit sich zu eigen gemacht
- *Reaktionsbildung:* Verkehrung ins Gegenteil (z. B. besonders freundliche Behandlung eines ungeliebten, verachteten Gegenübers)
- *Regression:* Rückzug (phantasiert und/oder im manifesten Verhalten) in frühere Entwicklungszeiten („harmonischer Primärzustand"). Häufiger Abwehrmechanismus bei starken Kränkungen/Versagungen und dadurch bedingter Frustration
- *Verschiebung:* Konflikthaft erlebte Impulse/Gefühle gegenüber einer Person werden auf andere (Personen oder Sachen) verschoben

- *Rationalisierung:* Versuch, einem abgewehrten Motiv eine moralisch akzeptable Lösung zu geben
- *Wendung gegen das Selbst:* Wendung eines Triebimpulses (z. B. Wut) gegen die eigene Person
- *Sublimierung:* sozial bzw. kulturell akzeptierte und gratifizierte Ersatzbetätigungen für das Ausleben von Triebimpulsen
- *Isolierung:* Gedanken werden von anderen Gedankenverknüpfungen isoliert und damit voneinander getrennt gehalten
- *Ungeschehenmachen:* Beseitigung vorangegangener Gedanken oder Handlungen durch neue Gedanken/Handlungen, die häufig gegenteilige Bedeutung haben. Häufiger Mechanismus bei Zwangssyndromen

9.2 Spezieller Teil

► 9.2.1 Neurotische Depression

Definition: Überwiegen nichtpsychotischen depressiven Erlebens (Verstimmung) und Verhaltens (Gehemmtheit)

Epidemiologie: häufigste Neurosenform; ca. 10–20% in der psychotherapeutischen Sprechstunde; 5–7% in der Allgemeinbevölkerung; häufiger bei Frauen

Symptomatik: depressive Verstimmung, Selbstwertproblematik, Hemmungen, Gefühl von Hilf- und Hoffnungslosigkeit, Angst (z. B. vor Ablehnung, Verlust), Arbeitsstörungen, vegetative Symptome (chronische Abgeschlagenheit, Müdigkeit), Suizidalität (zumindest latent), Tendenz zur Abhängigkeit von und Anlehnung an als stark erlebte Objekte (dominante Bezugspersonen)

Verlauf und Prognose: Tendenz zu wellenförmiger Chronifizierung mit Neigung zu Rezidiven, verkürzte Lebenserwartung durch erhöhtes Suizidrisiko

Therapie: prinzipiell verschiedene Formen der Psychotherapie, evtl. zeitweilig unterstützt mit antidepressiver medikamentöser Behandlung

► 9.2.2 Zwangsneurose

Definition: Patient leidet unter verschiedenen sich ihm aufdrängenden Zwängen bzw. Zwangsimpulsen, gegen die er sich nicht oder nur mit großer Anstrengung wehren kann. Auftreten zwangsneurotischer Symptome häufig bei Patienten mit zwanghafter Persönlichkeitsstruktur (Neigung zu Kontrolle, Perfektionismus; Streben nach Dauer und Sicherheit, Absicherungstendenzen, Angst vor Wandlung)
Zwangskrankheit: maligne Ausprägungs- und Verlaufsform der Zwangsneurose

Epidemiologie: keine häufige Neuroseform, in der Bevölkerung unter 1%, in Psychiatrischen Kliniken ca. 1%; innerhalb der Neurosen ca. 4–5%; kein geschlechtsbedingter Häufigkeitsunterschied

Symptomatik: verschiedene Zwangsrituale wie Zwangsgedanken/-vorstellungen (z. B. Verbindung von Buchstaben oder Zahlen mit Unglück oder Bedrohung), Zwangsimpulse (z. B. sich oder andere umbringen zu müssen), Zwangshandlungen (z. B. Kontroll- oder Waschzwang), bei deren Unterlassung heftige Angst auftritt. Zwanghafte Charakterzüge (Pedanterie usw.), Arbeitsstörungen, sexuelle Funktionsstörungen (Hingabestörung). Psychosomatische Störungen (z. B. Asthma, Obstipation, Schreibkrampf)

Verlauf und Prognose: insgesamt wenig günstig, da Tendenz zu Chronifizierung; häufig Beginn bereits in der Kindheit

Therapie: sofern Indikationskriterien erfüllt, analytische Psychotherapie oder Verhaltenstherapie, ansonsten stützende Psychotherapie

► 9.2.3 Angstneurose

Definition: Vorherrschen von Angstsymptomatik (frei flottierende Angst, zunächst nicht objekt- oder situationsgebunden, vgl. „Phobien"; auch als plötzlich einsetzende Angstanfälle) verbunden mit Vermeidungsverhalten. Häufig begleitet von verschiedenen Somatisierungen (Angstäquivalente)

Epidemiologie: relativ häufig, bei bis zu 5% der Bevölkerung;

Geschlechtsspezifität nicht eindeutig; unterschiedliche Angaben je nach Diagnostiker (Kombination von Angst und Depression unterschiedlich bewertet)

Symptomatik: erhöhte Angsterwartung (z. B. vor Atemnot, Ohnmacht, weiteren Angstanfällen etc.), Angstanfälle (mit vegetativen Begleiterscheinungen), vegetative Symptome (z. B. Schweißausbrüche, Zittern, Parästhesien, Magen-Darm-Irritationen, Schwindel, Schlafstörungen)

Verlauf und Prognose: Erstmanifestation meist im 3. Lebensjahrzehnt, Neigung zu Chronifizierung. Gefahr sekundärer Suchtentwicklung (Alkohol und/oder Medikamente) zur Angstbekämpfung (häufig iatrogen unterstützt!). Depressive Begleitverstimmungen relativ häufig

Therapie: sofern Indikationskriterien erfüllt, spezielle Psychotherapie (z. B. Psychoanalyse, Verhaltenstherapie); evtl. psychopharmakologische Begleittherapie, insbesondere bei akuten Angstanfällen

9.2.4 Phobien

Definition: Vorherrschen stark ausgeprägter, an bestimmte Objekte bzw. Situationen gebundener Angstsymptomatik, auch im Sinne von Erwartungshaltung (Vermeidungsverhalten)

Epidemiologie: häufige Neuroseform: leichte Phobien bei bis zu etwa 7% der Bevölkerung (schwere phobische Störungen: 0,2%). Frauen erkranken häufiger als Männer. Kein spezifisches Erkrankungsalter, Beginn schon in früher Kindheit möglich (z. B. Tierphobien)

Symptomatik: Leitsymptom ist eine situations- bzw. objektbezogene Angst (z. B. Agoraphobie: Angst vor weiten Plätzen, Menschenansammlungen, somit Angst vor öffentlichen Verkehrsmitteln, Kaufhäusern etc.); Begleitsymptome wie bei Angstneurose

Verlauf und Prognose: spontane Rückbildungen möglich, im übrigen Tendenz zu Chronifizierung

Therapie: Psychotherapie mit differentieller Indikation. Guter Indikationsbereich für verhaltenstherapeutische Verfahren

9.2.5 Hysterische Neurose

Definition: Störungen des Erlebens verbunden mit Störungen körperlicher Funktionen (Konversionssymptome). Auftreten häufig bei ausgeprägter, hysterischer Persönlichkeitsstruktur

Epidemiologie: in Nervenarztpraxen etwa 2,5%. Abnahme der klassischen hysterischen Konversionssymptome (z. B. Schüttellähmungen im Ersten Weltkrieg, Ohnmachten, „Arc-de-cercle"), Zunahme somatisierter Formen der hysterischen Neurose. Kulturelle Einflüsse (häufiger bei südländischen und östlichen Völkern). Frauen erkranken häufiger als Männer

Symptomatik: Konversionssymptome („Körpersprache" der Affekte, z. B. Lähmungen, psychogene Anfälle, Parästhesien, Sehstörungen, Schmerzsyndrome); psychogene Bewußtseinsstörungen (z. B. Amnesien, Dämmerzustände, Trancen; insgesamt eher selten); sexuelle Funktionsstörungen und Sexualängste (z. B. Anorgasmie, Vaginismus, Dyspareunie, Kastrationsangst); Verhaltensstörungen (z. B. übertriebenes, künstlich wirkendes, teilweise bis ins Dramatische gesteigertes Auftreten, starker Drang nach Anerkennung und Bestätigung, z. B. durch sexuelle Eroberungen)

Verlauf und Prognose: häufig Symptomwandel (z. B. innerhalb der hysterischen Symptomatik selbst). Häufig ungünstiger Verlauf

Therapie: sofern Indikationskriterien erfüllt, psychoanalytische Behandlung (ursprünglich eine der klassischen Indikationen zur Psychoanalyse), evtl. auch Indikation für Hypnose

9.2.6 Hypochondrische Neurose

Definition: Vorherrschen einer ängstlichen, körperbezogenen Selbstbeobachtung des Patienten

Epidemiologie: schwer abschätzbar; generelle Krankheitsbefürchtungen sind häufig, hypochondrische Neurosen im engeren Sinne selten (unter 0,5%)

Symptomatik: verstärkte, häufig ängstliche Selbstbeobachtung in bezug auf die eigene Gesundheit; unrealistische Krankheitsbefürchtungen (z. B. Herztod, Karzinom, Geschlechtskrankheit)

Verlauf und Prognose: häufig Chronifizierung

Therapie: psychotherapeutische Maßnahmen häufig wenig erfolgreich. Supportive Psychotherapie, vorübergehend pharmakologische Therapie (leichte Sedierung, z. B. niederpotente Neuroleptika)

9.2.7 Charakterneurose

Definition: keine umschriebene Symptomatik, sondern umfassende Störung des gesamten Erlebens und Verhaltens; „Charakterpanzer" nach Reich (1970)[2]. Begriff insgesamt problematisch

Epidemiologie: schwer abschätzbar, auch wegen differentialdiagnostischer Probleme (Persönlichkeitsstörungen)

Symptomatik: im einzelnen nicht festlegbar, Neurotisierung der ganzen Person je nach neurotischer Charakterstruktur (Riemann 1965)[3]:

- *depressive Struktur:* Suche nach Nähe, Wärme und Geborgenheit, nach Anerkennung; Anklammerungs- und Abhängigkeitstendenzen; Gefügigkeit, Vermeidung von Aggression; Angst vor Ich-Werdung und Autonomie; Bezüge zur oralen Phase
- *hysterische Struktur:* labiles Selbstwertgefühl, Ich-Schwäche, Selbstbezogenheit, Geltungsbedürfnis; Sich-nicht-festlegen-wollen; illusorische Wunschwelt; Bezüge zur ödipalen Phase
- *schizoide Struktur:* Individualisten mit starkem Autarkiestreben, distanziert bis kühl; gesteigerter Narzißmus, Verletzlichkeit, Mißtrauen; Scharfsicht, intuitive Begabung; ungenügende Ich-Grenzen, schizoides Unsicherheitserleben
- *zwanghafte Struktur:* Tendenz zum Perfektionismus, Risikofurcht, Skrupelhaftigkeit, Schuldgefühle; Rechthaberei, Dogmatismus, Orthodoxie; Liebesleben häufig emotional gestört, systematisiert; Bezüge zur analen Phase

Verlauf und Prognose: Neigung zu chronischem Verlauf, ähnlich wie bei Persönlichkeitsstörungen (s. S. 155ff.)

---

[2] Reich W (1970) Charakteranalyse. Kiepenheuer & Witsch, Köln

[3] Riemann F (1965) Grundformen der Angst. Reinhard, München

Therapie: aufdeckende Psychotherapie nur bei starkem Leidensdruck, ansonsten psychotherapeutische Hilfestellungen bei aktuellen Konflikten

9.2.8 Neurotisches Depersonalisationssyndrom

Definition: Entfremdungserlebnisse (Depersonalisation, Derealisation) im Vordergrund des Erlebens; kein spezifisches Syndrom im Sinne einer eigenen Neuroseform, sondern - häufig transitorisches - *Begleitsyndrom* bei bestimmten Neurosen (z. B. Angstneurose, neurotische Depression, Zwangsneurose)

Epidemiologie: ubiquitär, häufig bei jüngeren Menschen (Adoleszenz); außer bei Neurosen auch bei Psychosen, Epilepsie und Hirntumoren

Therapie: keine spezifische Therapie, sondern Behandlung der Grundkrankheit

Fallbeispiele

Angstneurose
Eine 34jährige Verkäuferin kommt mit einer multiplen Angstsymptomatik in klinische Behandlung.

Die Symptomatik hatte ½ Jahr zuvor begonnen, nachdem die Patientin erlebt hatte, daß ein Kunde in dem Kaufhaus, in dem sie arbeitete, zusammengebrochen und dort auch verstorben war (Herztod). Wenige Tage später verspürte die Patientin Angst, das Haus, in dem sie wohnte, zu verlassen. Sie mochte auch nicht mehr einkaufen gehen, ließ sich krankschreiben und wartete täglich angstvoll auf die Heimkehr ihres Mannes von der Arbeit, in dessen Gegenwart die Angst weniger stark war. Hinzu kamen Herzsensationen, die von der Patientin ängstlich als Hinweis auf einen möglichen eigenen plötzlichen Herztod gedeutet wurden. Innerhalb kurzer Zeit war die zuvor vitale Patientin in ihrem Erleben und ihrer Bewegungsfreiheit derart eingeengt, daß sie depressiv und suizidal wurde und deshalb zur

Aufnahme kam. Die akute Symptomatik wurde zunächst niedrigdosiert antidepressiv und schwach neuroleptisch behandelt.

In der Psychotherapie wurde bald deutlich, daß die Patientin in den letzten 3 Jahren 3 für sie bedeutsame Menschen durch Tod verloren hatte (Mutter, Schwiegermutter, eine Freundin). Diese Verluste waren in der inneren Verarbeitung der Patientin nicht abgeschlossen. Ebensowenig der frühe Verlust des Vaters, der - die Patientin war damals 3 Jahre alt - an den Folgen eines Verkehrsunfalls plötzlich verstorben war. In der Psychotherapie ging es daher themenzentriert um die Bedeutung und Bearbeitung von Verlusten. Die Angstsymptomatik besserte sich im Verlauf der stationären Behandlung soweit, daß die Patientin nach 6 Wochen in ambulante psychotherapeutische Weiterbehandlung entlassen werden konnte.

Neurotische Depression

Ein 24jähriger Student der Elektrotechnik sucht die Poliklinik auf, weil er unter massiven Arbeitsstörungen leidet. Mehrere Examina hatte er deshalb bereits aufschieben müssen. Der Vater droht jetzt mit Beendigung seiner finanziellen Unterstützung.

In den diagnostischen Erstgesprächen wirkt der Patient depressiv verstimmt, eher passiv-abwartend, was der Untersucher ihn wohl fragen und was er ihm an Hilfe anbieten werde. Neben der Arbeitsstörung wird eine Beziehungsproblematik deutlich: Die letzte Freundin hatte den Patienten kurz zuvor verlassen, weil sie ihn als zu anklammernd und zu wenig aktiv empfand. Gemeinsame Aktivitäten hätten immer von ihr ausgehen müssen.

Der Patient war als einziges, spätes Kind seiner Eltern sehr verwöhnt aufgewachsen, ihm waren viele Schwierigkeiten aus dem Weg geräumt worden. Die Mutter wurde vom Patienten als weiche, stille Hausfrau beschrieben, die nur wenig Kontakte gepflegt habe und in der Sorge um Haus, Haushalt und ihre kleine Familie ganz aufgegangen sei. Der Vater wurde als eher distanziert beschrieben („kein Gefühlsmensch"), der sich leistungsorientiert in einer Firma hochgearbeitet und mit 48 Jahren einen Herzinfarkt bekommen hatte. Die Ehe der Eltern wurde als symbiotisch beschrieben, mit wenigen Außenkontakten und gemeinsamen Unternehmungen. Das Leben der Familie spielte sich weitgehend abgekapselt im eigenen Haus ab.

Dem Patienten wurde eine tiefenpsychologisch orientierte Einzelpsychotherapie vermittelt, nachdem der Leidensdruck und ein, wenn auch ambivalentes, Interesse an einer Bearbeitung der bisherigen Lebensgeschichte deutlich waren. Als längerfristige Perspektive wurde auch an eine Gruppentherapie gedacht.

Zwangsneurose

Ein 28jähriger Rechtsreferendar sucht wegen seit 2 Jahren bestehender Zwangssymptome psychotherapeutische Hilfe auf. Er berichtet u. a., daß er bei bestimmten Buchstabenkombinationen an den eigenen Tod denken müsse. So bedeuten z. B. CA oder KA Karzinom, und das bedeute für ihn Tod. Wenn er solche Kombinationen sehe, müsse er Zwangshandlungen ausführen (z. B. laut Zahlenreihen herunterbeten), um nicht mehr daran denken zu müssen. Für dieses „Wegdrücken" benötige er häufig viel Zeit. Durch die Zwangshandlungen sei es auch zu einer Arbeitsstörung gekommen, die an seinem Arbeitsplatz auch schon bemerkt worden sei. Der Patient berichtet ferner diverse, ebenfalls zeitraubende Kontrollzwänge und einen, wenn auch nicht stark ausgeprägten Waschzwang.

Der Patient stammt aus einem ordnungsliebenden und rigiden Elternhaus, in dem die Mutter viel putzte und ihrem Sohn im Laufe der Jahre mehrfach stolz erzählt hatte, daß er bereits mit 10 Monaten „trocken" gewesen sei. Der Vater des Patienten ist ein zwanghaft strukturierter Archivar, der im Haus auf Sauberkeit und von ihm peinlich kontrollierte Ordnung wert legte. Politisch setzte er sich für Parteigruppierungen ein, die gegen Ausländer und Asylanten eingestellt und denen „law and order" oberstes Prinzip war.

Der Patient wurde zunächst, um eine Entlastung von den akuten Symptomen zu erreichen, in eine Ambulanz für Verhaltenstherapie überwiesen, die auf die Behandlung von Zwangsneurosen spezialisiert ist. Eine daran evtl. anschließende tiefenpsychologisch orientierte Psychotherapie wurde mit dem Patienten besprochen.

10 Reaktionen

10.1 Allgemeiner Teil

Definition: akute, meist kurzdauernde Fehlverarbeitung eines Traumas. Unterscheidet sich von normalen Erlebnisreaktionen in Stärke und Dauer. In jeder Altersstufe möglich, keine Geschlechtspräferenz

Diagnostik: Vorhandensein eines Traumas bzw. Auslösers (enge Verbindung zwischen Reaktion und Situation). In der Regel Einzelvorgang (der jedoch wiederholt auftreten kann), keine weiteren psychischen Grunderkrankungen vorhanden. Diagnosenstellung nach gründlicher Anamnese (da häufig Neurosen Grundlage für abnorme Reaktionen bilden)

10.2 Spezieller Teil

► 10.2.1 Situative Konfliktreaktion

Ätiologie: Reaktion auf momentan bestehenden Konflikt (z. B. Orts- oder Arbeitsplatzwechsel, Examensangst bei bevorstehender Prüfung)

Symptome: Schlafstörung, Unruhe, Konzentrationsmangel, Stimmungslabilität, vegetative Irritationen

Therapie: ärztliches Gespräch, stützende, konfliktzentrierte Psychotherapie

► 10.2.2 Depressive Reaktion

Ätiologie: Reaktion auf verschiedene Traumata (z. B. Trennung vom Partner bzw. Verlust eines nahestehenden Menschen, aktuelle Kränkungserlebnisse, andere Frustrationserlebnisse)

Symptome: insb. depressive Verstimmung, evtl. mit Schlafstörung und Suizidalität; meist kurzdauernde (Stunden bis Tage), gelegentlich längerdauernde Reaktionen (evtl. auf dem Boden einer neurotischen Entwicklung)

Therapie: ärztliches Gespräch, situations- bzw. konfliktzentrierte Psychotherapie

10.2.3 Suizidhandlung als Konfliktreaktion

Ätiologie: vielgestaltig. Suizidhandlungen im Sinne von Konfliktreaktionen können auch bei psychisch Gesunden als Ausdruck momentaner Einengung/Hoffnungslosigkeit, als spezifische Reaktion auf unerwartete oder schwere Enttäuschungen/Mißerfolge/Kränkungen oder als Reaktion auf plötzliche Konfrontation mit Erschütterungen (z. B. Diagnose einer lebensbedrohlichen Erkrankung, Unfall mit Querschnittslähmung) vorkommen

Therapie: prinzipiell nach Grunderkrankung! Sofern „Konfliktreaktionen" ohne weitere psychiatrische Diagnose: Krisenintervention, situations- und konfliktzentrierte Psychotherapie

10.2.4 Psychogene Somatisierungen als Reaktion

Ätiologie: alle Konflikte denkbar, aber je nach Persönlichkeitsstruktur prinzipielle Möglichkeit einer „somatischen Antwort" als Reaktion auf Konflikte. Tritt häufig bei Menschen auf, die Affekte eher somatisieren als erleben können

Symptome: Schmerzsyndrome unterschiedlicher Lokalisation, Zittern, Sprachstörungen, Ohnmachten, Lähmungserscheinungen, Tics

Differentialdiagnose: Konversionssymptomatik bei hysterischer Neurose!

Therapie: Kombination physikalischer mit kurzfristigen psychopharmakologischen Maßnahmen. Stützende, am auslösenden Konflikt orientierte Psychotherapie

► 10.2.5 Abnorme Trauerreaktion

Ätiologie: Reaktion auf Todesfälle/Verlust nahestehender Menschen oder bei Verlust des gewohnten sozialen Milieus (z. B. Umzug, Emigration und Immigration). Kennzeichnend: Trauer- oder Trennungsarbeit kann nicht geleistet werden, da der Verlorene häufig eine besondere Bedeutung hatte oder spezifische Gefühle die normale Trauerarbeit behindern (z. B. ungelöste symbiotische Bindungen, unbewußte Wut oder ambivalente Einstellung/Schuldgefühle gegenüber dem Toten)

Symptome: häufig Fehlen von Traurigkeit, statt dessen Versteinerung, Affektstarre, Hemmung. Häufig hypochondrische Klagen, Schlaflosigkeit, psychosomatische Beschwerden, Überkompensation durch übertriebene Aktivitäten, latente Feindseligkeit

Therapie: konfliktzentrierte Kurzpsychotherapie; in Einzelfällen länger dauernde Psychotherapie (z. B. zur Bearbeitung der grundsätzlichen Beziehungsproblematik)

10.2.6 Erschöpfungsreaktion

Ätiologie: andauernde, ambivalent erlebte Belastung, Leistungskonflikte, auch Doppelbelastungen

Symptome: Schlafstörungen, subjektives Gefühl von Erschöpfung, verschiedene vegetative Symptome, Antriebsmangel, Leistungsverminderung, Lustlosigkeit

Therapie: wenn möglich, Erholungsräume schaffen (Belastungsfaktoren als Fokus des ärztlichen Gespräches); physikalische Therapie (Bäder, Massagen), Entspannungsgymnastik, autogenes Training

10.2.7 Reaktion auf Extrembelastung

Einteilung nach Bräutigam (1978)[1]:

- ***Akute Angstreaktion.*** Z. B. als Reaktion auf Naturkatastrophen oder Unfälle mit unmittelbarer oder subjektiv phantasierter Todesbedrohung
  Symptome: meist verbunden mit starken, vegetativen Begleiterscheinungen
  Therapie: evtl. kurzfristig Psychopharmaka, da in der Regel rasches Abklingen nach Ende des Traumas. Keine spezifische Psychotherapie

- ***Traumatisch bedingte Angstbereitschaft.*** Reaktion auf ein- oder mehrmalige Extrembelastungen (typisch nach Unfällen)
  Symptome: Herausbildung einer situationsspezifischen Sensibilisierung: das erlebte Ereignis wird antizipierend vorweggenommen, gelegentlich nur in Form der somatischen Angstäquivalente
  Therapie: Verhaltenstherapie (Desensibilisierung bzw. Dekonditionierung)

- ***Chronisch generalisierte Angstzustände.*** Nach lang anhaltenden Extrembelastungen, z. B. Gefangenschaft, Konzentrationslagerhaft
  Symptome: Depressivität, Neigung zu Resignation und Rückzug, hartnäckige Schlafstörungen, Sexualstörungen, Verlust von Vertrauen, leichte Verunsicherbarkeit, Grübeln
  Therapie: stützende, lang dauernde Psychotherapie; evtl. vorübergehend Psychopharmaka; Kurmaßnahmen

---

[1] Bräutigam W (1978) Reaktionen, Neurosen, Abnorme Persönlichkeiten. Thieme, Stuttgart

Fallbeispiele

Depressive Reaktion

Eine 24jährige Verkäuferin bekam, nachdem sich ein Freund auf für sie sehr kränkende Weise von ihr getrennt hatte, Schlafstörungen, wurde dann zunehmend depressiv. Suizidgedanken kamen hinzu, so daß sie von ihrem Hausarzt krankgeschrieben wurde. Interventionen von Angehörigen und einer Freundin bestanden darin, sie aufzufordern, ihren ehemaligen Freund als schlecht und gemein anzusehen und sich um einen raschen Ersatz zu bemühen. Diese Hilfen vermochten die Frau aber nicht aus ihrer Verzweiflung zu lösen. So kam es zu einer Überweisung zu einem Psychotherapeuten, bei dem 3 Sitzungen im Sinne einer Krisenintervention stattfanden. In diesen Sitzungen stellte sich heraus, daß biographische Erlebnisse an der momentanen Depressivität entscheidend beteiligt waren: Die Patientin hatte in ihrer Kindheit mehrere Trennungen erleben müssen, denen sie ähnlich hilflos ausgesetzt war wie der jetzigen von ihrem Freund. Aus dieser Zeit hatte sie eine Trennungsängstlichkeit bewahrt, die in der aktuellen Situation erneut zum Tragen kam. Die Bearbeitung dieser Hintergründe brachte der Patientin deutliche Erleichterung, sie konnte wieder ihrer Arbeit nachgehen und unterzog sich wenig später einer Kurzpsychotherapie von 12 Stunden, in der ihre Trennungstraumata und deren Bewältigung Hauptinhalt der therapeutischen Arbeit waren.

Situative Konfliktreaktion

Ein 26jähriger Medizinstudent versagte im mündlichen Teil des Staatsexamens dadurch, daß er sich völlig blockiert fühlte und schließlich an ihn gerichtete Fragen der Prüfer nicht mehr beantworten konnte, obwohl er sich bestens auf die Prüfung vorbereitet hatte. Als er dann durchgefallen war, wandte er sich tief verzweifelt an einen ambulant arbeitenden Psychiater und Psychotherapeuten mit der Bitte um Hilfe. Das Examen wollte er 4 Monate später erneut versuchen, spürte aber eine erhebliche Angstbarriere.

In einer konfliktzentrierten Psychotherapie stellte sich heraus, daß bei ihm schon immer ein problematisch erlebter Umgang mit Autoritäten bestanden hatte: Der Student erzählte, daß er sich oft mit sog. Autoritäten hätte anlegen müssen, das sei schon in der Schule so gewesen. Ausgehend von diesem Problem ging es in der Therapie dann um die Beziehung zwischen dem Patienten und seinem Vater, die seit jeher spannungsreich gewesen sei, weil sein Vater, ebenfalls Mediziner, ihn von Kind auf dazu gedrängt habe, später einmal die Praxis zu übernehmen, obwohl er lieber Physiker geworden wäre. Überhaupt sei der Vater einer von denen gewesen, die unter Erziehung verstehen, daß man ihren Willen gehorsam ausführe.

Dem Studenten wurde an diesem Punkt deutlich, daß er offensichtlich seine Vaterbeziehung auf die Prüfer übertragen hatte und deren „Willen", das Examen zu bestehen und damit Mediziner zu werden, etwas Eigenes, nämlich das Gegenteil, entgegensetzen mußte. Die Blockierung bei der Prüfung war der Ausdruck dieses inneren Vorgangs.

Die Erkennung dieser Psychodynamik brachte ihm Erleichterung und versetzte ihn schließlich in die Lage, das Examen doch noch zu bestehen - ohne die Blockierung, aber noch mit deutlich vegetativen Irritationen. Bemerkenswerterweise entschied er sich später für eine Spezialisierung im Bereich der Medizinphysik.

Abnorme Trauerreaktion

Eine 59jährige Frau hat nach 32jähriger Ehe ihren Mann durch Tod verloren. Nach seinem Tod entwickelte sie Schlafstörungen und Unruhe und ging wochenlang täglich zum Friedhof, wo sie Gespräche mit ihrem Mann an dessen Grab führte. Nachbarn und Verwandte bemerkten bald, daß sie die allergrößte Mühe hatte, die Trennung von ihrem Mann innerlich zu akzeptieren und sukzessive zu bewältigen. So kam es zu einer Überweisung zu einem Psychiater und zu einer 8 Stunden dauernden Kurzpsychotherapie, bei der vor allem deutlich wurde, daß die Patientin ihrem Mann, der an den Folgen einer alkoholischen Leberzirrhose verstorben war, nach wie vor heftige Vorwürfe wegen seines Alkoholabusus machte, der zu diesem Ausgang geführt hatte. Die Patientin warf ihm das Verlassenwerden schuldhaft vor, weil sie sich mit der neuen Einsamkeit und dem allein Auf-sich-gestellt-sein nicht abfinden konnte. Diese ihr unbewußte Wut auf den Ehemann hatte ebenso wie die Angst vor der neuen Autonomiesituation eine abnorme Trauerreaktion entstehen lassen, die unter der Bearbeitung in der Therapie im Verlauf von etwa 3 Monaten abklang.

11 Persönlichkeitsstörungen

11.1 Allgemeiner Teil

Definition: Störungen der Persönlichkeit insofern, als bestimmte Merkmale der Persönlichkeitsstruktur (bestimmte Persönlichkeitszüge) in besonderer Weise ausgeprägt, unflexibel und wenig angepaßt sind. Merkmalsakzentuierung, die eine Beeinträchtigung der Leistungsfähigkeit und/oder subjektive Beschwerden (Probleme der sozialen Anpassung) zur Folge haben kann

Epidemiologie: Prävalenz von Persönlichkeitsstörungen in ländlichen Bezirken 0,7% (Dilling 1981)[1], in Großstädten 5,5% (Schepank et al. 1984)[2], Prävalenzangaben internationaler Studien 2-10%. Männer sind häufiger betroffen als Frauen. Bezüglich Sozialschicht keine eindeutigen Ergebnisse

Ätiologie: multikonditionale Entstehung aufgrund verschiedener Faktoren:

- *genetische Faktoren:* sehr wahrscheinlich (vgl. Zwillings- und Adoptionsstudien), aber nicht allein verursachend
- *erworbene Hirnschäden* (z. B. minimale zerebrale Dysfunktion): an Entstehung von Persönlichkeitsstörungen mitbeteiligt
- *Entwicklungsbedingungen* (in Kindheit und späteren Lebensabschnitten), Reaktionen auf Umwelteinflüsse und soziale Bedingungen für Entstehung von Persönlichkeitsstörungen mit maß-

---

[1] Dilling H (1981) Prävalenzergebnisse aus einer Feldstudie in einem ländlich-kleinstädtischen Gebiet. In: Mester H, Tölle R (Hrsg) Neurosen (S 6-12). Springer, Berlin

[2] Schepank H, Hilpert H, Hönmann H et al (1984) Das Mannheimer Kohorten-Projekt. Z Psychosom Med Psychoanal 30: 43-61

geblich. Psychodynamische Faktoren inzwischen gut beschrieben (z. B. Kernberg 1988)[3]

Diagnostik/Differentialdiagnostik: Persönlichkeitsstörungen stehen 3 großen Krankheitsgruppen der Psychiatrie nahe:

- *Neurosen:* enge Beziehung zwischen Persönlichkeitsstörung und Neurosen (Charakterneurosen, vgl. S. 144f.); bei beiden keine Einzelsymptome, sondern charakteristische Erlebnis- und Verhaltensweisen
- *Psychosen:* z. B. depressive Persönlichkeit, hyperthyme Persönlichkeit als mögliche Randformen bipolarer affektiver Psychosen
- *hirnorganische Krankheiten:* Persönlichkeitsstörungen aufgrund meist perinatal erworbener Schäden („Pseudopsychopathie")

Nicht in diese Gruppe einzuordnen sind:

- *Soziopathie, dissoziale Persönlichkeit:* Persönlichkeitsstörungen, die sich vor allem im sozialen Kontext bemerkbar machen

Diagnose „Persönlichkeitsstörung" möglichst nur in Verbindung mit weiteren diagnostischen Aussagen (z. B. Suizidversuch bei depressiv-hysterischer Persönlichkeitsstörung) und nur bei Patienten im Erwachsenenalter stellen!

Verlauf/Prognose: Persönlichkeitsstörungen treten insb. in für die jeweilige Persönlichkeitsstörung charakteristischen, kritischen Lebenssituationen und Umweltgegebenheiten auf. Mit fortschreitendem Alter oft Abschwächung der Merkmalsakzentuierung. In bezug auf die Lebensbewältigung gilt für Menschen mit Persönlichkeitsstörung in etwa die Drittelregel (Tölle 1986):[4]

- bei ca. ⅓ *ungünstiger Verlauf/Lebenslauf* (Versagen, Konflikte, ärztliche Behandlung)
- bei ca. ⅓ *kompromißhafte Lebensbewältigung* (Vitalitätsverlust und Einengung der Umweltbeziehungen zugunsten von Entlastung und Ausgeglichenheit: Residualzustände bei Persönlichkeitsstörungen)
- bei ca. ⅓ *günstiger Verlauf* mit ausreichender Lebensbewältigung

---

[3] Kernberg O (1988) Schwere Persönlichkeitsstörungen. Klett-Cotta, Stuttgart

[4] Tölle R (1986) Persönlichkeitsstörungen. In: Psychiatrie der Gegenwart, Bd 1, S 151–188. Springer, Berlin Heidelberg New York Tokyo

Therapie: Auch Persönlichkeitsstörungen sind prinzipiell therapierbar. Die Indikation zu den einzelnen Therapieverfahren ist wie auch sonst von verschiedenen Kriterien abhängig, z. B. den situativen Gegebenheiten, Leidensdruck, Einsichtsfähigkeit und Motivation des Patienten. Die Prognose ist jedoch insg. vorsichtiger zu sehen als bei Patienten mit Neurosen

11.2 Spezifische Persönlichkeitsstörungen (Klinische Prägnanztypen)

Anankastische Persönlichkeit
Symptome: Pedanterie, Perfektionismus, Übergenauigkeit, Ordnungsliebe, charakterliche Rigidität, geringe Kompromißbereitschaft. Gelegentlich auch Zwangsimpulse, Kontrollzwänge
Differentialdiagnose: Zwangsneurose, evtl. auch Zwangssyndrom bei Schizophrenie

Asthenische Persönlichkeit
Symptome: rasche Erschöpfbarkeit, leichte Ermüdbarkeit, diverse körperliche Mißempfindungen, Schwäche, Mangel an Spannkraft und Durchhaltevermögen. Neigung zu körperbezogenem Klagen, Schlafstörungen, Depressivität
Differentialdiagnose: depressive Neurosen, larvierte Depressionen

► **Borderline-Persönlichkeitsstörung**
Symptome: Instabilität bzgl. Selbstbild (meist andauernde und ausgeprägte Identitätsstörung), zwischenmenschlicher Beziehungen und Stimmung. Multiple Störungen wie z. B. frei flottierende Angst, polymorph-perverse Sexualität, multiple Phobien, ausgeprägte Konversionssymptome, dissoziative Reaktionen, chronisches Depersonalisationserleben, episodischer Verlust der Impulskontrolle, selbstschädigende Handlungen, Suchttendenzen, Zwangssymptome, konfliktbezogene Denk- und Wahrnehmungsstörungen, pseudohalluzinatorische Erlebnisse, Depressivität, ohnmächtige Wut gegen sich selbst oder andere, kurzfristige psychotische Dekompensationen

Differentialdiagnose: Psychosen, narzißtische Persönlichkeitsstörung. Gegenwärtig Gefahr zu häufiger Diagnosenstellung

Depressive Persönlichkeit
Symptome: pessimistisch-skeptische Lebenseinstellung, Gehemmtheit, gedrückte Stimmungslage, Kontaktstörungen. Symptomatik insgesamt ähnlich wie bei Charakterneurosen
Differentialdiagnose: depressive Neurosen, depressive Phase bei endogenen Depressionen

Dissoziale (soziopathische, antisoziale) Persönlichkeit
Symptome: Neigung zu dissozialem Verhalten (Delinquenz, Rücksichtslosigkeit gegenüber sozialen Spielregeln/Normen, betonter Egoismus, Verwahrlosungstendenz)
Differentialdiagnose: hirnorganisches Psychosyndrom, Süchte, Borderline-Persönlichkeitsstörung

Erregbare Persönlichkeit
Symptome: Neigung zu (aus meist geringfügigen Anlässen) unangemessenen, impulsiven Affektausbrüchen, leichtes Aufbrausen, Jähzorn, Neigung zu Tätlichkeiten. Insgesamt erhöhtes Erregbarkeitsniveau
Differentialdiagnose: hirnorganisch bedingte Störungen, Erregungszustände bei Intoxikation

Hyperthyme Persönlichkeit
Symptome: fröhlich-heitere Grundstimmung, gesteigerte Aktivität, lebhaftes Temperament („Betriebsnudel", „Stimmungskanone"). Durch diese Grundstimmung und ständige Unruhe (oft begleitet von Distanzlosigkeit und Geltungsdrang) Belastung für die Umgebung
Differentialdiagnose: Manie, maniforme Syndrome

Hypochondrische Persönlichkeit
Symptome: Neigung zu zwanghaft-ängstlicher, körperbezogener Selbstbeobachtung und daraus resultierend diverse Krankheitsbefürchtungen. Häufige Arztkontakte, Veranlassung von immer neuen diagnostischen Abklärungen. Symptomatik insgesamt ähnlich wie bei hypochondrischer Neurose

Differentialdiagnose: hypochondrischer Wahn bei schweren Depressionen, Somatisierungen bei larvierten Depressionen

Hysterische Persönlichkeit

Symptome: starkes Geltungsbedürfnis, Neigung zu Effekthascherei und demonstrativem, unechtem Verhalten. Starkes Kontaktbedürfnis bei gleichzeitig bestehender Kontaktunfähigkeit im Sinne von Liebes- und Bindungsunfähigkeit. Auch Neigung zu Simulation und Pseudologia phantastica (phantastische Lügengebäude)
Differentialdiagnose: hysterische Neurose, narzißtische Persönlichkeitsstörung, Borderline-Persönlichkeitsstörung

Narzißtische Persönlichkeit

Symptome: charakteristische Störung des Selbstwertgefühls: einerseits Größenphantasien mit Selbstidealisierung (Grandiosität), andererseits unrealistische Minderwertigkeitsgefühle mit Drang nach Bestätigung durch andere. Abnorme Zentrierung auf das eigene Selbst, zwischenmenschliche Beziehungen dadurch häufig gestört. Einerseits leichte Eigenverletzlichkeit, andererseits Entwertungstendenzen im Umgang mit anderen. Gefühlsleben häufig oberflächlich
Differentialdiagnose: schwierig! Selbstunsichere Persönlichkeit, Borderline-Persönlichkeitsstörung

► Paranoide Persönlichkeit

Symptome: Neigung, Erfahrungen und Erlebnisse als gegen die eigene Person gerichtet zu interpretieren (Erniedrigung, Bedrohung, Ausnutzung oder Benachteiligung). Neigung zu Mißtrauen und Argwohn, leichte Kränkbarkeit; unbelehrbar-rechthaberischer Kampf gegen das Unrecht bzw. für eine Idee/Vorstellung (Fanatiker)
Differentialdiagnose: paranoides Syndrom, sensitive, narzißtische und Borderline-Persönlichkeitsstörung

Schizoide Persönlichkeit

Symptome: Kontakthemmung, extreme Distanz und emotionale Kühle, Mißtrauen und Ambivalenzen, Neigung zu Isolation und Vereinsamung

Differentialdiagnose: Schizophrenie, depressive Persönlichkeitsstörung, schizoide Charakterneurose

Sensitive (selbstunsichere) Persönlichkeit
Symptome: Mangel an Selbstvertrauen, Störung des Selbstwertgefühls, daraus resultierend leichte Kränkbarkeit und starke Selbstunsicherheit. Ferner Aggressionshemmung, geringes Durchsetzungsvermögen und Neigung zu Affektstau
Differentialdiagnose: narzißtische, Borderline- und depressive Persönlichkeitsstörung

Kompensationsversuche durch Aktivität und beruflichen Ehrgeiz

Stimmungslabile Persönlichkeit
Symptome: Neigung zu plötzlichen Stimmungsschwankungen, unberechenbare Launenhaftigkeit und oft impulshafte Handlungen wie z. B. Suizidhandlungen, Trinkexzesse, Launenhaftigkeit
Differentialdiagnose: narzißtische und Borderline-Persönlichkeitsstörung

Fallbeispiele

Paranoide Persönlichkeitsstörung
Ein 52jähriger arbeitsloser, ehemaliger Angestellter wird anläßlich einer Begutachtung in die Psychiatrische Klinik aufgenommen. Das das Gutachten anfordernde Gericht fragt nach der Schuldfähigkeit des Angeklagten. Die übersandten Akten sind so umfangreich, daß sie in 4 Paketen angeliefert werden. Im einzelnen handelt es sich um über 700 Seiten Aktenmaterial. Aktueller Anlaß für die Begutachtung war, daß der Patient einen Richter, der ihm nicht Recht zugesprochen hatte, beleidigt und bedroht und an dessen Vorgesetzten, einen Landgerichtspräsidenten, einen Brief geschrieben hatte, in dem er den Richter in grober Weise verunglimpft und als „Rechtsverdreher" hingestellt hatte.

Bei der Durchsicht der Akten zeigte sich, daß der Patient bereits seit 12 Jahren diverse Gerichte mit Prozessen und Eingaben beschäftigte, bei denen es ihm zunehmend darum ging, seine Rechtsauffassungen in rechthaberischer und rigider Weise durchzusetzen. Entscheidungen gegen seine Meinungen wurden als feindselig und gegen ihn persönlich gerichtet interpretiert und zogen weitere Anzeigen und Eingaben nach sich. Nach Verlust des Arbeitsplatzes hatte der Patient sich ganz in seine Prozeßaktivitäten gestürzt, seine Ersparnisse weitgehend dafür aufgebraucht und seine Familie soweit vernachlässigt, daß die Ehefrau ihn verlassen hatte, nachdem die Kinder aus dem Haus waren.

Der Patient war von früheren, wichtigen Bezugspersonen (Ehefrau, Mutter, Schwester) als primär leicht verunsicherbar und verletzlich beschrieben worden. Die jetzige querulatorische Entwicklung hatte eingesetzt, nachdem der Patient 13 Jahre zuvor eine Kränkung am Arbeitsplatz hatte hinnehmen müssen: Er war bei einer Beförderung, die ihm bereits angekündigt worden war, zugunsten eines jüngeren, aber forscher auftretenden Kollegen übergangen worden.

Bei der Begutachtung wurde die Diagnose einer paranoid-querulatorischen Persönlichkeitsstörung gestellt. Die Frage der Schuldfähigkeit wurde von dem Gutachter im Sinne des § 21 StGB (verminderte Schuldfähigkeit) beantwortet.

Die mit dem Patienten erörterte Möglichkeit, eine Psychotherapie zu versuchen, wurde von ihm vehement abgelehnt und führte zu einer abrupten Verschlechterung der Gutachter-Patient-Beziehung, da dieser wähnte, daß der Gutachter mit den Gerichten unter einer Decke stecke.

Borderline-Persönlichkeitsstörung

Ein 26jähriger Mann mit abgebrochenem Elektroingenieur-Studium wird von einer niedergelassenen Nervenärztin mit der Einweisungsdiagnose „Verdacht auf Borderline-Syndrom" zur stationären Behandlung angemeldet. Auf der Station fällt der Patient in mehrfacher Hinsicht auf: Er hat episodenhafte, heftige Angstattacken sowie besondere phobische Symptome: So kann er z. B. im Aufenthaltsraum nur in unmittelbarer Nähe zur Tür sitzen, weil er sonst Platzangst bekommt. Mehrfach wird er auf der Station mit einer Alkoholfahne angetroffen. Auf Nachfragen gibt er zu, daß er gelegentlich wie unter einem inneren

Drang trinken müsse. Die Beziehung zu seinem behandelnden Stationsarzt gestaltet er in charakteristischer Weise: Nach anfänglicher Kooperativität entwertet er den Arzt massiv und stellt alles bisher Erreichte in Frage. Trotz dieser „Wechselbäder“ vermittelt er dem Arzt, daß er ihn braucht. In Zeiten von akuter Angst, in denen er auch Depersonalisationsphänomene berichtet, klammert er sich kurzfristig stark an den Arzt, um wenig später so zu tun, als habe man noch nie ein persönliches Wort miteinander gesprochen. Auffällig waren während des stationären Aufenthalts ferner diverse Körpersensationen (im Sinne von Konversionssymptomen) und ein mehrfach wiederholtes Ritzen der Haut mit Rasierklingen.

Die Diagnose einer „Borderline-Persönlichkeitsstörung“ wurde bestätigt. In der zeitlich begrenzten Therapie ging es überwiegend um die Prüfung der Motivation des Patienten zu einer längerfristigen stationären Psychotherapie, zu der sich der Patient angesichts seiner Symptomatik und fehlender tragender Sozialbeziehungen und Perspektiven entschließen konnte. Er wurde in die Psychotherapieabteilung eines Krankenhauses verlegt und blieb dort 4 Monate stationär, danach noch 2 Jahre in ambulant durchgeführter Gruppentherapie.

12 Sexualstörungen

12.1 Allgemeiner Teil

Definition: Zu den „Sexualstörungen" werden sexuelle Funktionsstörungen, Störungen der Geschlechtsrolle sowie sexuelle Abweichungen gerechnet

Sexualanamnese: Diese unterbleibt häufig aus Scheu (auf seiten des Patienten wie des Untersuchers) vor dem Gespräch über Sexualität, obwohl sehr viele Patienten gerne darüber sprächen, wenn der Arzt dazu bereit wäre.
Im Gespräch Takt, Verständnis und zugewandte Neutralität; keine Selbstoffenbarung des Arztes, aber Vertrautsein mit der Problematik spüren lassen! Beachtung der Sprache: weder wissenschaftlich-abstrakte Begriffe, noch Vulgärsprache! Besprechungspunkte (nicht nur Sexualität, sondern auch damit verbundene emotionale Bereiche) der Anamnese:

- sexuelle Entwicklung in der Kindheit
- frühe sexuelle Identifizierung
- Geschlechtsrolle (Akzeptanz, Ablehnung)
- Richtung der Partnerwahl (Träume, Phantasien)
- Partnerbeziehungen (nicht nur nach Sexualität fragen!)
- sexuelle Konflikte und Krisen
- Initiativen und Abwehr in der Partnerschaft
- gegenwärtige Beziehungen (Partner, Koitus, Masturbation)

12.2. Ungestörte Sexualität

Sexueller Reaktionszyklus nach Masters u. Johnson (1973) in Phasen:

- ***Erregungsphase:*** Stimulierung physiologischer Reaktionen, vorwiegend parasympathisch
  - beim Mann: Erektion
  - bei der Frau: Lubrikation
- ***Plateauphase:*** zunehmende Vasokongestion
- ***Orgasmusphase:***
  - beim Mann: Emission und Ejakulation, vorwiegend sympathisch
  - bei der Frau: Auslösung direkt oder indirekt (vaginal) klitoridal; multiple Orgasmen möglich
- ***Rückbildungsphase:***
  - beim Mann: Penisabschwellung
  - bei der Frau: z. B. rasche Abschwellung der Areolae mammae

Sexualverhalten (wesentlich durch kultur- und zeitbedingte Normen geprägt) Befragungen in BRD und DDR zufolge:

- Menarche durchschnittlich mit 13 Jahren
- erste Ejakulation durchschnittlich mit 14 Jahren
- erster Koitus durchschnittlich mit 18 Jahren (auch abhängig von Sozialschicht)
- erster Orgasmus bei Frauen ca. 3 Jahre nach erstem Koitus (oft ohne sich durch den fehlenden Orgasmus gestört zu fühlen)
- gleichzeitiger Orgasmus der Partner bei nur ca. 25% (beim Mann meist früher)
- Koitushäufigkeit sehr variabel, Altersunterschiede: im Alter bei beiden Geschlechtern zwar Abnahme sexueller Aktivität, aber grundsätzlich befriedigende Sexualkontakte bis ins höchste Alter möglich
- Masturbation bei 90% der Männer (vorwiegend Jugendlichen), bei etwa 50% der Frauen Masturbationserfahrungen

---

Masters WH, Johnson VE (1973) Impotenz und Anorgasmie. Stahlberg, Frankfurt a. M.

12.3 Sexuelle Funktionsstörungen

Allgemein: Störungen im Ablauf des sexuellen Funktionsgeschehens: Funktionsstörungen der Lust/Appetenz-, der Erregungs-, der Orgasmus- oder der Rückbildungsphase. Häufig, oft aber larviert durch andere Symptome (Depression, Angst, körperliche Funktionsstörungen)

Ätiologie: multikausale Verursachung möglich (durch Sexualanamnese zu ermitteln)

- *psychogene Ursachen* (am häufigsten): Angst vor Genitalverletzung, vor Schwangerschaft, vor venerischen Infektionen (AIDS!). Aversion gegen den Partner, sexuelle Leistungsprobleme. Oft Kontakt- und Bindungsangst; Erwartungsangst bei Unerfahrenen; Gefühl von Niederlagen durch mißglückte sexuelle Kontaktversuche; Erlebnis der Minderwertigkeit; im Regelfall beide Partner an der Genese beteiligt
- *organische und sonstige Ursachen:* z. B. Diabetes mellitus, Einnahme von Medikamenten (dämpfende Neuroleptika, z. B. Thioridazin) oder Alkohol, endogene Depression

Symptome/Formen beim Mann:

- *Alibidimie* (fehlendes sexuelles Bedürfnis) primär (oft somatische Verursachung) und sekundär
- *Erektionsstörungen* (Impotentia coeundi): mangelhafte oder zu kurz dauernde Versteifung des Penis. Primäre Impotenz oft psychogen, sekundäre oft somatisch verursacht. Früher war damit auch in allen Fällen Impotentia generandi verbunden
- *Ejakulationsstörungen:* vorzeitiger Samenerguß (Ejaculatio praecox) bei fehlender Kontrolle oder verzögerter Samenerguß (Ejaculatio retardata) bei übermäßiger Kontrolle des Erlebens
- *Satisfaktionsstörungen* (Impotentia satisfactionis): bei Ejakulation ohne Orgasmus, aber auch nach stattgefundenem Orgasmus Auftreten von Beschwerden wie Kopfschmerzen, Verstimmungen etc.
- *Dyspareunie* (Schmerzen und Überempfindlichkeit bei Sexualverkehr)

Symptome/Formen bei der Frau:

- *Alibidimie:* mangelnde Ansprechbarkeit, fehlende sexuelle Appetenz und Reagibilität (Ausbleiben der vaginalen Erregung und Lubrikation)
- *Orgasmusstörungen:* bei Stimulierbarkeit und sexueller Erregung Ausbleiben des Orgasmus; unterschiedliche Orgasmusschwelle und -störbarkeit; unterschiedliche Lernerfahrungen. Tritt insbesondere bei jungen Frauen auf
- *Vaginismus:* erhöhte Spannung der Vaginal- und Beckenbodenmuskulatur. Unmöglichkeit der Immissio penis
- *larvierte Sexualstörungen:* zahlreiche funktionelle Störungen, vor allem im Urogenitalbereich, als Ersatz oder Verstärkung direkter sexueller Abwehr (Abwehrfluor, Dysmenorrhoe, Amenorrhoe, Miktionsstörungen, Pelvipathie, Rückenschmerzen, kalte Füße und Hände, ferner u. U. habitueller Abort, Hyperemesis gravidarum, Laktationsstörungen, Sterilität)
- *Dyspareunie* (s. o.)

Therapie: nach Klärung der Ätiologie mehrere Möglichkeiten, in der Regel unter Einbeziehung des Partners:

- in leichteren Fällen *Sexualberatung* (z. B. bei mangelhafter Aufklärung; Entlastung im ärztlichen Gespräch)
- *Sexualtherapie* nach verhaltenstherapeutischen Prinzipien: zunächst Abbau von Leistungsängsten, Koitusverbot, sodann Training der sexuellen Sensibilität und schließlich Zulassung des nicht als Forderung erlebten Koitus
- bei schweren neurotischen Entwicklungen *psychoanalytische Therapie* (Bearbeitung des „neurotischen Vorfeldes". Spontane Besserung der Sexualstörung möglich, oder später durch zusätzliche Sexualtherapie)

12.4 Störungen der Geschlechtsrolle

12.4.1 Homosexualität

Allgemein: auf Menschen des eigenen Geschlechts gerichtetes sexuelles Erleben und Verhalten bei ungestörter Geschlechtsidentität.

Bei männlichen Homosexuellen öfter Probleme der Partnerbindung (und Isolation) als bei weiblichen Homosexuellen. Zahlreiche Möglichkeiten des Erlebens. In vielen Fällen auch Zuwendung zu beiden Geschlechtern (Bisexualität)
Sexual-„Störung" im psychiatrischen Sinne nur dann, wenn der Homosexuelle an seiner Sexualität oder deren Auswirkungen leidet

Formen:

- *Neigungshomosexualität* (genuine Homosexualität): nicht als psychische Störung, sondern als eigenständige Form sexueller Selbstverwirklichung und Partnerschaft zu betrachten. Behandlungsbedürftig nur im Zusammenhang mit durch die Homosexualität bedingten Problemen und Konflikten wie Isolierung (bei häufigem Partnerwechsel anonyme Triebbefriedigung oder gesellschaftliche Isolierung homosexueller Paare) und Vereinsamung (Depressionen bei alternden Homosexuellen). Bei jüngeren Menschen häufig Probleme der Akzeptanz der Homosexualität
- *Entwicklungshomosexualität:* homosexuelle Durchgangsphase bei zahlreichen Jugendlichen (etwa ⅓ der Männer), meist ohne Behandlungsnotwendigkeit
- *Hemmungshomosexualität:* bei infantil retardierten oder neurotischen, oft kontaktschwachen, selbstunsicheren Menschen mit Störungen in der sexuellen Entwicklung; (öfter bei Männern) auch mit pädophilen Neigungen. Indikation zur Psychotherapie im Einzelfall je nach Leidensdruck
- *Pseudohomosexualität:* keine eigentliche Homosexualität, sondern materielle Motivation zu homosexuellen Handlungen im Sinne männlicher Prostitution (Strichjunge). Öfter dissoziale Neigungen, so z. B. Erpressung von homosexuellen Kunden

12.4.2 Heterosexualität

Allgemein: bei Bindungsunfähigkeit als Surrogat für partnerbezogene Sexualität krankhaft gesteigerter heterosexueller Geschlechtstrieb:

- *Don-Juanismus* bei Männern
- *Nymphomanie* bei Frauen

12.4.3 Transsexualität (Transsexualismus)

Allgemein: Identifikation mit dem entgegengesetzten biologischen Geschlecht („weibliche Seele im männlichen Körper") und vice versa: keine Homosexualität, sondern psychische Identitätsstörung des Geschlechts. Dem Betreffenden geht es um sich selbst. Eher asexuelles Erleben. Unklare Ätiologie. Mit Bekanntwerden dieser Störung stark zunehmende Tendenz, insb. in Großstädten. Transsexualität ist deutlich zu unterscheiden vom Transvestitismus (als Deviation mit engen Beziehungen zum Fetischismus)

Therapie: Frustrationen auf dem Weg zu gegengeschlechtlicher Rolle führen zu depressiven Reaktionen, Suizidversuchen, u. U. Selbstverstümmelung. Psychotherapieversuche in der Regel jedoch vergeblich
Dem in den letzten Jahrzehnten häufig geäußerten Wunsch nach operativer Geschlechtsumwandlung verbunden mit Personenstandsänderung (vgl. Transsexuellen-Gesetz von 1981: Möglichkeit der Änderung des Personenstandes und des Vornamens) sollte (wenn überhaupt) frühestens nach mindestens einjähriger Probezeit in der gewünschten Geschlechtsrolle unter Gabe von Sexualhormonen stattgegeben werden

12.5 Sexuelle Abweichungen (Deviationen, Perversionen, Paraphilie)

Allgemein: alle Erlebens- und Verhaltensweisen zur Erlangung des Orgasmus durch suchtartige, zwanghafte, ritualisierte Praktiken: Abwandlung von Sexualakt und/oder Sexualpartner/Triebrichtung. Apersonale Sexualität mit abnormem Triebziel oder abnormer Triebrichtung. Einengung des Erlebnisbereichs: der (die, das) Andere ist Gegenstand der Praktik. Liebesunfähigkeit, Promiskuität, Anonymität, Vereinsamung. Suchtartiger Charakter mit abnehmender Satisfaktion, Überwuchern von Phantasien; Aggressivität gegenüber sich und anderen; die Deviation wird von der Person selbst häufig abgelehnt und als belastend erlebt, Sexualtrieb ist nicht im Einklang mit Gefühlen und Wertungen. Unterschiedliche

Bewertung sexueller Abweichungen je nach kulturellem Kontext (häufig auch fließende Übergänge zum Normalen)

Ätiologie: psychodynamisch als Ausdruck einer neurotischen Hemmung der psychosexuellen Entwicklung bzw. Regression auf frühere Entwicklungsstufen. Als Abwehrmechanismus vor reifer Sexualität bei Kastrations- und Selbstverlustangst
Der Einfluß von Minderbegabung oder konstitutionellen Faktoren ist unklar

Therapie: bei Leidensdruck Sexualberatung sowie verschiedene Psychotherapieverfahren. Bei *aggressiven Deviationen* und *Exhibitionismus* somatische Behandlung mittels temporärer hormoneller Kastration durch Kombination von Antiandrogen und Gestagen: Cyproteronazetat (Androcur®) 50–300 mg/die oder 300 mg Androcur®-Depot i. m. alle 2 Wochen. Effekt: Hemmung von Libido und Potenz; weitgehende Aufhebung der Spermiogenese. Effekt reversibel. In schwersten Fällen Diskussion stereotaktischer Ausschaltung des Nucleus ventromedialis des Hypothalamus

Formen sexueller Abweichung
die Partner-/Objektwahl betreffend:

- *Pädophilie:* sexuelle Beziehungen zu Kindern beiderlei Geschlechts. Oft infantil retardierte Männer sowie minderbegabte und hirnorganisch veränderte alte Männer. Schädigung bei den Kindern, je nach angewendeter Gewalt und Reaktion der Umgebung unterschiedlich
- *Päderastie* (Knabenliebe): homosexuelle Beziehung zu Knaben
- *Inzest:* sexuelle Beziehungen zwischen Verwandten 1. Grades (z. B. Vater-Tochter, Mutter-Sohn, unter Geschwistern sowie zwischen weiteren Verwandten in aufsteigender Linie). Nach § 173 StGB mit Strafe bedroht
- *Sodomie:* geschlechtliche Handlungen mit Tieren
- *Nekrophilie:* geschlechtliche Handlungen mit Verstorbenen

die Sexualpraktiken betreffend:

- *Exhibitionismus:* Zeigen des männlichen Genitale vor Frauen und Mädchen (oft verbunden mit Masturbation). Lustgewinn durch erschreckte Reaktion der Zuschauerinnen. Häufig verheiratete Männer mittleren Alters, Neigung zu Rückfällen. Bestrafung nach § 183 StGB (Erregung öffentlichen Ärgernisses) möglich

- *Voyeurismus:* Zuschauen beim Sexualakt anderer; ähnlich pornographischen Bedürfnissen
- *Frotteurismus:* sexuelle Erregung bei genitaler Berührung von Frauen, z. B. in Menschenmengen, in überfüllten öffentlichen Verkehrsmitteln durch reibende Bewegungen, hierdurch Erektion und Orgasmus
- *Fetischismus:* sexuelle Erregung durch Kleidungsstücke (Unterwäsche, Schuhe, Strümpfe) oder sonstige Gegenstände von möglichen Sexualpartnern und damit verbundene Ejakulation. U. U. vermehrter Lustgewinn durch Diebstahl der verwendeten Gegenstände
- *Transvestitismus:* Erregung durch Tragen von Frauenkleidern und Erleben der weiblichen Rolle mit Imitation der Frau. Beziehungen zum Fetischismus
- *Sadismus und Masochismus:* in erster Linie Erlebensweisen, weniger spezielle Formen von Perversion
- *Kleptomanie und Pyromanie:* u. U. auch Spielsucht können mit sexueller Erregung einhergehen

13 Störungen aus dem Bereich der Kinder- und Jugendpsychiatrie

In diesem Kapitel werden einerseits spezifische Entwicklungs- und altersbedingte Störungen, andererseits Störungen, die weite Überschneidungsbereiche mit der Erwachsenenpsychiatrie aufweisen, behandelt, wobei die Betonung hier auf den kinderpsychiatrischen Besonderheiten liegt. Als Einführung zu empfehlen sind ein Kapitel Entwicklungspsychologie, ferner tiefen- und verhaltenspsychologische Grundlagen sowie die darauf basierenden Therapien (s. Anhang A, S. 269 ff., insb. S. 273)

Störungen aus dem Bereich der Kinder- und Jugendpsychiatrie

Intelligenzminderung (Oligophrenie)

- Störungen der Körperchromosomen (Autosomen)
- Störungen der Geschlechtschromosomen (Gonosomen)
- metabolisch-genetisch bedingte Intelligenzminderung
- exogene Schädigungen
- weitere (exogene) dementielle Schädigungen
- kindliche Demenzformen

Organisch bedingte psychische Störungen

- organische Psychosyndrome nach frühkindlicher Hirnschädigung
- weitere akute oder chronische Psychosyndrome

Störungen der Motorik und Psychomotorik

- hirntopisch bestimmte Störungen
- universelle Störungen der Psychomotorik
- Hyperkinetisches Syndrom
- umschriebene Störungen der Psychomotorik

Störungen des Sprechens und der Sprache

Teilleistungsschwächen

Störungen im Zusammenhang mit der Schule

Psychosen im Kindes- und Jugendalter
- exogene Psychosen
- Schizophrenie
- affektive Störungen
- Borderline-Syndrom/Grenzpsychose

Autistische Syndrome im Kindesalter
- frühkindlicher Autismus nach Kanner
- autistische Psychopathie nach Asperger
- sonstige Formen

Psychogene Störungen im Kindes- und Jugendalter

Emotionale Störungen im Kindes- und Jugendalter

Störungen des Sozialverhaltens

13.1 Intelligenzminderung (Oligophrenie)

Allgemein: Unterdurchschnittliche Intelligenz (früher gängiger Terminus: Schwachsinn - Debilität), entstanden während der Entwicklungsperiode (ererbt oder prä-, peri- oder postnatal) mit der Folge von Beeinträchtigung des adaptiven Verhaltens; geistige Behinderung

Unterschiedliche Schweregrade der Intelligenzminderung werden bestimmt nach gemessenem oder (in schweren Fällen) geschätztem IQ. Je nach Schweregrad verbunden damit leichte Anpassungsstörungen bis zu schwersten, pflegebedürftigen Zuständen. Inkontinent mit motorischen Stereotypien, ohne Spracherwerb, bei verständnisvoller Pflege oft emotional eher ansprechbar; heilpädagogische Förderung

Intelligenzdefinition problematisch. Am ehesten: angeborene Fähigkeit zu geistiger Leistung und damit Bewältigung von praktischen und theoretischen Aufgaben. Bestimmung des IQ mit HAWIK (Hamburg-Wechsler-Intelligenztest für Kinder), Binet-Simon-Test oder TBGB (Testbatterie für geistig behinderte Kinder), s. Anhang B

ICD-9-Klassifikation der Intelligenzminderung:

Intelligenz-minderung	ICD-9 IQ	Bezeichnung
schwerst	0-19	Idiotie
schwer	20-34	Imbezillität
mittelgradig	35-49	"
leicht	50-69	Debilität
Grenzbereich	70-84	Lernbehinderung

Schulorganisatorisch:

- *G*eistige Behinderung IQ 30-59 (Sonderschule G)
- *L*ernbehinderung IQ 60-79 (Sonderschule L)

Epidemiologie: Debilität 3-4%, Imbezillität und Idiotie weniger als 1%. Insgesamt 5% der Bevölkerung mit Intelligenzminderung

Ätiologie: bei leichten Formen beträchtliche Umwelteinflüsse, bei schweren Formen organische Ursache. In der Mehrzahl bisher keine ätiologische Klärung möglich

Prävention/Therapie: genetische Beratung, Elternberatung; Frühdiagnostik (z. B. Phenylketonurie und Neugeborenenhypothyreose); Frühförderung, Heilpädagogik, Vermeidung von Sekundärschädigungen; Diät bei Stoffwechselstörungen; Besuch von Sonderkindergärten, Sonderschulen, später beschützenden Werkstätten. Nur in schweren Fällen oder bei ungeeigneter familiärer Umwelt Heimunterbringung. Verhaltenstherapie, Lernen in kleinen Schritten

Formen der Intelligenzminderung

Störungen der Körperchromosomen (Autosomen)

- ***(Langdon-) Down-Syndrom (Mongolismus)***
  Trisomie 21 (Non-disjunction), D-G-Translokation, Mosaikmongolismus (erblich, selten, 3–4% der autosomalen Chromosomenstörungen)
  Epidemiologie: stark vom Alter der Mutter abhängig, z. B. ab 45. Lebensjahr 1:30
  Symptome: brachyzephaler Schädel, schräge Lidspalten mit Epikanthus, Hypertelorismus (vergrößerter Augenabstand), flache Nase, Makroglossie, Vierfingerfurche, Gliedmaßen kurz und plump, überstreckbare Gelenke. Psychisch als Kinder gut zu lenken, gutmütig, öfter Probleme in der Pubertät; meist Imbezillität
- ***Cri-du-chat-Syndrom***
  Aberration an Chromosom 5
  Symptome: katzenartige Schreie, Mikrozephalie, Oligophrenie

Störungen der Geschlechtschromosomen (Gonosomen)

- ***(Ullrich-)Turner (X 0-)Syndrom***
  Epidemiologie: selten; 1:5000 weibliche Geborene
  Symptome: Minderwuchsamenorrhoe, Pterygium colli, Schildthorax, Herz- und Gefäßmißbildungen
- ***Klinefelter-Syndrom (xxy-, xxxy-Syndrom)***
  Epidemiologie: 1:5000 männliche Geborene
  Symptome: nach der Pubertät eunuchoide, feminine Züge, Gynäkomastie, Hodenhypoplasie (klinisch wichtig!), Sklerosierung der Hoden, Störung der Geschlechtsreife, Hochwuchs, Debilität
- ***xyy-Syndrom***
  Epidemiologie: 1:1000 männliche Geborene
  Symptome: Minderbegabung, labile Persönlichkeit, Hypogenitalismus

Metabolisch-genetisch bedingte Intelligenzminderung

In diesem Zusammenhang etwa 70 Stoffwechselstörungsarten bekannt; Anhäufung abnormer Stoffwechselprodukte in ZNS-Zellen

- ***Phenylketonurie:*** Störung des Phenylalaninabbaus in Tyrosin durch Enzymmangel. Anhäufung von Phenylalanin und Phenylbrenztraubensäure
  Epidemiologie: 1 : 10 000, autosomal-rezessiver Erbgang
  Symptome: Krämpfe ab 2. Lebensjahr, häufig Entwicklung einer Oligophrenie; Nachweis von Phenylalanin im Blut durch Guthrie-Test. Ab 6. Woche Fölling-Probe positiv: grüner Farbstoff im Urin durch Zugabe von Eisenchlorid
  Therapie: phenylalaninarme Kost bis etwa 12. Lebensjahr
- ***weitere Störungen:*** Galaktosämie, Ahornsirupkrankheit, Mukopolysaccharid-Speicherkrankheiten, Gangliosidosen, Morbus Gaucher, Niemann-Pick-Krankheit, Tay-Sachs-Erkrankung

Exogene Schädigungen

- ***pränatal:*** Embryopathie durch Infektion der Mutter mit Rötelnvirus, Zytomegalievirus, Toxoplasmose, Listeriose, Lues. Alkoholembryopathie (zunehmende Bedeutung!). Weitere Noxen: Röntgenbestrahlung, Medikamente, mißlungene Abtreibungen; Sauerstoffmangel durch mechanische Noxen, Fehlbildungen etc.
- ***perinatal:*** O_2-Mangel, Hirnblutungen
- ***postnatal:*** Neugeborenenerythroblastose, Infekte (Enzephalitiden), Ernährungsstörungen

Weitere (exogene) dementielle Schädigungen

Kramer-Pollnow-Syndrom, Tuberöse Hirnsklerose, Wilsonsche Erkrankung, ferner Slow-Virus-Infektionen und früh einsetzende heredodegenerative Erkrankungen

Kindliche Demenzformen

Abbau und Rückbildung bereits erreichter Entwicklungsstufen der Intelligenz, z. B. Dementia infantilis (Abbau mit Sprachverlust und Wesensänderung im 3. und 4. Lebensjahr; Ursache unbekannt)

13.2 Organisch bedingte psychische Störungen

Organisches Psychosyndrom nach frühkindlicher Hirnschädigung (frühkindlich exogenes Psychosyndrom)

Allgemein: Teilweise Überschneidung mit Abschnitt „Intelligenzminderung“. Neben psychopathologischen Störungen müssen hier aus Gründen der Systematik auch die neurologischen Störungen mit erwähnt werden. Je eher die Schädigung, um so größer der Schweregrad: von Embryopathie und Schädigung des Fetus bis zum 6. Monat (frühe Schwangerschaft) über frühkindlichen Hirnschaden (späte Schwangerschaft 25%, Geburt 60% und 1. Lebensjahr 15%) zu späterer Schädigung mit Persönlichkeitsstörung

Ätiologie: Fetopathien (z. B. F. diabetica), Gestose, Anämie, Sauerstoffmangel, Ernährungsstörung des Säuglings, Icterus neonatorum etc.

Symptome:
- *schwerste* Schädigungen: neurologische Symptome (Spastik), epileptische Anfälle, schwere Intelligenzminderung
- *mittelgradige* Schädigungen: leichte motorische Behinderung und Intelligenzminderung
- *leichtgradige* Schädigungen: nur diskrete neurologische Symptome und leichte psychopathologische Auffälligkeiten: Hyperaktivität, psychomotorische Unruhe, Ablenkbarkeit, Teilleistungsschwächen (s. S. 180f.)

Therapie: (heil-)pädagogische Maßnahmen (Zuwendung *und* Grenzen setzen!); psychomotorische Übungsbehandlung; Familienberatung; medikamentöse Dämpfung (Neuroleptika), Tranquilizer (keine Dauerbehandlung!), Methylphenidad (Ritalin®) oder Amphetamin mit paradoxer Wirkung (keine Dauerbehandlung!)

Weitere akute oder chronische Psychosyndrome

Nach *Schädel-Hirn-Trauma* (häufig!) mit Durchgangssyndrom, Hirnleistungsschwäche, möglicherweise auch posttraumatische hirnorganische Wesensänderung. Ferner organisches Psychosyndrom bei *Hirntumoren im Kindesalter* sowie nach *entzündlichen Erkrankungen des Gehirns*. Die Psychosyndrome können akut oder chronisch verlaufen und unterscheiden sich entsprechend

13.3 Störungen der Motorik und Psychomotorik

Hirntopisch bestimmte Störungen

- *Pyramidale Störungen:* Littlesche Krankheit = Diplegie, infantile Hemiplegie, Tetraplegie
- *Extrapyramidale Störungen:* choreatische, athetotische, ballistische Bewegungen, Hyper-, Hypo- und Akinese
- *Zerebelläre Störungen:* Ataxie, Dysdiadochokinese, Kleinhirnhypotonie

Universelle Störungen der Psychomotorik, psychomotorischer Entwicklungsrückstand

Motorische Ungeschicklichkeit, Koordinationsstörungen, Wahrnehmungsstörungen, Fehlintegration der Motorik
Therapie: Wahrnehmungstraining und psychomotorische Übungsbehandlung

Hyperkinetisches Syndrom

Wahrnehmungsstörungen; erhöhte Ablenkbarkeit, Aufmerksamkeitsstörungen, Irritierbarkeit; motorische Aktivität und Impulsivität; Stimmungsschwankungen. Sekundär auch Schulschwierigkeiten und Dissozialität. Häufig Überschneidung mit frühkindlichem exogenen Psychosyndrom. In vielen Fällen Kombination mit Teilleistungsschwächen, vor allem in der Sprech- und Sprachentwicklung und der Motorik
Dieses Syndrom ist oft assoziiert mit „minimaler zerebraler Dysfunktion" (MCD, ein unscharfer Begriff, von vielen Kinderpsychiatern kritisiert)

Umschriebene Störungen der Psychomotorik

- *Tic:* automatische, rasche Muskelzuckungen
- *Gilles-de-la-Tourette-Syndrom:* motorische Tics, Koprolalie (Phonationstic) und Echolalie
- *Schreibkrampf:* auf die Tätigkeit des Schreibens begrenzte Störung; unklare Ätiologie
- *Jactatio capitis et corporis:* motorische Stereotypien wie Schaukelbewegungen und stereotype Gesten

13.4 Störungen des Sprechens und der Sprache

Sprechstörungen

- ***Stottern***

  Epidemiologie: Entwicklungsstottern im 3.–5. Lebensjahr (bei 5%) nicht pathologisch, späteres Auftreten pathologisch. Knaben häufiger betroffen als Mädchen

  Ätiologie: mehrere Faktoren wie Umwelteinflüsse (mangelnde Sprachvorbilder), hirnorganische Schädigungen, selten Erbeinflüsse, Entwicklungsstörungen, Intelligenzminderung (Minderbegabung), Angst als psychogener Faktor

  Symptome:
  - klonisch: bei Sprechbeginn Buchstaben-, Silben- und Wortwiederholungen
  - tonisch: Blockierung beim Sprechablauf mit Anspannung von Gesichts- und Halsmuskulatur, u. U. begleitet von Rumpf- und Armbewegungen
  - divide: im Gegensatz zum Poltern (s. u.) beim Stottern Verstärkung durch Aufmerksamkeit

  Therapie: Elternberatung (Symptome nicht beachten, ruhig zuhören!). Übungen (Atem, Entspannung, Rhythmik), Psychotherapie, nur in Ausnahmefällen zusätzlich Medikamente
- ***Poltern***

  Ätiologie: genetisch und hirnorganisch

  Symptome: Störung des Sprechablaufs; Verschlucken von Lauten, Silben und Wörtern; hastiger Redefluß; Verbesserung der Sprechfähigkeit bei Aufmerksamkeit
- ***Mutismus***

  Sprechverweigerung bei zuvor vorhandener Sprache und Sprechfähigkeit; meist im Vorschulalter

  Symptome:
  - elektiver Mutismus: Sprechverweigerung in Belastungssituationen und gegenüber Fremden, Kind spricht nur mit engen Bezugspersonen; meist psychogen
  - totaler Mutismus: völliges Verstummen bei Psychosen, nach schwerem Trauma, als hysterische Reaktion

Sprachentwicklungsstörungen

Allgemein: fehlende oder verzögerte Sprachentwicklung (betrifft Phonation, Artikulation, Wortschatz und Syntax), bei Rückständen ab 2½–3. Lebensjahr

Epidemiologie: bei 3–4% der Kinder im Einschulungsalter; bei Jungen 2- bis 3mal häufiger

Ätiologie: am häufigsten: Minderbegabung; ferner bei frühkindlichem Autismus, Hörschäden, negativen Umwelteinflüssen. Oft kombiniert mit multiplen Entwicklungsrückständen, hyperkinetischen Syndromen, emotionalen Störungen und Störungen des Sozialverhaltens (auch sekundär!)

Formen der Sprachentwicklungsstörungen:

- ***Dyslalie (Stammeln):*** physiologisch von 2–4 Jahren: Austausch von Konsonanten D statt G und T statt K; später pathologisch
  Symptome: Artikulationsstörung mit Fehlbildung oder Fehlen einzelner Laute und Lautverbindungen wie z. B. Sigmatismus (Lispeln), Rhotazismus (Störung des R-Lautes)
- ***Dysgrammatismus, Agrammatismus:*** Durchgangsphase auf der normalen Entwicklung
  Symptome: grammatisch entstellte Sprache, verbindungslose Wortreihen, Infinitiv-Sätze, Einwort-Sätze
- ***Hörstummheit (Audimutitas):*** Extremform der Sprachentwicklungsverzögerung: über das 3. Lebensjahr bestehende Stummheit trotz Hörfähigkeit und normaler Intelligenz
  Symptome:
  - motorische Audimutitas bei Sprachverständnis
  - sensorische Audimutitas mit Sprachverständnisschwierigkeiten

  divide:
  - Mutismus: Patient ist stumm geworden
  - Audimutitas: Patient hat noch nie gesprochen
  - Taubstummheit (Audiometrie, akustische evozierte Potentiale)

Sprachabbau- und Sprachverlustsyndrom

Ätiologie: Aphasie nach Schädel-Hirn-Traumen, vor allem bei Verkehrsunfällen, Gefäßerkrankungen, Tumoren etc.; Sprachabbausyndrome bei kindlichen Demenzprozessen, z. B. bei Stoffwechselstörungen, auch bei kindlicher Schizophrenie

Formen:

- *Dysarthrie* (zentral verursacht; zu differenzieren von Dysglossie bei peripherer Schädigung!)
- *Wortfindungsstörungen* (psychogen; ausgeprägt als amnestische Aphasie)
- *motorische oder sensorische Aphasie* (Aphasie: Verlust früher vorhandener Sprachfähigkeit); in abgeschwächter bzw. gebesserter Form: Dysphasie

Therapie: bei sämtlichen Sprech-, Sprach- und Stimmstörungen logopädische Behandlung (Logopädie - medizinischer Heilhilfsberuf, in Abgrenzung zur medizinischen Teildisziplin Phoniatrie); Förderung von Sprache mit Sinneswahrnehmung, Gefühlserfahrung in sprachmotivierender Situation; psychotherapeutische Elemente, ggf. auch Überwiegen der Psychotherapie, Vermeidung negativer Verstärkungen

13.5 Teilleistungsschwächen

Allgemein: umschriebene sensorische, kognitive und andere Leistungsausfälle bei durchschnittlicher oder überdurchschnittlicher Intelligenz; oft in Kombination mit hyperkinetischem Syndrom im Rahmen eines leichtgradigen, organischen Psychosyndroms bei frühkindlicher Hirnschädigung

Wahrnehmungsstörungen

Störungen der sensorischen Integration: Lokalisation taktiler Reize, Rechts-Links-Diskrimination, Position im Raum

Störungen der visuomotorischen Koordination

Störungen der Raumlage und räumlicher Beziehungen von Figur-Grund-Wahrnehmung (Unterscheidung von wesentlichen und unwesentlichen Reizen), der Wahrnehmungskonstanz (Wiedererkennen)

Legasthenie
Lese-Rechtschreib-Schwäche bei 4–7% der Grundschulkinder (Jungen häufiger als Mädchen; seltener bei lautsynthetischem Lernen, öfter bei der Ganzwortmethode)

Symptome:

- Nichterfassen bestimmter Buchstabenkonstellationen
- Buchstabenvertauschen
- Weglassen von Endsilben

Schwerpunkt im Lesen *oder* im Schreiben. Oft verbunden mit optischen Wahrnehmungsdefiziten, mit Störung der Lateralisation (Sinnfehler), selten auch Sprachentwicklungsstörungen und Sprechstörungen

Ätiologie: nicht eindeutig geklärt; diskutiert werden psychogene Faktoren, auch erbliche Formen mit familiärer Häufung, frühkindliche Hirnschädigung

Therapie: pädagogische Maßnahmen (Verbleiben im Klassenverband); zusätzlicher Spezialunterricht, Vermeidung negativer Konditionierung; Legastheniker lernen unter synthetischer Methode leichter. Evtl. Psychotherapie; Familiendiagnostik!

Rechenschwäche (Dyskalkulie)
Schwierigkeiten im abstrakten Denken und im räumlichen Vorstellen, ohne Nachweis einer umschriebenen gestörten Hirnfunktion
divide: schwerste Dyskalkulie und Akalkulie bei hirnorganischer Ursache, z. B. Folge von Hirntrauma

13.6 Störungen im Zusammenhang mit der Schule

Auftreten von Leistungs- und Lernstörungen aller Art, einschließlich Legasthenie und Dyskalkulie sowie emotionalen Störungen im Sinne der Schulverweigerung (Schulphobie, -angst, -schwänzen) bei insgesamt etwa 20% der Grundschüler
Bei allen Schulstörungen ist neben Exploration des Kindes und seiner Bezugspersonen die zusätzliche Durchführung von Testdia-

gnostik (z. B. Intelligenztest, Schulreifetest, Schulleistungstest, Selbstbeurteilungsfragebogen, z. B. Angstfragebogen) wichtig (s. Anhang B)

Formen:

- *Lern- und Leistungsstörungen:* beispielsweise Konzentrationsstörungen bei Kindern mit Hyperaktivität, Wahrnehmungsstörungen und Sprachentwicklungsstörungen (oft sog. MCD-Kinder)
- *Schulphobie:* Bezeichnung mißverständlich! Trennungsangst bei oft überfürsorglicher Mutter; Befürchtung, der Mutter könne etwas zustoßen
- *Schulangst:* traumatische Erlebnisse in der Schule. Vermeidung und Rückzugsverhalten. Gelegentlich auch Ursache für umschriebene Ausfälle
- *Schuleschwänzen:* Schulbesuch wird negativ erlebt, jedoch keine Angst, dissoziale Tendenzen; zuhause Vernachlässigung; Identitätsprobleme

Therapie: nach Analyse der Situation des Kindes pädagogische oder psychotherapeutische Maßnahmen unter Einbeziehung der Eltern, aber auch der Bezugspersonen in der Schule
Therapieschwerpunkt liegt:

- bei Versagen wegen intellektueller Leistungsunfähigkeit und partieller Begabungsmängel auf zusätzlichem Unterricht, ggf. Umschulung
- bei Schulphobie auf Familienpsychotherapie
- bei Schulangst auf psychotherapeutischen Gesprächen (Ausgleich der vom Kind gespürten Ausfälle)
- bei Schuleschwänzen auf pädagogischen Maßnahmen

13.7 Psychosen im Kindes- und Jugendalter

Exogene Psychosen
Kein prinzipieller Unterschied zu exogenen Psychosen im Erwachsenenalter (s. Kap. „Körperlich bedingte psychische Störungen", S. 45 ff.)

Ätiologie: Schädel-Hirn-Trauma, Intoxikationen, Hirntumoren, internistische Erkrankungen etc.

Symptome bei akuten Psychosen:
- Bewußtseinsstörung
- Desorientiertheit
- produktive Symptome (insb. optische Halluzinationen)

Symptome bei chronischen Psychosen:
- (im Sinne des chronischen organischen Psychosyndroms) mnestische Störungen
- Depressionen
- chronifizierter Wahn
- Wesensänderung, Persönlichkeitsabbau

Schizophrenie

Epidemiologie: seltene Erkrankung; Beginn vor dem 14. Lebensjahr bei nur 4% aller schizophrenen Erkrankungen, vor dem 10. Lebensjahr bei weniger als 1%. Unter Krankenhausaufnahmen weniger als 5% aller Aufnahmen in der Kinder- und Jugendpsychiatrie

Ätiologie: analog zur Erwachsenenschizophrenie polyätiologischer Erklärungsansatz mit Schwergewicht auf biologischen Faktoren

Symptome: (allgemein gilt: je jünger die Kinder, um so weniger Ähnlichkeit mit der Erwachsenenschizophrenie):
- *frühinfantil/Vorschulalter:*
  - schleichender Beginn, produktive Symptome fehlen
  - Knick in der Entwicklung, Regression, mit Verfall von erworbenen Fähigkeiten
  - Autismus, schwere Beziehungsstörung
  - motorische Stereotypien, Sprachstörungen
  - Stimmungslabilität
  - Zerfall der Ich-Grenzen, Objekte als Teil von sich selbst erlebt
  - katatone Symptome
- *Schulalter*
  - Ängste, Zwangsphänomene
  - regressive Symptome, Enkopresis, Enuresis, Exhibitionismus
  - gelegentlich Auftreten von Wahn (Vergiftungswahn) und Halluzinationen, in der Pubertät zunehmend produktive Symptome

- *Jugendalter*
  Angleichung der Symptomatik an die Erwachsenenschizophrenie; im Vorfeld uncharakteristische Störungen wie bei Pubertäts- und Adoleszentenkrisen:
  - Depersonalisation, Derealisation
  - Protesthaltung, Trotzreaktionen, unerklärliche Aggressionen
  - Schulversagen
  - dissoziale Handlungen

Diagnose: oft erst aus dem *Verlauf* zu stellen:
- Manifestation der Psychose *schleichend:* Hebephrenie oder Schizophrenia simplex
- Manifestation der Psychose *akut:* Katatonie oder paranoid-halluzinatorische Schizophrenie
- bei *einmaliger* Manifestation: eher psychogene Psychose, psychotische Dekompensation bei Reifungskrise o. ä.

bei geistig behinderten Kindern zusätzlich auftretende schizophrene Psychose: Pfropfschizophrenie (ungünstige abwertende Wortbildung!), oft reaktiv ausgelöst

Prognose: bei Beginn vor dem 10. Lebensjahr recht ungünstig; Zwangssymptome prognostisch eher günstig

Therapie: analog der Erwachsenenschizophrenie; zusätzlicher Akzent auf Heilpädagogik

Affektive Störungen
Bipolare oder monopolare Psychosen mit manischem und/oder depressivem Gepräge. Sehr selten im Kindesalter (kaum vor dem 10. Lebensjahr), selten bei Jugendlichen

Differentialdiagnose:
- *frühinfantil:* anaklitische Depression als Deprivationssyndrom infolge von schweren Verlust- und Versagungserfahrungen
- *im Vorschulalter:* „larvierte" Depressionen mit Ängsten und psychosomatischen Reaktionen als Reaktion auf Trennung
- *im Grundschulalter:* reaktive Depression, verursacht u. a. durch Konflikte oder Überforderung im Elternhaus oder in der Schule
- *in der Pubertät:* Krisen, Weltschmerz und depressive Verstimmungen, häufig auch Suizidalität!
- *bei Jugendlichen:* nicht selten Depression im Vorfeld schizophre-

ner Psychosen, öfter mit Wahnstimmung und Entfremdungsgefühlen verbunden

Borderline-Syndrom/Grenzpsychose
Unterschiedlich häufig diagnostiziertes, unscharf begrenztes Krankheitsbild

Symptome: destruktive Impulse, aggressive Durchbrüche, Idealisierungen, projektive Identifikation, Spaltung als Abwehr z. B. in Gut und Böse, Depersonalisation, Derealisation. Manchmal kurze psychotische Episoden, ansonsten wechselnde neurotische Symptome

13.8 Autistische Syndrome im Kindesalter

Frühkindlicher Autismus nach Kanner
Schwere Störung emotionaler und motorischer Entwicklung mit starker Abkapselung der Kinder; Kontakt- und Wahrnehmungsstörung
Epidemiologie: 2-4 auf 10000 Kinder; bei Jungen 3mal häufiger als bei Mädchen; Beginn vor dem 30. Lebensmonat
Ätiologie: unterschiedliche Theorien; genetische Mitursachen, biologische Faktoren, auch psychodynamische Interpretationen möglich

Symptome:
- Auftreten bereits wenige Monate nach der Geburt, kein soziales Lächeln, keine Reaktion auf Zuwendung der Mutter
- Kinder starr und emotionslos, Spielstörungen
- Veränderungsängste
- verbale und Handlungsstereotypien
- Wahrnehmungsschwäche
- motorische Koordinationsschwäche
- intellektueller Rückstand
- schwere Sprachentwicklungsstörung: zunächst motorische Entwicklung, dann (falls überhaupt) verspätete Entwicklung der Sprache, Phonographismus (Wiederholen von Vorgesprochenem), Neologismen

- starke Abkapselung
- defizientes Ich-Bewußtsein, pronominale Umkehr („ich" wird zu „du" - „du" wird zu „ich")

Therapie: Verhaltenstherapie, Heilpädagogik, ggf. Sprachheilbehandlung; Therapieplan in Absprache mit den Eltern; evtl. zusätzlicher Einsatz von Psychopharmaka; oft lebenslange Behinderung

Autistische Psychopathie nach Asperger
Auffallend frühe sprachliche und späte motorische Entwicklung; frühsprachliche und intellektuelle Entwicklung zunächst unauffällig. Autismus wird erst im Kleinkindalter deutlich

Epidemiologie/Ätiologie: Vorkommen fast nur bei Knaben; in der Familie häufig autistisch-schizoider Vater, Mutter oft unauffällig

Symptome: motorische Ungeschicklichkeit, Sprache mit Wortschöpfungen, Sonderinteressen und Spezialkenntnisse, keine synthetischen Intelligenzleistungen

Therapie: Verhaltenstherapie, motorisches Training, Psychotherapie; Musiktherapie; Familientherapie

Prognose: etwas günstiger als beim frühkindlichen Autismus

Sonstige Formen
Psychogener Autismus bei Deprivation; somatogener Autismus bei Oligophrenie; Pseudoautismus bei blinden und gehörlosen Kindern

13.9 Psychogene Störungen im Kindes- und Jugendalter

Anaklitische Depression
Vorbemerkung zu *psychischer Deprivation* im Säuglings- und frühen Kleinkindalter: für die frühkindliche Entwicklung ist das Erleben einer konstanten Beziehung zur Mutter oder Pflegeperson entscheidend. Primärbeziehung im 1. Lebensjahr; Beziehungsstörung

als mögliche Ursache für spätere neurotische und psychosomatische Störungen (vgl. historisch berühmtes Experiment Friedrichs II. von Hohenstaufen: alle Säuglinge, die nur ernährt, deren Pflegern jedoch Zuwendung und Sprechen verboten war, verstarben. In neuerer Zeit Beobachtungen von René Spitz[1] an deprivierten Säuglingen und Beschreibung der anaklitischen Depression und des Hospitalismussyndroms)

Epidemiologie: in sozial depriviertem Milieu, in Heimen und Krankenhäusern; in westlichen Ländern gegenwärtig selten voll ausgebildetes Hospitalismussyndrom, eher leichtere Form des chronischen Frustrationssyndroms

Symptome: in den ersten Monaten Schreien und Protest, später Kontaktverweigerung. Schlafstörungen, Infektanfälligkeit, starrer Gesichtsausdruck, Lethargie

Verlauf: ab 5. Monat irreversible Schädigung: Syndrom des psychischen Hospitalismus mit Entwicklungsrückstand (atypische Bewegungen, Jaktationen, Marasmus)

Therapie: Beseitigung der schädlichen Situation, dann u. U. langwierige pflegende Therapie. Primärprävention entscheidend!

Sonstige Symptome im Kleinkind- und Kindesalter

- ***Enuresis:*** Einnässen bei Kindern über 4 Jahren (üblicherweise im 3. Lebensjahr trocken)
  Epidemiologie: Enuresis bei 10% aller 4jährigen Kinder, bei 1% der Erwachsenen
  Ätiologie: psychogen, familiär (Erforschung der Familiendynamik!). Regressive Symptome als Reaktion auf Trennung von einer Bezugsperson, Geburt eines Geschwisters oder erzwungene zu frühe Reinlichkeitserziehung. Entwicklungsrückstand, Anomalie der ableitenden Harnwege (Ausschluß organischer Ursachen!)

---

[1] Spitz R (1967) Vom Säugling zum Kleinkind. Klett, Stuttgart

Symptome und Formen:
- *Enuresis persistens:* meist primäre Form der Enuresis mit nächtlichem Einnässen (E. nocturna), Kind war noch nie trokken
- *Enuresis aquisita:* sekundäre Enuresis, nach Trockenheit von etwa 1 Jahr
- *Enuresis diurna:* Einnässen mehrfach am Tage, neben der Enuresis Schlaf- und Verhaltensstörungen

Therapie: Klärung der Ursache; Verhaltenstherapie (Klingelton bei nassem Bett); evtl. als Adjuvans Imipramin (Tofranil®) niedrig dosiert; in schwierigen Fällen Kinderpsychotherapie

- ***Enkopresis:*** Einkoten in die Windel bzw. Hose bei Kindern über 4 Jahren (Sauberkeit üblicherweise im 3. Lebensjahr)
Epidemiologie: 1,5% der Kinder vom 7.–9. Lebensjahr; 10mal seltener als Enuresis; häufiger bei Knaben
Ätiologie: psychogen: Verlusterlebnisse; Übergefügigkeit gegenüber vergewaltigender fordernder Mutter, Furcht vor allzu fordernder Sauberkeitserziehung
Symptome der Encopresis persistens oder Verlust der bereits erworbenen Stuhlkontrolle: Einkoten meist tagsüber als Kotschmieren (Unterwäsche!) oder Stuhlabsetzen. Keine Wahrnehmung des Stuhldranges. Kinder versuchen, das Symptom zu verbergen, verstecken die Unterwäsche etc. Typischer Geruch auch ohne Kot in der Hose
divide: idiopathisches Megakolon, Rückenmarkstumoren
Therapie: Psychotherapie, Verhaltenstherapie
- ***Chronische Obstipation:*** häufig als Ausdruck des Kampfs des Kindes um gewisse Autonomie, z. B. bei Fehlverhalten der Mütter (Versuch, den Trotz des Kindes zu brechen, zu starke Kontrolle); Obstipation auch bei Kindern mit Enkopresis
- ***Autoerotische Betätigung:*** Schaukeln (Jaktationen von Kopf oder Rumpf), Kotspiele und Spiele am Genitale
pathologisch nur dann, wenn beherrschend, ansonsten physiologischer, phasenabhängiger Durchgang
- ***Nägelkauen, Daumenlutschen, Trichotillomanie (Haareausreißen), Stottern, Affektkrämpfe:*** Symptome mehrdeutig: vorübergehende Störung ohne Krankheitswert oder Symptom einer ernsthaften Erkrankung, je nach Gesamtbefund des Kindes und Familienpathologie

13.10 Emotionale Störungen im Kindes- und Jugendalter

Entsprechend den Störungen im Erwachsenenalter nach Symptomatik eingeteilt; hier nur kurze Erwähnung!

Depressive Verstimmungen
Ätiologie: häufig versagender und autoritärer Erziehungsstil mit depressiver Ideologie in der Familie: Aggression nicht möglich!
Symptome: im Schulalter ängstliche Verstimmung, Niedergeschlagenheit, Spielhemmung; Störung von Konzentration und Ausdauer; unerwartete Aggressionen; regressive Symptome wie Nägelknabbern, Daumenlutschen, Naschsucht und Enuresis und Enkopresis; Vorwurfshaltung und Klagen!
Therapie: analytisch orientierte Psychotherapie, Familientherapie; evtl. Antidepressiva

Angststörungen und Phobie
Angst: diffus frei flottierend oder anfallsartig bis zur Panik, daneben vegetative Symptome; Pavor nocturnus; kein ersichtlicher Grund oder Anlaß. Familiärer Hintergrund oft überbehütend, zwanghaft-ängstlich. Unterschiedlich häufig je nach Alter: Trennungsängste beim Kleinkind, zwangsähnliche Rituale bei Schulkindern zur Vermeidung von Angst
Phobien: abnorme Furcht vor bestimmten Objekten oder Situationen; begleitet von vegetativen Symptomen

Zwangsstörungen
Mit Zwangsgedanken, -handlungen, -antrieben; Ähnlichkeit mit rituellen Handlungen. Viele Kinder bilden vorübergehend Rituale aus wie Zählen, bestimmte Wege gehen, nur auf Platten treten, die einer bestimmten Ordnung folgen etc. In anderen Fällen schwere pathologische Entwicklung

Hysterie
Konversionssymptome wie im Erwachsenenalter; bei Kindern häufiger Dämmerzustände mit dranghaftem Weglaufen

Psychoreaktive Störungen

Psychogene Reaktionen entweder als akute Belastungsreaktionen oder als länger dauernde Anpassungsreaktionen

Symptome: Angstzustände, Depressionen, Bewußtseinsstörungen, Mutismus

wichtig: Zusammenhang mit psychischem Trauma oder Belastung; Dauer der Symptome um so kürzer, je jünger das Kind

In diesem Zusammenhang ebenfalls wichtig *Kindesmißhandlung:* bei kleineren Kindern oft körperliche Mißhandlung (Battered-child-Syndrome!), im Schulalter oft zusätzlich seelische Mißhandlungen, auch in Form von „Strafen" gekleidet: Liebesentzug aller Art wie Einsperren, Nahrungsentzug etc., daher bei körperlicher Untersuchung an Kindesmißhandlung denken! (Angehörige vertuschen die Situation oft)

Weitere Symptome können *psychoreaktiv* auftreten, von denen einige bei allen Kindern auch *phasenspezifisch* vorkommen: Weglaufen (z. B. in Pubertätskrisen; bei Anfallsleiden unbewußt, dranghaft als Fugue), Lügen (extrem als Pseudologia phantastica), Stehlen, Zündeln, Aggressivität, Mutismus, Trichotillomanie (Haarausreißen), Pica (Kind nimmt alles in den Mund, auch Ungenießbares), Onychophagie (Nägelkauen), Daumenlutschen, Schlafstörungen (Einschlaf-, Durchschlafstörungen, Schlafwandeln, Somnambulismus, Pavor nocturnus), Enkopresis, Enuresis, Eßstörungen (Adipositas, Anorexie, Bulimie), Obstipation, Colitis ulcerosa, Asthma bronchiale

Therapie: Psychotherapie, Familientherapie; evtl. Sorgerechtsentziehung, Wiederholungsrisiko ausschließen!

Pubertäts- und Reifungskrisen in der Adoleszenz

Während Pubertät und Jugendalter ohnehin viele Schwierigkeiten bei Identitätsfindung, zugespitzt in krisenhaften Phasen: Umwelteinflüsse und schwierige persönliche Situationen, besonders Sexual- und Bindungsprobleme, aber auch Leistungsfragen, Autoritätskonflikte, Berufsfindungsprobleme etc. Quälende Suche nach individueller Identität, Unsicherheit über Triebwünsche und Geschlechtsrolle, Onanieskrupel, Beziehungsgedanken (bis zum Wahn), Erythrophobie, Entfremdungserlebnisse, auch kurzdauernde psychotische Episoden

13.11 Störungen des Sozialverhaltens

Dissozialität und Verwahrlosung als untaugliche Reaktion auf Probleme und Konflikte - keine psychiatrische Erkrankung! Soziologische Begriffe! Ursachen polyätiologisch!

- ***Dissozialität:*** gestörte Gemeinschaftsfähigkeit mit Verstößen gegen Gesetze oder herrschende Moral
- ***Verwahrlosung:*** sozialwidriges Verhalten aufgrund einer gestörten Persönlichkeitsstruktur (Labilität, Impulsivität, Aggressivität); Dissozialität als der umfassendere Begriff!
- ***Delinquenz:*** verwendet im Zusammenhang mit kindlichen Delikten, bei denen gegen bestehende Gesetze und Vorschriften verstoßen wird. Strafverfolgung kann, muß aber nicht erfolgen

  Symptome: destruktives Verhalten, Aggression, Wutausbrüche, Schulschwänzen, Diebstahl, Lügen, Erziehungsprobleme, Beziehungsabbrüche, Alkohol- und Drogenmißbrauch und -abhängigkeit (Schnüffelsucht, Spielsucht)

  Hartmann (1971)[2] unterscheidet *3 Verwahrlosungssyndrome:*
  - Instabilitätssyndrom (Depressivität, Ausweichen etc.)
  - Asozialitätssyndrom (Schulschwänzen, Bummeln, Alkohol)
  - Kriminalitätssyndrom (eindeutige Aggression gegen Personen und Sachen, u. U. Delinquenz vor dem 14. Lebensjahr)

  Bei männlichen Jugendlichen Überwiegen von Eigentumsdelikten; bei weiblichen Jugendlichen Überwiegen von Herumtreiben, oft wechselnde Sexualpartner, Prostitution

  Therapie: Beeinflussung des Milieus (!), Familientherapie, pädagogische Maßnahmen; in der Klinik schwierige Patienten, da meist erzwungene Behandlung

---

[2] Hartmann K (1971) Theoretische und empirische Beiträge zur Verwahrlosungsforschung. Springer, Berlin Heidelberg New York

Therapie
Versorgung
Prävention

14 Somatische Behandlung

14.1 Psychopharmaka

Entwicklung der Psychopharmaka

1946 Meprobamat: erster Tranquilizer

1951 Chlorpromazin: künstlicher Winterschlaf (hibernation artificielle)

1952 Chlorpromazin: Einführung in die psychiatrische Behandlung (Largactil®; Megaphen®)
Imipramin: Entdeckung der stimmungsaufhellenden Wirkung

1958 Haloperidol: erstes hochpotentes Neuroleptikum

1960 Chlordiazepoxid: erstes Präparat der Benzodiazepinreihe (Librium®)
Lithium: Einführung als Prophylaktikum bei Manien und Depressionen

Übersicht über die Psychopharmaka

- Neuroleptika: Phenothiazine, Butyrophenone
- Antidepressiva (Thymoleptika): trizyklische, tetrazyklische Antidepressiva; Monoaminooxidase-(MAO)Hemmer
- Lithiumsalze
- Tranquilizer: Benzodiazepine
- Hypnotika: Barbiturate u. a.
- Psychoanaleptika (Psychostimulanzien): Amphetamin, Methamphetamin

Psychotrope Substanzen, aber keine Psychopharmaka im engeren Sinne:

- Psychodysleptika (Phantastika): Mescalin, LSD
- Euphorika: Alkohol, Kokain, Opium

14.1.1 Neuroleptika

Einteilung der Neuroleptika s. S. 206f.

Zielsymptome (syndromgerichtete Anwendung!): psychomotorische Erregung, affektive Spannung/katatones Verhalten, produktive Symptomatik, schizophrene Ich-Störung, Residualzustände

Pharmakologischer Wirkmechanismus: Dopaminrezeptorblockade bei gesteigerter Dopaminproduktion; ferner Blockade der Neurotransmitterrezeptoren von Serotonin, Noradrenalin, Histamin und Acetylcholin; zusätzlich Empfindlichkeitsveränderung an den postsynaptischen Rezeptoren: Überempfindlichkeit (up-regulation) nach längerer Neuroleptikagabe und damit Fortfall der Blockade durch Neuroleptika

Gruppierung nach antipsychotischer Wirksamkeit (neuroleptische Potenz): neuroleptische Potenz von Chlorpromazin = 1 (das klassische Neuroleptikum!). Im Vergleich dazu Einschätzung der Potenz aller übrigen Neuroleptika:

- *schwachpotente* Neuroleptika: stark sedierend, ruhigstellend, anxiolytische Wirkung; geringe antipsychotische Wirkung; beträchtliche vegetative Nebenwirkungen
  Beispiele: Chlorpromazin (Megaphen®) wegen Komplikationen (Ikterus, intrahepatische Cholestase) in der Bundesrepublik kaum noch gebräuchlich; Promethazin (Atosil®), Levomepromazin (Neurocil®), Chlorprothixen (Truxal®), Thioridazin (Melleril®)
- *mittelpotente* Neuroleptika: Mittelstellung
  Beispiele: Perphenazin (Decentan®), Clozapin (Leponex®), Perazin (Taxilan®)
- *hochpotente* Neuroleptika: geringe Sedierung, starke Wirkung auf paranoid-halluzinatorische Syndrome, Wirkung auf schleichende Verläufe. Häufig extrapyramidal-motorische Störungen, kaum vegetative Nebenwirkungen
  Beispiele: Haloperidol (Haldol®), Trifluperidol (Triperidol®), Benperidol (Glianimon®), Fluphenazin (Dapotum®), Pimozide (Orap®), Fluspirilen (Imap®)

Nebenwirkungen:

- *Vegetative Symptome:* Mundtrockenheit, Schwitzen, Tachykardie (eher bei niedrigpotenten Neuroleptika), Speichelfluß (häufiger bei hochpotenten Neuroleptika)
- Müdigkeit, Konzentrationsschwäche
- *extrapyramidal-motorische Symptome* (EPMS):
  - *Frühdyskinesien* (hyperkinetisch-dyston): Zungenschlundkrampf, Augenmuskelkrämpfe (okulogyrische Krisen), Trismus, Opistotonus, Torsionsspasmen, Tortikollis, Sprechstörungen. - Auftreten u. U. bereits nach einmaliger Gabe!
    Behandlung: Biperiden (Akineton® i. v.), Blitzheilung!
  - *neuroleptisch bedingter Parkinsonismus* (hypokinetisch): Hypokinese, Rigidität, Zahnradphänomen (Prüfung des Zahnradphänomens: passive Beugung und Streckung im Ellenbogengelenk mit Prüfung des Phänomens durch Umfassen des Bizeps; Daumen auf den Muskelbauch), extrapyramidaler Tremor, Hypomimie, Salbengesicht, Speichelfluß, typische Haltung mit kleinschrittigem Gang. Auftreten 1-2 Wochen nach Behandlungsbeginn
    Behandlung: anticholinerg wirkende Anti-Parkinson-Mittel wie Biperiden (Akineton® oral); möglichst keine Dauermedikation!
  - *Akathisie* (Sitzunruhe): Trippeln; Tasikinesie: ständiges Bewegungsbedürfnis
    Behandlung: neuroleptische Medikamente und Dosierung wechseln, evtl. Absetzen erforderlich!
  - *Spätdyskinesien* (tardive Dyskinesien): hyperkinetische Dauersymptome, z. B. periorales „Mümmeln“ (Rabbit-Syndrom), Zungenwälzbewegungen, Torticollis etc. Auftreten nach Monaten oder Jahren der Neuroleptikamedikation; etwa 10-20% der Patienten mit Langzeitmedikation. Häufig irreversibel! Wichtig: rechtzeitige Diagnosestellung! Subjektiv oft erstaunlich geringe Beeinträchtigung
    Behandlung: schwierig! Verringerung der Dosis; langsames Absetzen. Gabe von Clozapin (Leponex®) (begrenzte Verordnungsmöglichkeit! Regelmäßige engmaschige Blutbildkontrollen!). Bei Clozapin zwar vegetative, aber keine extrapyramidal-motorischen Nebenwirkungen

Komplikationen:

- pharmakogene Depression
- delirantes Syndrom (besonders bei niedrigpotenten Neuroleptika, auch bei Clozapin)
- epileptiforme Anfälle (bei schnellem Dosisanstieg oder Absetzen)
- malignes neuroleptisches Syndrom mit Rigor, Stupor, hohem Fieber (Differentialdiagnose: febrile Katatonie); selten
  Behandlung: Dantrolen-Natrium (Dantrolen®)
- Temperaturanstieg (besonders bei niedrigpotenten Neuroleptika!)
- Übelkeit, Erbrechen, Ileus
- Miktionsstörungen mit Harnverhaltung
- intrahepatische Cholestase
- Kreislaufwirkungen mit Hypo- und Hypertonie und Tachykardie
- Leukopenie sowie Agranulozytose (besonders häufig 4.–10. Woche bei Frauen mittleren Alters), banale Infekte beachten! Wichtigste Komplikation
- Thrombosen mit embolischen Komplikationen (Krankengymnastik; keine ständige Bettruhe!)
- Arzneimittelexantheme
- Photosensibilisierung, Erytheme (Vorsicht: unter Sonneneinstrahlung Tragen von Sonnenhüten!)

Besonders auch wegen der oft mangelnden Behandlungsbereitschaft häufig Verwendung von *Depot*präparaten, z. B. Flupentixoldecanoat (Fluanxol®), Fluspirilen (Imap®), Perphenazinönanthat (Decentan®), Haloperidoldecanoat (Haldol®), Fluphenazindecanoat (Dapotum D®).
Biperiden (Akineton®): bei Langzeitmedikation kein Anti-Parkinson-Mittel mit zentraler anticholinerger Wirkung (mögliche Verringerung der neuroleptischen Potenz!). Nebenwirkungen und Komplikationen: Euphorie, delirogene Potenz; Harnverhaltung. Spätdyskinesien können verschlechtert werden! Suchtpotential!

Kontraindikationen: Glaukom und Prostatahypertrophie (bei Neuroleptika mit anticholinerger Komponente)

14.1.2 Antidepressiva (Thymoleptika)

Einteilung der Antidepressiva s. S. 208

Trizyklische und sonstige Antidepressiva

Zielsymptome: depressive Verstimmung, Antriebsmangel und Agitiertheit; Suizidalität; Schlafstörungen

Pharmakologischer Wirkmechanismus: Gegensteuerung der erniedrigten Konzentration von biogenen Aminen an zentralen Synapsen; Katecholamin- und Serotoninhypothese; Aufnahme- und Wiederaufnahme-(re-uptake)Hemmung

Allgemeine Regeln zur Gabe und Dosierung von Antidepressiva

- zu Beginn einschleichend dosieren; bei Absetzen langsames Ausschleichen
- meist orale Gabe; bei therapieresistenten Fällen Infusionsbehandlung
- ausreichend hohe Dosierung und ausreichend lange Behandlung vor Umsetzen wegen „Wirkungslosigkeit", in der Regel 3-4 Wochen
- möglichst keine Kombinationen
- bei Verschreibung zu großer Mengen Gefahr von suizidalen Handlungen
- EKG- und Leukozytenkontrollen

Generell: zunächst sedierende Wirkung erwünscht (zur Vermeidung unvorhergesehener Suizidalität!)
Bei agitierten Depressionen zusätzlich dämpfendes Neuroleptikum!
Bei gehemmten Depressionen antriebssteigerndes Antidepressivum nur unter Vorsichtsmaßnahmen: u. U. Antriebssteigerung vor der Stimmungsaufhellung! Somit vermehrte Suizidgefahr!

Nebenwirkungen: in erster Linie vegetativ, sowohl anticholinerg (atropinartig) als auch adrenolytisch: *Mundtrockenheit;* Schwitzen; Miktionsstörungen, u. U. Harnverhaltung; Obstipation, Übelkeit, Erbrechen; *Akkomodationsstörungen; Müdigkeit,* sexuelle Funktionsstörungen; Hypotonie, orthostatische Regulationsstörungen

(Schwindel); Tachykardie; Fingertremor; Hautallergien; bei antriebssteigernden Antidepressiva: u. U. Schlafstörungen
wichtig: Aufklärung über die Nebenwirkungen und über den relativ späten Zeitpunkt des Eintretens der antidepressiven Wirkung!

Komplikationen:
- kardiotoxische Wirkung (weniger bei tetra- als bei trizyklischen Antidepressiva)
- paralytischer Ileus
- Harnsperre (besonders bei Prostatahypertrophie)
- Thrombose
- Delir (besonders bei Kombinationsbehandlung, z. B. Neuroleptika und sedierende Antidepressiva)
- Augeninnendruckanstieg beim Glaukom
- selten: zerebrale Krampfanfälle, Agranulozytose (bei Leukozyten unter 4000: Differentialblutbild!)

Bei *Intoxikation* (Suizidversuch!): tachykarde Arrhythmien, Delir, Hyperthermie, Konvulsionen
Behandlung: vorsichtige Gabe von Physostigmin

Kontraindikationen: Prostatahypertrophie, Pylorusstenose, Engwinkelglaukom, Überleitungsstörungen im EKG. Vorsicht bei Gabe von Diuretika!

Monoaminooxidasehemmer (MAO-Hemmer)
Zielsymptome: depressive Verstimmung (Mittel der 2. Wahl, bei Therapieresistenz)

Pharmakologischer Wirkmechanismus: Hemmung der Wirkung der Monoaminooxidase, infolgedessen mehr biogene Amine am synaptischen Spalt verfügbar. Wirkungseintritt meist in den ersten Tagen der Einnahme
wichtig: tyraminarme Diät, d. h. Vermeiden von (fermentiertem) *Käse,* Rotwein, Pferdebohnen und einigen anderen Nahrungsmitteln. Bei hohem Tyramingehalt Gefahr von Bluthochdruckkrisen

Nebenwirkungen: gering; gelegentlich Hypotonie, Schlafstörungen

Komplikationen: Blutdruckkrisen bei gleichzeitiger/nachfolgender Gabe von trizyklischen Antidepressiva (Medikamentenpause!)

14.1.3 Lithiumsalze

Einteilung der Lithiumsalze s. S. 209

Zielsymptome/Wirkung:
- *prophylaktisch* (wichtigste Anwendung): phasenunterdrückende oder -abschwächende Wirkung bei Manien, bei bipolaren manisch-depressiven Erkrankungen, aber auch bei unipolaren Depressionen und schizoaffektiven Psychosen
- *therapeutisch:* Wirkung bei Manien, fragliche Wirkung bei phasischen Depressionen

Allgemeine Regeln zur Gabe und Dosierung von Lithiumsalzen:
- Einstellung unter Kontrolle des Lithiumblutspiegels
  - *für prophylaktische Wirkung:*
    empfohlener Spiegel 0,6–0,8 mmol/l
  - *zur Akutbehandlung:*
    empfohlener Spiegel ca. 1,0 mmol/l
- Kontrolle (Blutabnahme) am Morgen, jeweils 12 (+/−1) h nach letzter Lithiumeinnahme
  Zunächst wöchentlich, dann in größeren Abständen; bei älteren Patienten geringerer Lithiumspiegel
- vorherige und laufende Kontrolle der Nierenfunktion (Kreatinin); gelegentlich EKG und Schilddrüsenwerte
- Jahrelange Gabe erforderlich, Einsetzen der *prophylaktischen Wirkung* erst nach Monaten (d. h. trotz Auftretens von Rezidiven Lithium nicht vor Ablauf eines Jahres als erfolglos absetzen)!
- keine abrupt einsetzende salzarme Diät oder Gabe von Saluretika: Lithiumspiegel steigt!

Pharmakologischer Wirkmechanismus: bisher noch nicht eindeutig aufgeklärt; Beeinflussung des Neurotransmitterstoffwechsels

Nebenwirkungen: initial: Müdigkeit; Adynamie, feinschlägiger Tremor (u. U. Betarezeptorenblocker niedrig dosiert); Absetzen der Lithiumsalze nur in seltenen Fällen!; Magenbeschwerden, Übelkeit; Durstgefühl, Polyurie (ADH-Antagonismus); Polydipsie; EKG-Veränderungen (T-Abflachung)

später: weiterbestehender Tremor; Gewichtszunahme; Gesichts- und Knöchelödeme; leichte Leukozytose

Komplikationen: (hypo-)euthyreote Struma (zusätzliche Gabe von L-Thyroxin®)

Kontraindikationen: Nierenfunktionsstörungen, schwere Herz-Kreislauf-Krankheiten, Wunsch nach Schwangerschaft und Gravidität

Intoxikation: Auftreten bei Überdosierung bzw. bei natriumarmer Diät, Spiegel über 1,6 mmol/l; vitale Gefährdung bei Konzentrationen über 3,5 mmol/l
Symptome: Erbrechen, Durchfall; grobschlägiger Tremor, Hyperreflexie; Dysarthrie, Ataxie; Myoklonien; Schwindelgefühle, Somnolenz; Krampfanfälle; Bewußtseinsverlust; Nierenversagen, Herz-Kreislauf-Versagen
Therapie mit forcierter Diurese oder Dialyse, Ausgleich von Elektrolytverlusten

14.1.4 Tranquilizer

Einteilung der Tranquilizer s. S. 209

Zielsymptome: Angst, Unruhe, Anspannung; Erregungszustände; Schlafstörungen (Präparate mit kurzer Halbwertzeit!); Krampfleiden (Status epilepticus). Ferner Anwendung in der Anästhesiologie

Pharmakologischer Wirkmechanismus: Angriffspunkt der Benzodiazepine an besonderen postsynaptischen GABAergen Rezeptoren. Dadurch Verstärkung der inhibitorischen Wirkung von GABA, vor allem im Limbischen System und der Substantia reticularis

Nebenwirkungen:
- bei *Überdosierung:* Abgeschlagenheit, Aufmerksamkeitsstörungen, Verlangsamung, Muskelschwäche, Doppelbilder, verwaschene Sprache, Ataxie, Schwindel, Übelkeit, Kopfschmerzen
- bei *langfristiger Medikation:* Appetitlosigkeit, Verstimmungen, Vergeßlichkeit, Verwirrtheit bis zum Delir, u. U. Depravationssyndrom; selten Linsentrübung

- bei *plötzlichem Absetzen* nach längerer Einnahme: Angst, Unruhe, Tremor, Schwindel, Kopfschmerzen, Erbrechen, u. U. Delir oder Krampfanfälle; protrahiertes Entzugssyndrom. Daher Absetzen nach langer Einnahme: ambulant, in jedem Fall langsame Dosisreduktion über mehrere Wochen
- bei *i. v.-Injektionen:* cave Atemdepression!
- Einschränkung der Verkehrstauglichkeit, mindestens in der 1. Woche nach Einnahmebeginn!
- beträchtliche Toxizität; Potenzierung von Alkohol; Suizidpotential (wird häufig unterschätzt!)
- unterschiedliche *Halbwertzeit:* bei Tranquilizern mit Halbwertzeit über 13 h Kumulationsgefahr! bei Tranquilizern mit kurzer Halbwertzeit Auftreten von lakunären Amnesien möglich
- zunehmend Beobachtungen der psychischen und physischen *Abhängigkeit* von Tranquilizern: schätzungsweise 1/4 bei Einnahme über 6 Monate! Auch Niedrigdosisabhängigkeit bei regulären Verschreibungsmengen (Low-dose-dependency); als Anxiolytikum oder Hypnotikum nur kurzzeitige Anwendung (bis zu 3 Wochen) empfohlen

Dauer der Wirksamkeit und Abbau von Benzodiazepinpräparaten		
Kurze Halbwertzeit (<11 h)	Mittlere Halbwertzeit (12–24 h)	Lange Halbwertzeit (>24 h)
Temazepam Triazolam Oxazepam Lormetazepam	Lorazepam Flunitrazepam	Diazepam Nitrazepam Flurazepam Chlordiazepoxid

Komplikationen: bei zerebraler Arteriosklerose paradoxe Reaktionen möglich! cave: Tranquilizer bei Myasthenie!

Alternativen zu Tranquilizern der Benzodiazepinreihe:
- niedrigpotente Neuroleptika
- Betablocker (Propanolol) in niedriger Dosierung bei Angst und Unruhe

- trizyklische Antidepressiva und MAO-Hemmer bei Angstanfällen vom Typ der Panikattacken
- Pflanzliche Präparate

14.1.5 Hypnotika

Einteilung der Hypnotika s. S. 209f.

Allgemeine Vorbemerkung: zunächst ausführliche Analyse der Schlafstörung: Klärung, ob symptomatisch oder (selten) idiopathisch. Beratung hinsichtlich gesunder Lebensweise, Anwendung von Hausmitteln! Es werden zu viele Schlafmittel verordnet! Verordnung nur bei dringender Indikation und nicht langfristig

Formen und (Neben-)Wirkungen:
- *Benzodiazepinhypnotika:* keine Präparate mit zu langer Halbwertzeit verordnen! Bei zu hoher Dosierung oder zu lang wirkenden Präparaten u. U. Überhang am folgenden Morgen (Hang-over)
- *Barbiturate:* lange Zeit die am häufigsten verwendeten Schlafmittel. Lange Halbwertzeiten (Gefahr der Kumulation); u. U. paradoxe Wirkung. Da auch als Suizidmittel verwendet, Tranquilizer in dieser Hinsicht ungefährlicher!
- *Alkohol- bzw. Aldehydderivate:* relativ geringes Risiko, jedoch nach kürzerer Zeit Wirkungsverlust

Zahlreiche *weitere „Schlafmittel“*, die möglichst sparsam verschrieben werden sollten:
- *einige Antidepressiva* (besonders Doxepin, Amitriptylin und Trimipramin) haben neben dem sedierenden auch einen leichten hypnotischen Effekt, somit am Abend Gabe der höchsten Dosis!
- *Niedrigpotente Neuroleptika* wie Prothipendyl (Dominal®) oder Thioridazin (Melleril®) haben schlafinduzierende Wirkung. Anwendung besonders bei suchtgefährdeten Patienten; niedrig dosiert geringe Risiken!
- *Aminpräkursoren:* Oxitriptan (Levothym®), L-Tryptophan als Serotoninvorstufe, schlafinduzierende Wirkung. Wirkungseintritt oft erst nach mehrtägiger oder mehrwöchiger Gabe. Wenn

erfolgreich, günstiger als andere Hypnotika, da nebenwirkungsfrei und keine Ausbildung von Abhängigkeit Diskutiert wird auch eine geringe antidepressive Wirkung. Neuerdings in den USA Beobachtung von möglichen Komplikationen (Eosinophilie-Myalgie-Syndrom)

- *Pflanzliche Präparate:* Hopfen- und Baldrianpräparate (Valmane®, Valdispert®, Sedariston®). Günstig, da keine Nebenwirkungen und keine Suchtpotenz. Vorsicht: öfter Kombinationen mit Barbituraten sowie bei Tropfen in alkoholischer Lösung (keine Verordnung bei Alkoholikern)

14.1.6 Psychoanaleptika (Psychostimulanzien)

Zielsymptome/Indikationen: Narkolepsie (Unterdrückung von Müdigkeit) und Überaktivität (Verbesserung von Konzentrations- und Leistungsfähigkeit) bei Kindern; keine weiteren Indikationen

Einteilung der Psychoanaleptika: heterogene Gruppe von Stimulanzien, Appetitzüglern, Psychotonika, Analgetika und Energizern Dazu gehören:

- Amphetamine, besonders Methamphetamin (Pervitin®)
- Nichtamphetamine wie Methylphenidat (Ritalin®), Phenmetrazin (Preludin®), Fenetyllin (Captagon®), Amfetaminil (AN1®)
- Koffein
- Kokain

Nebenwirkungen und Komplikationen:

- Tachykardie, Hypertonie, Schlaflosigkeit, Kopfschmerzen
- Anorexie
- bei längerer Anwendung paranoid-halluzinatorische Psychosen
- Suchtgefahr! hohes Mißbrauchspotential!

14.1.7 Psychotomimetika (Phantastika, Psychodysleptika)

Früher psycholytische (psychedelische) Therapie mit LSD; gegenwärtig keine therapeutische Anwendung
Substanzen: Lysergsäure-Diäthylamid (LSD), Tetrahydrocannabinol, Psilocybin, Mescalin

14.1.8 Einteilungen der Psychopharmaka

Einteilung der Neuroleptika

Untergruppe	Chemische Kurzbezeichnung	Handelsname	Tagesdosis per os in mg*	Wirkung
Trizyklische Neuroleptika				
Phenothiazine mit aliphatischer Seitenkette	• Chlorpromazin	Megaphen®	50–500	stärker sedierend; vegetative Nebenwirkungen
	• Levomepromazin	Neurocil®	100–600	
	• Promethazin	Atosil®	50–150	
Phenothiazine mit Piperidylseitenkette	• Thioridazin	Melleril®	75–600	mäßig sedierend (Mittelstellung)
Phenothiazine mit Piperazinylseitenkette	• Fluphenazin	Dapotum®	3–20 D	wenig sedierend, stärker antipsychotisch; extrapyramidalmotorische Nebenwirkungen
		Lyogen®	3–20 D	
	• Perazin	Taxilan®	75–1000	
	• Perphenazin	Decentan®	8–48 D	
Thioxanthene	• Chlorprothixen	Truxal®	100–400	sedierend; mäßig antipsychotisch
	• Flupentixol	Fluanxol®	3–20 D	
Andere trizyklische Neuroleptika	• Clozapin	Leponex®	75–600	sedierend; schlafanstoßend; mäßig antipsychotisch. Vegetative, aber keine extrapyramidalmotorischen Nebenwirkungen

Einteilung der Neuroleptika (Fortsetzung)

Untergruppe	Chemische Kurzbezeichnung	Handelsname	Tagesdosis per os in mg*	Wirkung
Butyrophenone	• Benperidol	Glianimon®	2–20	stark antipsychotisch; extrapyramidal-motorische Störungen
	• Bromperidol	Impromen®	5–30	
	• Haloperidol	Haldol®	2–30 D	
	• Melperon	Eunerpan®	75–400	
Diphenylbutylpiperidine	• Fluspirilen	Imap®	–** D	
	• Pimozid	Orap®	2–16	
Benzamide	• Sulpirid	Dogmatil®	150–800	mäßig antipsychotisch; extrapyramidal-motorische Störungen möglich

* Angabe der Tagesdosen nur als Anhaltswerte!
** nur in Depotform verfügbar
D = auch in Depotform verfügbar

Einteilung der Antidepressiva

Untergruppe	Chemische Kurzbezeichnung	Handelsname	Tagesdosis per os in mg*	Wirkung
Trizyklische Antidepressiva	• Amitriptylin	Laroxyl®	30–225	Amitriptylin-Typ: eher sedierend
		Saroten®	30–225	↕
		Tryptizol®	30–225	
	– *mit* Chlordiazepoxid	Limbatril®	25–150	
	– *mit* Perphenazin	Longopax®	30–150	
	• Amitriptylinoxid	Equilibrin®	90–240	
	• Trimipramin	Stangyl®	75–225	
	• Doxepin	Aponal®	75–225	
	• Dibenzepin	Noveril®	120–720	
	• Clomipramin	Anafranil®	50–150	
	• Imipramin	Tofranil®	30–225	Imipramin-Typ: antriebssteigernd
	• Desipramin	Pertofran®	75–150	
Nichttrizyklische Antidepressiva	• Maprotilin (tetrazyklisch)	Ludiomil®	75–150	
	• Mianserin (tetrazyklisch)	Tolvin®	30–120	
	• Trazodon	Thombran®	75–300	
	• Fluvoxamin	Fevarin®	100–300	
Monoaminooxidasehemmer (MAO-Hemmer)	• Tranylcypromin	Parnate®	5–20	
		Jatrosom N®	10–30	
	• Moclobemid	Aurorix®	300–600	

* Angabe der Tagesdosen nur als Anhaltswerte!

Einteilung der Lithiumsalze

Chemische Kurzbezeichnung	Handelsname	Tagesdosis per os in mg*
• Lithiumacetat	Quilonum®	
• Lithiumkarbonat	Quilonum® retard	ca. 1000 mg
	Hypnorex® retard	(individuelle Dosierung!)
• Lithiumsulfat	Lithium-Duriles®	

* Angabe der Tagesdosen nur als Anhaltswerte!

Einteilung der Tranquilizer

Untergruppe	Chemische Kurzbezeichnung	Handelsname	Tagesdosis per os in mg*
Benzodiazepine	• Alprazolam	Tavil®	0,75–1,5
	• Bromazepam	Lexotanil®	3–6
	• Chlordiazepoxid	Librium®	5–50
	• Clobazam	Frisium®	20–30
	• Diazepam	Valium®	2–30
	• Dikalium-Chlorazepat	Tranxilium®	10–30
	• Lorazepam	Tavor®	0,5–5,0
	• Oxazepam	Adumbran®	10–60
Sonstige Tranquilizer	• Meprobamat	Miltaun®	200–600
	• Opipramol	Insidon®	150
	• Buspiron	Bespar®	15–30

* Angegebene Dosen nur als Anhaltswerte!

Einteilung der Hypnotika

Untergruppe	Chemische Kurzbezeichnung	Handelsname	Abendliche Einzeldosis per os in mg*
Benzodiazepinhypnotika	• Flunitrazepam	Rohypnol®	2
	• Flurazepam	Dalmadorm®	15–30
		Staurodorm Neu®	15–30
	• Lormetazepam	Noctamid®	0,5–1,0
	• Nitrazepam	Mogadan®	5
	• Temazepam	Planum®	5
		Remestan®	10–20
	• Triazolam	Halcion®	0,25–0,5
Barbiturate	derzeit keine Empfehlung als Hypnotikum!		
Alkohol- bzw. Aldehydderivate	• Chloralhydrat	Chloraldurat®	0,5–2,0 g

Einteilung der Hypnotika (Fortsetzung)

Untergruppe	Chemische Kurzbezeichnung	Handelsname	Abendliche Einzeldosis per os in mg*
Antidepressiva	• Amitriptylin	Saroten® retard	75
Niedrig-potente Neuroleptika	• Prothipendyl	Dominal® forte	40–80
	• Thioridazin	Melleril® retard	30–60
	• Chlorprothixen	Truxal®	15–50
Aminpräkursoren	• Oxitriptan	Levothym®	3 Kps.
Pflanzliche Präparate	• Extr. Rad. Valerianae	Sedariston®	2–3 Kps.
	• Extr. Rad. Valerianae	Valdispert®	1–3 Drg.
	• Hopfenzapfentrockenextrakt • Extr. Rad. Valerianae	Hovaletten®	4 Drg.

* Angegebene Dosen nur als Anhaltswerte!

14.2 Elektrokrampftherapie (EKT)

Nach der Beobachtung (Meduna, 1934), daß Psychosen sich nach spontanen epileptischen Anfällen bessern, 1937 Einführung der Elektrokrampfbehandlung (Erzeugung von tonisch-klonischen Krampfanfällen durch Anwendung von elektrischem Strom) durch Bini und Cerletti. Rasche Verbreitung, da damals kaum Psychopharmaka zur Verfügung standen.
Nur mit Zustimmung des Patienten und ggf. der Angehörigen!

Indikation: gegenwärtig eingeschränkt, nur bei Versagen der Psychopharmakotherapie:
- schwere endogene Depressionen mit Suizidalität
- febrile Katatonie
- u. U. auch bei schizodepressiven Phasen, bei Wochenbettpsychosen und therapieresistenten Manien

Durchführung: stets Kurznarkose unter Muskelrelaxation (Succinylcholin); mitigierte Krämpfe (früher ohne Muskelrelaxation häufig Kompressionsfrakturen im Bereich der unteren BWS). Anlegen der Elektroden des Siemens-Konvulsators, bitemporal oder unilateral; Stromstärke 200-900 Milliampere, Spannung 60-130 V, Dauer des Impulses 1/5-3 s, Serie von insg. 6-12 Behandlungen mit etwa 2-4 Behandlungen pro Woche

Nebenwirkungen und Komplikationen: subjektiv meist keine unangenehmen Begleiterscheinungen, kein höheres Risiko als bei kurzen Narkosen
Komplikation: Organisches Psychosyndrom im Sinne eines amnestischen Durchgangssyndroms mit Merkfähigkeits- und Gedächtnisstörungen; bei nicht mehr als 12 Behandlungen, keine bleibenden Schäden! Auch bei hohen Zahlen von EKTs kein Nachweis pathologisch-anatomisch erfaßbarer Hirnschäden

14.3 Sonstige Methoden

Insulinbehandlung
„*Große Insulinkur*" mit mindestens 40 insulininduzierten hypoglykämischen Komata wegen der damit verbundenen Risiken (Krampfanfälle, verlängertes Koma) heute obsolet. „*Kleine Insulinkur*" mit niedrigen Gaben von Insulin am Morgen mit geringfügiger Hypoglykämie und nachfolgendem reichlichen Frühstück wird dagegen gelegentlich bei depressiven Syndromen und Erschöpfungszuständen angewandt

Wachtherapie (Schlafentzug)
Therapeutische Anwendung des Nachtschlafentzugs bei Patienten mit Depressionen. Partieller (ab 2.00 Uhr) oder totaler Schlafentzug mit der Anweisung an den Patienten, nicht vor dem kommenden Abend das Bett wieder aufzusuchen. In Abständen mehrfache Anwendung! Besserung der Stimmung in den frühen Morgenstunden. Anhalten der günstigen Wirkung oft nur 1-2 Tage

Psychochirurgie
Früher in Form der präfrontalen Leukotomie, besonders in den USA häufig durchgeführt. Hohe Komplikationsrate! Gegenwärtig nur in seltenen Fällen stereotaktische Operationen bei schweren Zwangskrankheiten und bei erethischem Schwachsinn

15 Psychotherapie

Hier sollen lediglich die Formen der Psychotherapie mit ihren Indikationen erwähnt werden, die innerhalb des Faches Psychiatrie zur Anwendung kommen (für einen Überblick über Psychotherapie s. die auf S. 272 angegebene Fachliteratur)

Allgemein: Psychotherapie gehört zum therapeutischen Behandlungsspektrum psychischer Erkrankungen. Begriff „Psychotherapie“ (lange identisch mit „Psychoanalyse“) umfaßt Bündel von verschiedenen, jeweils theorie- bzw. schulengebundenen Methoden, die dem nicht-medizinischen, psychosozialen Modell psychischer Störungen verpflichtet sind (psychoanalytische bzw. tiefenpsychologisch fundierte Therapie, Verhaltens-, Gesprächs-, Gestalt- und kognitive Therapie, außerdem in der Psychiatrie häufig: stützende Psychotherapie, autogenes Training und Entspannungsverfahren). Beeinflussung im Sinne von erfolgreicher Veränderung von Leidenszuständen bzw. Verhaltensstörungen, Bewältigung psychosozialer Problemsituationen durch Vermittlung bzw. Erwerb generalisierter und stabiler Strategien zu effektiver und (als wesentliches Therapieziel) selbständiger Problembewältigung. Qualität der Arzt-Patient-Beziehung wesentlich (partnerschaftliche Interaktion und Kooperation, geringes Machtgefälle)

Psychotherapieanwendung

In der Psychiatrie werden folgende Formen von Psychotherapie angewendet:

- ***Einzelpsychotherapie*** (z. B. Psychoanalyse): klassisch, aber eher die Ausnahme (Problem des Zeitaufwands und der zeitlichen Begrenzung!)
- ***Gruppenpsychotherapie:*** insb. zur Veränderung zwischenmensch-

licher Beziehungsstörungen sinnvoll. Nähe zu realen Gruppenbezügen im Leben des Patienten („Gruppe als sozialer Mikrokosmos"). Nutzung und Mobilisierung der Gruppenkräfte: durch vom Therapeuten geförderte Kooperation und Kohäsion zunehmende Offenheit und Vertrauen der Gruppenmitglieder, Förderung der Kommunikationsfähigkeit. Auch wegen der Zeitökonomie zu bevorzugen

- *Kurzpsychotherapie:* häufig wegen des Vorteils der Begrenzung auf umschriebenes Therapieziel (meist den für den Patienten bedeutsamsten Konflikt betreffend) indiziert
- evtl. Kombination von Psychotherapie und medikamentöser Therapie

Allgemeine Therapieprinzipien

Formulierung von Therapiezielen, im Sinne eines interaktionellen Prozesses der Zielfindung, Zielvereinbarung, Zielumsetzung

- Aufgrund der in der Regel schwerpunktmäßigen theoretischen Ausbildung des Therapeuten (mit je spezifischer theoretischer Problemsicht und therapeutischem Konzept) werden Problembewertung und Zielbestimmung leicht durch das theoretische Problemverständnis des Therapeuten bestimmt. Daher Konsensbildung zwischen Patient und Therapeut bzgl. Problemsicht und Zielfindung/-vereinbarung erforderlich. (Dies ist eine wesentliche, oft sogar bereits ausreichende Hilfe zur Problembewältigung.)
- Spezifikation konkreter Behandlungsziele (Globalziel und Teilziele) und der zur Zielumsetzung erforderlichen psychotherapeutischen Strategien
- Evaluation der Teilziele (Korrektivfunktion!)

Nichtspezifische Wirkfaktoren: Wirksamwerden schulenunabhängiger, der therapeutischen Situation inhärenter Faktoren wie z. B. die spezifische Interaktion zwischen Arzt/Therapeut und Patient: auf seiten des Patienten Vertrauen in Wissen und Kompetenz des Arztes/Therapeuten, auf seiten des Arztes/Therapeuten Akzeptanz und volle Wertschätzung des Patienten. Ferner Übereinstimmung von Arzt/Therapeut und Patient bzgl. wesentlicher Werthaltungen und Menschenbild. Vermittlung eines Erklärungssystems usw.

Indikationsbereiche

- *Neurosen/Reaktionen:* prinzipiell alle erwähnten Verfahren möglich: abhängig von Neuroseform, Einsichtsfähigkeit des Patienten (reflektierend) und Stärke der Abwehr des Patienten bzw. Therapiemotivation (Wunsch nach Veränderung)
  - *Verhaltenstherapie* bevorzugt bei Angstneurosen und Phobien
  - *stützende Psychotherapie* insb. bei Patienten mit starker Affektabwehr und Somatisierungsneigung, mit ausgeprägten Ich-Schwächen, akuten Symptomen (z. B. floriden Ängsten, Entfremdungserlebnissen) sowie bei sehr einfach strukturierten Patienten
  - *tiefenpsychologisch* orientierte Therapie bei Patienten mit guten Ich-Fähigkeiten (Introspektions- und Reflektionsfähigkeiten sowie Veränderungspotential)
  - *autogenes Training* als Zusatz - oder alleinige Therapie bei neurotischen Patienten mit starken Spannungszuständen oder mit vegetativen und psychosomatischen Begleitsymptomen
- Psychosen und hirnorganische Erkrankungen: Prinzipiell ist *Vorsicht* bei Indikation spezieller Psychotherapie geboten (insb. analytisch orientierter Verfahren), da psychotische Symptomatik, ausgeprägte Ich-Störungen, evtl. auch mnestische Störungen den psychotherapeutischen Prozeß erschweren bzw. die Psychotherapie den Patienten irritieren und weitere Labilisierung und Dekompensation sowie Suizidalität provozieren oder verstärken kann. Nach Abklingen der psychotischen Symptomatik und unter der Voraussetzung einer auf seiten des Patienten gegebenen Therapiemotivation kann eine (nicht überfordernde!) Therapie indiziert sein
- Abhängigkeitserkrankungen: nicht a priori Psychotherapie, sondern zunächst Prüfung der Motivation zur Entwöhnung, ggf. Motivationstherapie (z. B. in Gruppen Betroffener). Dann Einleitung einer Entwöhnungsbehandlung, erst daran anschließend Erwägung einer Psychotherapie in Absprache mit dem Patienten. Therapie insbesondere sinnvoll bei Patienten, die Suchtmittel zur Bewältigung neurotischer Symptome einsetzen (wie z. B. Angstneurotiker, Phobiker, neurotisch Depressive, Patienten mit narzißtischen oder Borderline-Störungen)
- Psychogeriatrische Erkrankungen: nach Abklärung bzw. Ausschluß somatischer Faktoren im Zusammenhang mit psychi-

schen Auffälligkeiten Therapie prinzipiell sinnvoll bei akuten Konflikten und Zuspitzung neurotischer Verhaltensweisen im Alter. Frühere Vorstellungen von Altersbegrenzung bei Indikation zur Psychotherapie nicht mehr haltbar: Alter ist nicht generell gleichzusetzen mit Starrheit, Unveränderbarkeit, mangelnder Einsichtsfähigkeit (mancher 20jährige ist „älter" als ein dynamisch gebliebener 80jähriger!)

Aus-/Weiterbildung des Arztes in Psychotherapie

Erwerb psychotherapeutischen Basiswissens (Vermittlung entsprechender Kenntnisse auf zahlreichen Fortbildungs- bzw. Weiterbildungsveranstaltungen) für jeden Arzt erforderlich!

Besonders für den nichtpsychotherapeutisch/psychiatrisch tätigen Arzt wichtig: Erwerb von Kenntnissen in Neurosenlehre, von Techniken der sog. „kleinen Psychotherapie" (ärztliche Gesprächsführung, Beratungstechniken; Kriseninterventionsstrategien; autogenes Training) sowie Teilnahme an Balint-Gruppen (Möglichkeit zur Kommunikation über Problempatienten)

Allein das richtig genutzte ***ärztliche Gespräch*** bietet eine Fülle von Kommunikationsmöglichkeiten und Ansatzpunkten für (therapeutische) Problemlösungen durch:

- Herstellung einer vertrauensvoll-stabilen, über die somatische Untersuchung hinausgehenden Arzt-Patient-Beziehung
- Offenheit für Problembereiche des Patienten und
- die gemeinsame Suche nach Lösungsmöglichkeiten.

16 Soziotherapie, Rehabilitation, Versorgung

16.1 Soziotherapie

Definition: praktisch-therapeutische Anwendung sozialpsychiatrischer Theorien (Untersuchung und praktische Berücksichtigung sozialer Faktoren in bezug auf Entstehung, Verlauf und Behandlung psychischer Erkrankungen). Unverzichtbare Komponente jeglicher psychiatrischer Therapie: Einsatz soziotherapeutischer Behandlungsformen, die mit der Annahme von Eigenverantwortung und eigener Entscheidung verbunden sind, statt Ausgliederung und Dauerhospitalisierung, deren häufige Folge das Hospitalismussyndrom ist.

Therapeutische Gemeinschaft
Zusammenleben einer Gruppe von Behandelnden und Patienten im Psychiatrischen Krankenhaus mit dem therapeutischen Ziel, psychisch Kranken die Wiedereingliederung in die Gesellschaft zu ermöglichen. Aufbau eines therapeutischen Systems mit offener Kommunikation, weitgehender Aufgabe hierarchischer Strukturen, Förderung persönlicher Entscheidungsfähigkeit und Beteiligung aller am therapeutischen Prozeß mit den damit verbundenen Grundrechten und Grundpflichten. Strukturierung des Tagesablaufs durch Arbeit und Freizeitgestaltung. Schaffung eines günstigen therapeutischen Klimas für die Anwendung einzelner Behandlungsmethoden.
Einführung nach Ende des Zweiten Weltkriegs, zunächst in den USA und Großbritannien

Milieutherapie
Während die Therapeutische Gemeinschaft in Idealform häufig nicht erreichbar ist, ist die sog. Milieutherapie im Krankenhaus durchaus möglich:

- Angebot unterschiedlicher kommunikationsfördernder Therapieformen
- Vorwegnahme zukünftiger Anforderungen in der Gesellschaft (Probehandeln)
- Beteiligung aller Patienten an gemeinsamen Aufgaben
- zahlreiche unterschiedliche Gruppen mit Behandlung von Rollenkonflikten und pathologischen Interaktionen (aber: keine nivellierende Rollendiffusion, Vermeidung einer „idealen" therapeutischen Insel!)
- Einbeziehung von Bezugspersonen wie Familie, Partner und Freunde in die therapeutische Arbeit
- täglich, je nach Stationstyp auch seltener, stattfindende Stationsversammlung (Großgruppe) mit Ärzten und Personal (Plenum): Besprechung des Stationsprogramms, etwa Ausflüge, kulturelle Veranstaltungen etc.; Verteilung von Arbeiten; Besprechung kontroverser Fragen wie etwa Raucherlaubnis in bestimmten Bereichen der Station, Gestaltung der Fernsehprogramme etc.

Vielfältiges Behandlungsangebot
Um den Fähigkeiten und Bedürfnissen der Patienten möglichst vielseitig gerecht zu werden, sollte das Behandlungsangebot einer modernen Psychiatrischen Klinik umfangreich sein:

- ***Krankengymnastik*** mit Gruppengymnastik und Entspannungsgruppen, evtl. Sporttherapie
- ***Ergotherapie*** in Form von:
  - *Beschäftigungstherapie:* mehr künstlerisch-kreativ: Ton-, Holz-, Metall-, Textilarbeiten, künstlerische Gestaltungstechniken
  - *Arbeitstherapie:* eher realitätsbezogen. Auch Möglichkeit der Serienproduktion sowie Auftragsarbeiten von externen Firmen mit Termindruck
  - *Gartentherapie* (Hortotherapie): Möglichkeit der Erfahrung und Auseinandersetzung mit Erde, Pflanzen und organischem Wachstum, evtl. auch mit der Tierpflege

- *Musiktherapie:* als Mittel des Selbsterlebens der psychotherapeutischen Kommunikation, zunächst averbal über die Instrumente, bei der gemeinsamen anschließenden Besprechung dann auch verbal

• ***Sozialarbeit:*** im Psychiatrischen Krankenhaus unabdingbar. Vermittelt einen großen Teil der Kontakte nach außen: Vorbereitung der Entlassung, Finden neuer Wohn- und Arbeitsmöglichkeiten, schwierige Kontakte mit den eigenen Angehörigen u. a. Vielerorts auch Betreuung von Nachsorgeklubs

16.2 Rehabilitation

Definition: alle Maßnahmen zum Ausgleich einer Behinderung, deren Ziel die Wiederherstellung der körperlichen, geistigen und seelischen Funktionen (*medizinische, berufliche* und *soziale* Rehabilitation) sowie die Wiedereingliederung in die Gesellschaft und die Erlangung größtmöglicher persönlicher Autonomie der Patienten ist

Medizinische Rehabilitation: funktionsfördernde ärztliche Maßnahmen. Definitorisch beträchtliche Überschneidung mit medizinischer Behandlung. Begleitet die beiden anderen Bereiche der Rehabilitation

Berufliche Rehabilitation: Maßnahmen im Bereich der Arbeits- und Berufsfindung: Arbeitstherapie in der Klinik, Behindertenwerkstätten, beschützte Arbeitsplätze, freier Arbeitsmarkt; schulische und Berufsberatung, Umschulungsmaßnahmen; Rehabilitationseinrichtungen für psychisch Kranke etc.

Soziale Rehabilitation: Maßnahmen im Wohn- und Freizeitbereich. Nach Entlassung aus stationärer Behandlung Schaffung von Wohnmöglichkeiten, etwa im Übergangsheim, in der therapeutischen Wohngemeinschaft, in freier Wohngemeinschaft, schließlich selbständiges Wohnen. (Wieder)erlernen von Tages- und Freizeitgestaltung; Aufbau von sozialen Bezügen; Erreichen von persönlicher Autonomie

Problematisch: komplizierte Finanzierung der Rehabilitation in der BRD durch unterschiedliche Kostenträger (Krankenkassen, Rentenversicherungsträger, Sozialhilfeträger, Arbeitsverwaltung), deren jeweilige Zuständigkeit oft erst zeitaufwendig bestimmt werden muß

16.3 Versorgung

Infolge beträchtlicher Mißstände und Mängel in der psychiatrischen Versorgung in der Bundesrepublik Deutschland, Beauftragung (1970) und Bericht (1975)[1] einer Enquête-Kommission mit folgenden ***Reformvorschlägen:***

- Umfassende und bedarfsgerechte Versorgung (Forderung nach Spezialisierung in bestimmten Bereichen wie Suchtbehandlung, Kinder- und Jugendpsychiatrie, Gerontopsychiatrie)
- Gemeindenahe Versorgung (dezentralisiert, rekommunalisiert; Vorrang von ambulanter vor stationärer Behandlung)
- Bedarfsgerechte Koordination (Kontinuität der Behandlung; Zusammenarbeit mit außermedizinischen Institutionen in der Kommune, der Arbeitsverwaltung, der Justiz und insbesondere auch Einbeziehung von Laien)
- Gleichstellung seelisch und körperlich Kranker (wenn möglich Reintegration der Psychiatrie in die allgemeine Medizin; Forderung nach Einrichtung von Polikliniken)

Seither deutliche Verbesserung der Versorgungslage. Aufgrund des Fehlens einer Übersicht über die in der Bundesrepublik existierenden Dienste bzw. einer zentralen Institution zur Sammlung von Informationen über bestehende Versorgungsinstitutionen ist jedoch der gegenwärtige Stand kaum darstellbar

Stationäre Versorgung
In der Bundesrepublik Deutschland gibt es etwa 100000 Psychiatriekrankenhausbetten (Anzahl von Krankenhausbetten bezogen

[1] Bundestags-Drucksache 7/4200 und 4201

Untergliederung der gegenwärtigen psychiatrischen Versorgung

- *Stationäre Versorgung*
- *Teilstationäre Versorgung*
  - Tageskliniken
  - Nachtkliniken
- *Komplementäre Versorgung/Einrichtungen*
- *Ambulante Versorgung*
  - niedergelassene Nervenärzte
  - Polikliniken bzw. Ambulanzen
  - Sozialpsychiatrische Dienste
  - weitere Einrichtungen im ambulanten Bereich

Mit der psychiatrischen Versorgung im engeren Sinne als Teil der medizinischen Versorgung ist die psychotherapeutische und die soziale Versorgung eng verbunden

auf Einwohner: Innere Medizin 2,2‰, Chirurgie 2,1‰, Psychiatrie 1,5‰, Frauenheilkunde 1,1‰).

Trend: Verringerung der Zahl der Planbetten auf etwa 0,5–1‰, mehr Betten in kleineren Abteilungen und Reduzierung der Betten in den Großkrankenhäusern; größere Zahl von Krankenhausaufnahmen bei kürzerer Verweildauer
Trotz Verbesserung der Situation in den Landeskrankenhäusern während der letzten 10–15 Jahre, immer noch viele ***Mißstände und Mängel*** in Psychiatrischen Krankenhäusern:

- ungünstige geographische Lage (oft zu weit von der Wohnbevölkerung entfernt; für zu große Versorgungsregionen zuständig)
- zu große Bettenanzahl im einzelnen Krankenhaus, zu hoher Anteil geschlossener Stationen, zu viele zwangsuntergebrachte Patienten, noch häufig nach Geschlecht getrennte Behandlung, Personalmangel, besonders im Bereich der Soziotherapie und des Pflegepersonals
- unzureichender Ausbau des Nachsorgesystems

Teilstationäre Versorgung

Definition: Behandlung/Betreuung erfolgt nur während eines Teils des Tages, überwiegend in Tageskliniken, seltener in Nachtkliniken (im übrigen mit vollstationärer Betreuung vergleichbar):

- ***Tageskliniken:*** in der Bundesrepublik Deutschland etwa 2000 Tagesklinikplätze in etwa 100 Einrichtungen, etwa 20 Plätze pro Institution
  Schwerpunkte: Krisenintervention (Vorschalt-Tagesklinik zur Vermeidung stationärer Behandlung; Verkürzung der stationären Behandlungsdauer (am häufigsten Patienten mit Psychosen, Rezidivbehandlung); Nachsorge
  Vorteil: Der Patient bleibt weitgehend im gewohnten Milieu, ist nachts und am Wochenende zuhause. Intensive Tagesstrukturierung
  Nachteil: gelegentlich Überforderung bei weniger belastungsfähigen Patienten
  Kontraindikation: Suizidalität und Sucht, evtl. spezielle Sucht-Tageskliniken
- ***Nachtkliniken:*** meist keine selbständigen Institutionen. Integration von Nachtklinikbetten in bestehende stationäre Behandlungseinrichtungen

Komplementäre Versorgung/Einrichtungen

Definition: Einrichtungen oft nichtmedizinischen Charakters, zwischen stationärer und rein ambulanter Behandlung angesiedelt, mit dem Angebot (in erster Linie) rehabilitativer Hilfen (vgl. Berufliche Rehabilitation, S. 218)

Beispiele: Übergangsheime, Dauerwohnheime, Pflegeheime; therapeutische und freie Wohngemeinschaften; beschützende Wohnungen mit betreuender Unterstützung; Tageszentren

Ambulante Versorgung

- ***Niedergelassene Nervenärzte:*** psychiatrische Behandlungsprävalenz durch niedergelassene Nervenärzte 2–3% der Bevölkerung im Jahr. Die große Anzahl der niedergelassenen Nervenärzte (gegenwärtig etwa 1:25000 der Bevölkerung, in den letzten 10 Jahren etwa Verdopplung der Anzahl niedergelassener Nervenärzte) ist ein spezielles Phänomen Mitteleuropas. In vielen anderen Ländern statt dessen nur Polikliniken und Ambulanzen; in der Bundesrepublik Deutschland oft ungünstige Verteilung der niedergelassenen Nervenärzte auf bevorzugt städtische Gebiete

- ***Polikliniken bzw. Ambulanzen:*** Screening-Funktion *vor* stationärer Aufnahme, *Nach*sorge von Patienten mit besonderen Behandlungsproblemen (Betreuung spezieller Patientengruppen: Suchtambulanz, Sprechstunden für Depot-Neurolepsie, Prophylaxe von affektiven Störungen mit Lithium, Sexual-Ambulanz etc.). In den Psychiatrischen Polikliniken nur relativ geringe Patientenzahlen
- ***Sozialpsychiatrische Dienste:*** meist Angliederung an Gesundheitsämter, gelegentlich auch an Freie Träger
  Funktion: Betreuung psychisch Kranker in der Gemeinde (in der Regel kein Behandlungsrecht!). Einweisung stationärer Behandlung Bedürftiger bei fehlender Krankheitseinsicht nach PsychKG (Psychisch-Kranken-Gesetz), somit Ausstattung mit hoheitlichen Funktionen
- ***Weitere Einrichtungen im ambulanten Bereich:*** Patientenklubs mit offenen oder geschlossenen Gruppen, Selbsthilfegruppen (insbesondere im Suchtbereich), Kontaktzentren und Treffs von ehemaligen Patienten oder Beratungssuchenden, Angehörigengruppen
- ***Einrichtungen im Vorfeld:*** Beratungsstellen verschiedenster Art, insb. jedoch Praktische Ärzte und Allgemeinmediziner, die psychisch Kranke oft zuerst beraten (Filter- und Überweisungsfunktion)

Integrierte Versorgung

Entscheidend für eine befriedigende psychiatrische Grundversorgung der Bevölkerung ist Integration aller genannten Behandlungs-, Betreuungs- und Beratungsaktivitäten, jeweils in bestimmten regionalen Bereichen (Sektoren, Standardversorgungsgebieten bzw. Versorgungsregionen, Gemeinden bzw. Gebietskörperschaften). Darüber hinaus ist die Organisation größerer Versorgungsgebiete für besondere ***Patientengruppen*** erforderlich:

- ***Kinder- und Jugendpsychiatrie:*** Versorgung durch etwa 70 Abteilungen und Kliniken und knapp 100 niedergelassene Kinder-

und Jugendpsychiater (Bedarf liegt bei ca. 1000) sowie durch nichtärztliche Psychotherapeuten für Kinder und Jugendliche

- ***Gerontopsychiatrie:*** Versorgung in Tageskliniken, spezialisierten Pflegeheimen, zahlreichen Abteilungen und Stationen von Landeskrankenhäusern. Wichtig sind diagnostische gerontopsychiatrische Zentren in Verbindung mit der Inneren Medizin. Spezielle psychotherapeutische Abteilungen für ältere Menschen sind selten
- ***Suchtkranke:*** Integration akut Kranker in das psychiatrische Versorgungssystem. Betreuung mittelfristig und langfristig zu Behandelnder in besonderen Suchtkliniken. Ambulante Nachbetreuung durch zahlreiche Gruppen, insb. Selbsthilfegruppen
- ***Psychisch kranke Rechtsbrecher:*** Versorgung in einem gesonderten, der Justizverwaltung unterstellten System, das teilweise in die Landeskrankenhäuser integriert ist
- ***Kranke mit neurotischen und psychosomatischen Störungen:*** Entwicklung eines psychotherapeutisch-psychosomatischen Versorgungsbereichs (zahlreiche Psychosomatische Kliniken, häufig jedoch gemeindefern). Ambulante Betreuung durch Psychiater und Ärzte anderer medizinischer Fächer mit Zusatztitel „Psychotherapie und/oder Psychoanalyse“ sowie nichtärztliche psychologische Psychotherapeuten; psychotherapeutische Beratungsstellen, Stellen der Krisenintervention etc.

17 Prävention

Caplan (1964) unterscheidet 3 Arten der Prävention:

- ***Primärprävention:*** Maßnahmen zur Verhinderung bzw. Verringerung des erstmaligen Auftretens psychischer Störungen
- ***Sekundärprävention:*** Maßnahmen zur Früherkennung und Frühbehandlung psychischer Störungen mit dem Ziel der Verkürzung der Erkrankungsdauer und der Verhinderung von Rückfällen
- ***Tertiärprävention:*** insbesondere Rehabilitations- und Resozialisierungsmaßnahmen zur Geringhaltung möglicher Folgeschäden bzw. chronischer Auswirkungen von psychischen Erkrankungen

Gemeinsam sind den 3 Arten der Prävention:

- die explizite Betonung der Vorbeugung gegenüber der Korrektur
- die Abkehr von der Einzelfallhilfe

Caplan G (1964) Principles of preventive psychiatry. Basic Books, New York

Im folgenden wird vor allem die Primärprävention als Vorbeugung im engeren Sinne behandelt.

Ziele der Primärprävention

Allgemein: Umstellung des ärztlichen Denkens, Blickrichtung weg vom Kranken stärker auf den Gesunden (Prävention statt Korrektur)!

- Ausschaltung bzw. Milderung krankheitsfördernder Faktoren
- Erhöhung der Widerstandsfähigkeit gegenüber ungünstigen Einflüssen
- Maßnahmen der Krisenbewältigung

Maßnahmen der Primärprävention

- ***Im medizinisch-physischen Bereich:*** Sicherung der medizinischen Grundversorgung. Ausbau von Beratungsdiensten, z. B. genetische Beratung von Personen aus belasteten Familien: Konzeptionsverhütung, ggf. Interruptio (z. B. Chorea Huntington), Früherkennung und Frühbehandlung von Erbkrankheiten, z. B. bei Anlage zum Phenylbrenztraubensäure-Schwachsinn Prophylaxe durch Gabe von phenylalaninarmer Kost. Förderung von Schutzmaßnahmen gegen somatophysische Schädigungen, die zu psychischen Erkrankungen führen können
- ***Im psychosozialen Bereich:*** Förderung einer ungestörten intellektuellen und emotionalen Entwicklung durch Bereitstellung der Grundvoraussetzungen für eine verläßliche Interaktion mit wichtigen Bezugspersonen (stabile Mutter-Kind-Beziehung). Vermeidung von Hospitalisierungssyndromen in der Kindheit
- ***Im soziokulturellen/sozioökonomischen Bereich:*** Zugang zu Bildung und Ausbildung. Materielle Sicherung der Lebensgrundlagen durch Förderung der psychologischen Aspekte der Arbeitsmedizin (Festsetzung von Belastungshöchstnormen, Vermeidung von Schädigung durch Isolation, Lärm etc., soweit psychische Störungen hieraus resultieren können), psychohygienische Beratung bei Stadtplanungs- und Wohnungsbauvorhaben (Prävention von Ghettosituationen für Angehörige der sozialen Unterschicht, Vermeidung von einseitig wirtschaftlich motivierten Sanierungen mit der Folge von Entwurzelung langansässiger Bewohner etc.). Maßnahmen zur Verringerung des Alkoholkonsums durch Werbeverbot und Preisgestaltung bzw. zweckgebundene Steuererhöhung. Vermeidung von Suchtgefahren; Erschwerung der Beschaffung von Drogen, aber auch von Medikamenten, die zur Abhängigkeit führen können

Bewertung

Die genannten Primärpräventionsmaßnahmen sind in der Psychiatrie bisher *nur begrenzt verwirklicht,* da sie abhängig sind von:

- Wissensstand über Krankheitsursachen
- Vermeidbarkeit der Krankheitsursachen
- Bereitschaft einzelner und der Gesellschaft, vermeidbare Krankheitsursachen auszuschließen

Beste Chancen einer gezielten Primärprävention bestehen bei Abhängigkeits- und Suchtproblematik, bei psychogenen Erkrankungen (durch günstige Gestaltung der allgemeinen Lebensbedingungen) sowie bei Erbkrankheiten (durch Früherkennung, ggf. auch Interruptio). Bei Schizophrenien und manisch-depressiven Erkrankungen ist eine *Sekundärprävention* im Sinne einer Rückfallprophylaxe (durch entsprechende Milieugestaltung, durch Lithium oder Carbamazepinprophylaxe) häufig erfolgreich.

Besondere Bereiche

18 Suizidalität und Krisenintervention

18.1 Suizidalität

18.1.1 Definition

Suizidalität ist der Oberbegriff für:

- ***Suizidhandlungen*** (Suizidversuch bzw. Parasuizid, vollendeter Suizid) definiert nach Stengel (1969)[1] als jeder Akt freiwilliger Selbstbeschädigung, bei welchem der Handelnde nicht sicher sein kann zu überleben, und
- ***Suizidgefährdung*** (suizidale Gedanken, Impulse, Pläne im Vorfeld suizidaler Handlungen). Erfassung von Suizidgefährdung ist Aufgabe der Sekundärprävention (s. auch Risikogruppen, S. 231 f.)

18.1.2 Epidemiologie

Suizidhandlungen

Häufigkeit: Suizid gehört zu den 10 häufigsten Todesarten in Europa und den USA: ca. 13000 Suizidtote pro Jahr in der BRD. Suizidrate (Tote durch Suizid pro 100000 Einwohner) ca. 20 in der BRD. Absinken der Suizidrate in nationalen Krisenzeiten (z. B. Krieg). Das Verhältnis Suizid: Suizidversuch ist ca. 1:10–20 (evtl. mehr, hohe Dunkelziffer)

Methoden: bei *Suizid* häufiger „harte" Methoden (z. B. Erhängen, Erschießen), bei *Suizidversuchen* zu 80–90% Intoxikationen mit Medikamenten und/oder Alkohol (WHO registriert drastischen

[1] Stengel E (1969) Selbstmord und Selbstmordversuch. Fischer, Frankfurt a. M.

Anstieg der Zahl suizidaler Intoxikationen bei Krankenhausaufnahmen Erwachsener in der westlichen Welt). Wahl der Methode bei einer Suizidhandlung evtl. grober diagnostischer Hinweis (harte Methoden häufiger bei Psychosen)

Geschlecht: Das Verhältnis Männer: Frauen ist bei *Suizid* etwa 2:1, bei *Suizidversuch* etwa 1:2-3.

Alter: bei *Suizid* größte Gefahr mit zunehmendem, d. h. im mittleren und höheren Lebensalter. Besonders gefährdet: alte, alleinstehende Männer. Bei *Suizidversuch* Altersgipfel zwischen 15 und 25 Jahren

Personenstand, Konfessionszugehörigkeit: höchste Suizidrate bei Geschiedenen. Bei Suizidversuchen sowohl Geschiedene als auch ledige Männer besonders repräsentiert. Kirchenbindung wirkt nach Durkheim (1973)[2] antisuizidal, dies gilt jedoch nicht generell (z. B. hohe Suizidraten in katholischen Ländern wie Österreich und Ungarn)

Schichtzugehörigkeit: höhere *Suizid*raten bei Angehörigen der Oberschicht (besonders Männer), aber auch bei ungelernten Arbeitern; Zusammenhang zwischen Suizid und Arbeitslosigkeit gesichert. *Suizidversuch*sraten höher in Unterschicht und unterer Mittelschicht

Saisonale Abhängigkeiten: Frühjahrsgipfel bei Suiziden

Ökologie: Tendenz zu höheren Suizidraten in städtischen Bereichen, hohe Suizidversuchsraten in städtischen Wohngebieten mit hoher sozialer Desintegration (hohe Arbeitslosigkeit, hohe Kriminalität etc.)

Krankheit: Suizidgefährdung steigt bei Krankheiten, z. B. psychischen Erkrankungen (s. Ätiologie)

Transkulturelle Aspekte: Ansteigen von Suizidraten in Zeiten starken kulturellen (Werte-)Wandels (z. B. Japan). Suizid gilt in manchen Kulturen als akzeptierte oder erwünschte Problemlösung (z. B. Witwensuizid in Indien)

---

[2] Durkheim E (1973) Der Selbstmord. Luchterhand, Neuwied

Suizidgedanken
Ca. 14–20% der Normalbevölkerung kennen Suizidgedanken. Ärzte machen für sich wesentlich höhere Angaben (etwa 50%)

18.1.3 Ätiologie

Häufige Suizidhandlungsmotive:

- *Appell* (Ausdruck eines „cry for help" an andere, z. B. Partner oder Arzt). Häufig infolge von Kontaktschwierigkeiten, Einsamkeit, Verlust oder Selbstwertproblematik (psychodynamisch: aufgrund zugrundeliegender Selbstwertstörung kann Kränkung nicht angemessen verarbeitet werden, Auseinandersetzung mit kränkender Situation/Außenwelt wird durch Suizidversuch umgangen)
- *Autoaggression:* aggressive Wendung von nach außen gehemmter Aggressivität gegen sich selbst infolge Enttäuschung oder Kränkung
- *Wunsch nach Zäsur bzw. Pause* („Verschnaufpause" in einer unlösbar erscheinenden persönlichen Situation; Hoffnung, dadurch etwas Distanz zu gewinnen)

Präsuizidales Syndrom (Ringel 1969)[3] charakterisiert durch *Einengung* (Isolation, Kontaktstörung, Vereinsamung), *Aggressionsumkehr, Suizidphantasien* (häufig zunächst vage Vorstellungen, die mit zunehmender Einengung immer drängender werden können)

Stadien suizidaler Entwicklung (Pöldinger 1982)[4]:

- *Erwägung* (Suizid wird als mögliche Problemlösung in Betracht gezogen)
- *Ambivalenz* (direkte Suizidankündigung; Hilferuf als Ventilfunktion; Kontaktsuche)
- *Entschluß* (Vorbereitungshandlungen, „Ruhe vor dem Sturm")

Risikogruppen:

- ► *Psychisch Kranke:* depressive (insb. weibliche) Patienten, bevorzugt zu Krankheitsbeginn und in der Besserungsphase; schi-

---

[3] Ringel E (Hrsg) (1969) Selbstmordverhütung. Huber, Bern

[4] Pöldinger W (1982) Erkennung und Beurteilung der Suizidalität. In: Reimer C (Hrsg) Suizid (S 13–23). Springer, Berlin Heidelberg New York

zophrene (insb. männliche) Patienten; häufig Kliniksuizid (Suizidhandlungen während psychiatrischer Therapie, meist innerhalb des ersten halben Jahres nach stationärer Aufnahme und meist während regulärer Beurlaubungen bzw. Ausgänge; Suizidrate psychisch Kranker 10–20mal höher als in der Allgemeinbevölkerung! (vgl. dagegen Patienten mit Suizid*versuchen:* nur bei 5–15% liegt eine Psychose zugrunde, wesentlich häufiger sind jedoch Störungen zwischenmenschlicher Beziehungen, oft vor dem Hintergrund neurotischer Persönlichkeitszüge)

- *Menschen nach vorausgegangenen Suizidhandlungen* (hohe Suizidgefährdung, ca. 10% aller ehemaligen Suizidanten suizidieren sich innerhalb von 10 Jahren nach dem Suizidversuch)
- ► *alte Menschen* (insb. über 65jährige, Vereinsamte, nach Partnerverlust, bei Multimorbidität)
- *Süchtige* (hohe Suizidgefährdung)
- ► *unheilbar chronisch Kranke*
- *Menschen in Ehe- und Lebenskrisen*
- *Jugendliche* (Pubertätskrisen)
- *Helfer* (bei Ärzten Suizidrisiko ca. 2,5mal höher als in anderen Berufsgruppen)

18.1.4 Diagnostik, Differentialdiagnostik

Suizidanamnese

- insb. bei zu *Risikogruppen* zählenden Patienten wichtig
- *aktive Exploration* von seiten des Arztes: ärztliches Gespräch u. U. Entlastung für den Suizidalen, der das Thema nicht immer von sich aus anspricht. Evtl. antisuizidale Wirkung einer vertrauensvollen Arzt-Patient-Beziehung
- *Themen der Exploration:* Suizidalität in der Familie des Patienten, eigene frühere Suizidgedanken oder Suizidversuche und deren Bewältigung sowie die aktuelle Suizidalität (Fragen nach dem Ausmaß an Suizidgedanken, nach Gefühlen der Sinnlosigkeit des Lebens, nach dem Wunsch, das Leben so nicht weiterleben zu wollen, nach konkreten Suizidplänen und evtl. Vorbereitungen, z. B. Sammeln von Medikamenten oder Überlegungen des Patienten zur Methodenwahl)

Differentialdiagnostik: breites Spektrum. Da Suizidalität sowohl bei allen psychischen Erkrankungen als auch in Krisensituationen *ohne* Krankheitswert vorkommen kann, sollten Fragen nach Suizidalität fester Bestandteil der ärztlichen, insb. der psychiatrischen Anamnese sein

18.1.5 Therapie

Generelle Therapieprinzipien:

- Behandlung der Suizidalität durch *Behandlung der Grunderkrankung* (z. B. der Neurose, Psychose, Sucht etc.) mit psychopharmakologischen und/oder psychotherapeutischen Mitteln
- *Kriseninterventionsstrategien* (s. S. 235 f.)

Therapieprinzipien bei akuter Suizidalität:

- Gesprächs- und Kontaktangebot (wenn möglich)
- Einbeziehung wichtiger Bezugspersonen
- ggf. sofortige Überweisung zum Nervenarzt oder zu anderen ambulanten Institutionen, Notwendigkeit einer Krankenhauseinweisung prüfen (evtl. Zwangseinweisung)
- ggf. psychopharmakologische Intervention (z. B. Sedierung)
- Diagnostik und Differentialdiagnostik beachten!

Therapieprinzipien bei chronischer Suizidalität:

- Therapieangebot je nach Grunderkrankung (z. B. psychopharmakologische, psychotherapeutische oder sozialpsychiatrische Maßnahmen)
- Aufbau sozialer Unterstützung; Versuch, Kontakte und Sinngebung zu vermitteln

18.2 Krisenintervention

18.2.1 Definition der „Krise“

Plötzliches Ereignis oder Erlebnis, das von dem Betroffenen nicht unmittelbar verarbeitet werden kann

18.2.2 Allgemein

Zwei prinzipielle Aspekte der Krise sind Herausforderung (Stimulus zur Bewältigung der Krise) und Bedrohung (Gefahr des Scheiterns von Bewältigungsversuchen und der Chronifizierung der Krise). Dementsprechend Dauer von Krisen einige Tage bis Monate. Meist akut auftretende *Symptome* in Krisen: Angst/Verzweiflung, Depressivität, erhöhte Suggestibilität, evtl. Suizidgefahr. *Häufigkeit* schwer abschätzbar; Krisen und deren Bewältigung gehören zu den Grunderfahrungen im Leben von Menschen (normale Lebenskrisen). Die meisten Krisen werden durch nichtprofessionelle Hilfe (Angehörige, Freunde etc.) gelöst. Krisenhäufung bei psychisch labilen und psychisch kranken Menschen

18.2.3 Ätiologie

- ***Individuelle Krisen:*** Streßsituationen unterschiedlicher Art, z. B. bei Lebensänderungen (Heirat, Lösung aus dem Elternhaus, Pensionierung etc.); insb. auch Konflikte, Krankheiten, Verluste
- ***Kollektive Krisen:*** z. B. Bedrohung, Emigration, Katastrophen, Krieg, Notzeiten, Verfolgung

18.2.4 Phasenablauf von Krisen

- ***Schockphase:*** Spannungsanstieg durch ein bestimmtes Erlebnis
- ***Reaktionsphase:*** Verwirrung und Hilflosigkeit
- ***Bearbeitungsphase:*** Mobilisierung von Energien, Einsatz von Notfallmechanismen

- *Neuorientierung:* Distanzierung von der akuten Irritation, Suche nach Neubeginn

18.2.5 Therapie der Krise

Krisenintervention, d. h. zeitlich auf die aktuelle Krise begrenzte Intervention bzw. Kurztherapie

Prinzipien des therapeutischen Vorgehens
- Sofortiges Eingreifen (zur Vorbeugung einer möglichen Chronifizierung der Krise und um Abwehrtendenzen zu begegnen); Errichten einer funktionsfähigen Beziehung; Abschätzen des Zustands des Betroffenen, Abschätzen des Schweregrads des Problems, insb. einer eventuellen Suizidalität; Unterbrechung pathologischer Kommunikation
- Aktives pragmatisch-flexibles Vorgehen des Helfers (Verzicht auf Deutungen o. ä.)
- Klärung der Krisensituation in Grundzügen (z. B. auslösende Situation, Kommunikationsmuster), Beschränkung auf Konfrontation mit gegenwärtigen Problemen; evtl. Fokusformulierung (d. h. Bearbeitung des Hauptkonfliktes innerhalb der Krise)
- Motivation zur Selbsthilfe, evtl. Motivation zur Annahme von Fremdhilfe
- Einbeziehung von Bezugspersonen (z. B. Lebenspartner)
- Evtl. psychopharmakologische Unterstützung
- Organisation von Nachbetreuung (besonders bei Sichtbarwerden schwerer, langanhaltender Konflikte)

Ziele der Krisenintervention
- Entlastung in der akuten Situation
- Klärung der Faktoren, die in die Krise geführt haben
- Erörterung von Lösungsmöglichkeiten
- Erlernen von Bewältigungsmustern für mögliche künftige Krisen

Grenzen der Krisenintervention

- Wenn z. B. Suizidalität fortbesteht und sofern
- weitere diagnostische Abklärung erforderlich oder
- weitere und längere Therapie indiziert ist oder
- soziale Barrieren (z. B. fehlende Einsicht, Sprachbarrieren) bestehen

Krisenintervention ist in der Regel eine *kurz*fristige Hilfe

Besonderheiten der Krisenintervention bei Suizidpatienten

- *Rascher* (!) Beginn der Krisenintervention: Suizidpatienten sind häufig nur unmittelbar um ihren akuten Konflikt bzw. Suizidversuch herum offen für Krisenintervention bzw. Kurztherapie. Anschließend (nach erfolgtem Suizidversuch) in der Regel rasches Einsetzen von Abwehrvorgängen gegenüber dem auslösenden Konflikt
- Diagnostische Abklärung der der Suizidalität zugrundeliegenden Störung/Erkrankung
- Mehrfache Beurteilung der akuten Suizidalität und Indikationsstellung zu über die Krisenintervention hinausgehenden Therapieschritten (z. B. Klinikeinweisung)

Probleme im Umgang mit Suizidpatienten

- ***Das Behandlungsklima emotionalisierende Faktoren:*** aus persönlichen Erfahrungen des Therapeuten mit Suizidpatienten resultierende Affekte wie z. B. *Angst* (suizidale Patienten verhalten sich gelegentlich abweisend und lehnen Hilfsangebote ab), *Ärger* (z. B. über Appellcharakter/Demonstrativität/Aggressivität suizidalen Verhaltens; Fehlschluß, derartiges Verhalten nicht ernst nehmen zu müssen, s. o.), *Schuldgefühle* (z. B. aus früheren mißglückten Interventionen). Hinzu kommen evtl. eigene Suizidalität und Selbstwertproblematik des Therapeuten sowie bestimmte Einstellung dem Suizid gegenüber (z. B. Gleichgültigkeit oder Verurteilung)
- ***Häufige therapeutische Fehler:***
  - Anfänglich abweisendes Verhalten des Patienten wird persönlich genommen
  - Bagatellisierungstendenzen des Patienten werden vom Therapeuten mitgemacht (Abwehr)
  - Therapeut und Patient begeben sich zu schnell auf die Suche

nach positiven Veränderungsmöglichkeiten (Entfernung vom auslösenden Konflikt; Abwehr)
- Therapeut unterteilt den Suizidversuch in ernst gemeint oder demonstrativ und behandelt den Patienten entsprechend
- Mangelhafte Erhebung einer Suizidanamnese (d. h. der jetzigen und evtl. früherer Umstände, die zu Suizidalität führten)
- Übersehen der Trennungsängste des Patienten (z. B. bei Urlaub, Stationswechsel, Entlassung)

Für Krisenintervention zur Verfügung stehende Institutionen

- Krankenhäuser (wenn stationäre Überwachung und Behandlung erforderlich; ggf. Kriseninterventionsstationen)
- ambulante Dienste (möglichst gemeindenah):
  - niedergelassene Therapeuten
  - Gesundheitsämter/Sozialpsychiatrische Dienste
  - andere ambulante Dienste (z. B. Polikliniken, Kriseninterventionszentren, Beratungsstellen, mobile Dienste)
  - Telefonnotrufe (z. B. Telefonseelsorge)

18.2.6 Verlauf/Prognose von Krise und Suizidalität

Krisen treten in der Regel *akut* auf; Abklingen mit oder ohne professionelle Hilfe (aber mit sozialer Unterstützung) in der Regel innerhalb kurzer Zeit. *Chronifizierung* bei langwährenden bzw. lebenslangen Grundkonflikten oder Fehlentwicklungen (z. B. Neurosen, Persönlichkeitsstörungen) sowie bei mangelnder sozialer Unterstützung. Gleiches gilt für suizidale Krisen

Katamnestischen Untersuchungen an Patienten nach Suizidversuch zufolge suizidieren sich 10% aller Suizidanten innerhalb von 10 Jahren nach dem ersten Suizidversuch, wobei die Suizidgefährdung innerhalb der ersten 6 Monate nach dem Suizidversuch am größten ist. Ca. 30% aller Patienten mit Suizidversuch bleiben chronisch suizidal.

Fallbeispiele

Suizidversuch, auf dem Hintergrund einer neurotischen Entwicklung mit Verlustängsten und starker Selbstwertproblematik

Eine 26jährige Verkäuferin kommt nach Suizidversuch und Entgiftung zur Aufnahme in die Psychiatrische Klinik. Zur Auslösung des Suizidversuches berichtet sie, daß sie seit 2 Jahren mit ihrem 2 Jahre älteren Freund zusammen sei, an dem sie vor allem seine Zuverlässigkeit schätze. Am Tag des Suizidversuches habe sie sich mit ihm an einem Eispavillon verabredet und habe diese Verabredung auch mit kurzer Verspätung eingehalten. Als sie sich dem Treffpunkt genähert habe, habe sie ihn mit einer früheren Freundin von ihm stehen und sich angeregt und intensiv mit ihr unterhalten sehen. Daraufhin sei sie unbemerkt umgekehrt und in ihre Wohnung zurückgegangen, habe dort noch etwa eine halbe Stunde auf einen nachfragenden Anruf von ihm gewartet, um schließlich Wein zu trinken und nach und nach Tabletten einzunehmen. In einem kurzen Abschiedsbrief an den Freund habe sie ihrer Vermutung Ausdruck gegeben, daß er sich von ihr trennen und wieder zu seiner alten Freundin zurückkehren wolle. Dann wisse sie nur noch, daß sie eine Freundin angerufen habe, um sich von dieser zu verabschieden.

Zur Vorgeschichte war zu erfahren, daß die Patientin bereits früher mehrere Freunde durch Trennung verloren hatte. Sie kommentierte dies mit den Worten: „Was man liebt, verliert man“.

Die Lebensgeschichte dieser Frau zeigte, daß ihre Verlustängste durch entsprechende frühe Erlebnisse (der Vater hatte die Familie verlassen, als die Patientin 4 Jahre alt war) begründet waren und daß sie sich an ihre späteren Partner aus dieser Angst heraus sehr stark klammern mußte, so daß diese sich schließlich immer wieder von ihr lösten.

In der psychotherapeutischen Krisenintervention ging es um die Bearbeitung der Verlustangst, die sich die Patientin immer wieder selbst bestätigte und die sie depressiv und suizidal gemacht hatte. Die derzeitige suizidale Krise war also auf dem Hintergrund einer neurotischen Entwicklung mit Verlustängsten und einer starken Selbstwertproblematik entstanden.

Suizidversuch eines Patienten mit Alzheimerscher Erkrankung
Ein 64jähriger Unternehmer, der wegen einer Alzheimerschen Erkrankung klinisch-psychiatrisch behandelt wurde, riß sich während eines Geländeausganges von seinem Betreuer los und warf sich auf der Straße neben dem Klinikgelände vor ein vorbeifahrendes Auto. Mit schweren Verletzungen mußte er daraufhin mehrere Monate lang in der Chirurgischen Klinik behandelt werden. Über eine suizidale Gefährdung dieses Mannes war zuvor nichts bekannt geworden, obwohl bei organischen Abbauprozessen aufgrund der mangelnden Impulskontrolle im Prinzip auch immer mit Suizidalität zu rechnen ist.

Ein psychodynamischer Hintergrund für den Suizidversuch könnte gewesen sein, daß am Tag zuvor der Patient mit seiner 26 Jahre jüngeren Ehefrau und dem behandelnden Stationsarzt zusammensaß und während dieses Gespräches die Verachtung der Ehefrau gegenüber ihrem persönlichkeitsveränderten und so deutlich gealterten Ehemann spürbar geworden war, den sie 10 Jahre zuvor in gänzlich anderer Verfassung kennengelernt und geheiratet hatte. Die Ehefrau erörterte während dieses Gespräches in Gegenwart ihres Mannes, ob nicht ein Heimplatz für ihn besorgt werden könne. Es ist denkbar, daß für den Patienten seine eigene Situation (kränkender Abstieg) und die Kränkung durch die Ehefrau suizidmotivierend gewesen sein könnten.

Suizid während Besserungsphase einer monopolar-endogenen Depression
Eine 48jährige Patientin mit einer monopolar-endogenen Depression, seit 6 Wochen in klinischer Behandlung, ist unter antidepressiver psychopharmakologischer Therapie inzwischen wesentlich gebessert. So spürt sie wieder Interesse an ihrer Umwelt und auch einen Teil ihrer früheren Freude an Aktivitäten, klagt aber noch über ein Morgentief und Schlafstörungen. Anläßlich der ersten Wochenendbeurlaubung nach Hause, die

mit der Patientin und ihrem Ehemann einvernehmlich besprochen worden war, suizidiert sich die Patientin in einem unbeobachteten Augenblick durch Erhängen an einem Heizkörper. Im Zusammenhang mit der geplanten Beurlaubung war auch die Frage der Suizidalität angesprochen, aber von der Patientin vehement verneint worden: So etwas würde sie nie tun, dazu sei sie zu feige.

Suizid bei rezidivierender paranoid-halluzinatorischer Schizophrenie, nach vorausgegangenem Suizidversuch

Ein 32jähriger, arbeitsloser Patient mit einer rezidivierenden paranoid-halluzinatorischen Schizophrenie unternimmt während klinischer Behandlung einen Suizidversuch durch Fenstersprung, den er schwerverletzt überlebt. Kurz danach berichtet er, daß ihm eine Stimme befohlen habe zu springen, da er ja fliegen könne. Ein Jahr später suizidiert sich der Patient, offenbar in einer postpsychotischen depressiven Schwankung, durch Ertränken.

19 Konsiliar- und Liaisonpsychiatrie

Definitionen:

- *Konsiliarpsychiatrie:* Konsultation eines Psychiaters für Patienten auf nichtpsychiatrischen Stationen zur Abklärung psychiatrisch relevanter Fragestellungen. Der Konsiliarpsychiater führt eine Untersuchung mit dem Patienten durch und berät die anfordernden Kollegen bzw. auch das therapeutische Team bzgl. der angeforderten Fragestellung
- *Liaisonpsychiatrie:* spezifisches Konzept der näheren Zusammenarbeit zwischen nichtpsychiatrischen Stationen und Psychiatern. Psychiater ist Bestandteil des Teams, nimmt an den Visiten teil und ist für Ärzte und Schwestern leichter erreichbar

Häufigkeit von Konsilanforderungen: bei etwa 3% der stationären Aufnahmen eines Großklinikums; tatsächlicher Bedarf vermutlich höher. *Inanspruchnahme* insb. aus den Bereichen Innere Medizin (hier insb. Intensivmedizin), Chirurgie sowie Neurologie, Gynäkologie und Dermatologie

Fragestellungen und Indikation zur Hinzuziehung eines psychiatrischen Konsiliarius:

- ► Patienten nach *Suizidversuchen:* Abschätzung der Suizidalität, Diagnostik, Frage der Entlassung oder Übernahme, evtl. Durchführung der Krisenintervention
- ► Patienten mit verschiedenen *psychischen Auffälligkeiten* wie z. B. Depressivität, Psychoseverdacht, Hirnorganik, Suizidalität, Entzugssyndrome, Ängste, Krankheitsbewältigungsprobleme, Schmerzsyndrome, unkooperatives Patientenverhalten. Diagnostik und Differentialdiagnostik, Beratung von Ärzten/Pflegepersonal beim Umgang mit dem Kranken, Therapievorschläge, Übernahme bzw. Verlegung in eine Psychiatrische Klinik, evtl. Durchführung von Krisenintervention

- Patienten mit *unheilbaren Erkrankungen:* z. B. Beratung bei Fragen der Aufklärung

Nachteile eines psychiatrischen Konsiliardienstes: Die *einmalige* Hinzuziehung des psychiatrischen Konsiliarius ermöglicht dem Psychiater in der Regel keine differenzierte Sicht der somatischen und insb. der psychischen/psychosozialen Aspekte bzw. Faktoren einer Erkrankung. Statt dessen wird der Psychiater oft als „Fremdkörper" erlebt (sowohl vom Patienten als auch vom Personal). Eine Sensibilisierung des Ärzte- und Pflegeteams für psychosoziale Aspekte von Erkrankung und für Techniken der Gesprächsführung ist kaum möglich

Vorteile eines psychiatrischen Liaisondienstes: Der Psychiater gehört zum Behandlungsteam, d. h. er sieht *alle* Patienten, er kann den Zeitpunkt des psychiatrischen Erstgesprächs selbst festlegen und steht bei seiner Untersuchung und Behandlung nicht unter Zeitdruck. Alle Informationen über den Patienten werden im Team besprochen, somit besteht auch die Möglichkeit einer Sensibilisierung des Teams für psychosoziale Aspekte von Erkrankungen, für Anleitung und Übung in Gesprächsführung mit dem Patienten (verbesserte Kommunikation). Verlegungen in die Psychiatrie werden minimiert. *Nachteil:* relativ hoher Personalaufwand; Vorteile überwiegen jedoch eindeutig

Fallbeispiele

Konsilanforderung der medizinischen Intensivstation für eine 27jährige Patientin nach Suizidversuch

Die konsiliarpsychiatrische Untersuchung ergibt, daß die Patientin nach einer Enttäuschung mit ihrem Freund 20 Tabletten eines freiverkäuflichen Beruhigungsmittels in suizidaler Absicht und unter Alkoholeinfluß eingenommen hat. Es handelt sich um den ersten Suizidversuch der Patientin. Bei dem Gespräch auf der Intensivstation ist sie gegenüber dem auslösenden Ereignis sehr distanziert, erscheint dem Psychiater abwehrend, beteuert, daß es sich lediglich um eine Kurzschlußreaktion handele, die sie sehr bedauere und die sie nicht wiederholen werde. Der Psychiater hat das Gefühl, an die Patientin nicht heranzukommen. Nachdem die übrige Anamnese keine weiteren Auffälligkeiten ergibt und die Patientin den Wunsch äußert, entlassen zu werden, empfiehlt der Psychiater die Entlassung, leitet aber eine Nachsorge dergestalt ein, daß er der Patientin die Adresse eines Therapeuten mitgibt und ihr erklärt, warum er eine zumindest kurze Nachsorge für angebracht hält. Dabei merkt der Psychiater, daß die Patientin diese Nachsorge nicht in Anspruch nehmen wird.

Anforderung eines psychiatrischen Konsils auf einer peripheren internistischen Station

Der Psychiater wird zu einem 72jährigen Mann mit einer Koronarerkrankung und Diabetes gerufen. Auf der internistischen Station war aufgefallen, daß der Mann depressiv und resigniert war, keinen Appetit hatte und von der Sinnlosigkeit seines Lebens gesprochen hatte. Neben der diagnostischen Abklärung war die Frage der Internisten, ob hier eine Pflegschaft errichtet werden müsse und ob eine Heimunterbringung notwendig sei.

Bei der Konsiliaruntersuchung zeigte sich bei dem Patienten ein depressiv-organisches Psychosyndrom mit latenter Suizidalität und Fragen der Bilanzierung seines Lebens. Der Patient hatte ein Jahr zuvor seine Ehefrau durch Tod verloren und lebte nun allein in der langjährig gemeinsamen Wohnung. Die Selbstversorgung funktionierte schlecht und recht, zum Teil mit Hilfe der Nachbarn. Der Patient war aber nicht mehr in der Lage, sich an die diätetischen Vorschriften wegen seines Diabetes zu halten, und war mehrfach mit Zuckerentgleisungen in die Notfallambulanz gebracht worden. Ein weiteres sozial tragendes Umfeld ließ sich nicht explorieren, das Ehepaar hatte keine Kinder, und Verwandte waren auch nicht in der Nähe.

Die vorgeschlagene Therapie des Konsiliarpsychiaters bestand zum einen in dem Vorschlag, eine niedrigdosierte antidepressive Behandlung zu beginnen, und zum anderen darin, eine Heimunterbringung, mit der der Patient einverstanden war, in die Wege zu leiten. Der Sinn einer Pflegschaft wurde mit dem

Patienten besprochen und von diesem kooperativ aufgenommen, so daß ein entsprechender Antrag formuliert werden konnte.

Anforderung einer psychiatrischen Konsiliaruntersuchung von der herzchirurgischen Intensivstation

Hier war ein 38jähriger Mann 2 Tage nach Mitralklappenersatz postoperativ auffällig geworden: Er schaute ängstlich im Zimmer herum, schien Stimmen zu hören und wähnte sich verfolgt. Der Psychiater diagnostizierte eine postoperative paranoid-halluzinatorische Psychose und verordnete ein hochpotentes Neuroleptikum, das innerhalb von 3 Tagen zu einem völligen Abklingen des psychotischen Zustandsbildes führte.

Anforderung eines Konsiliarbesuches in einer Chirurgischen Klinik

Auf dem Konsilschein hatte der Chirurg zur Fragestellung vermerkt: „Zustand nach Gastrektomie bei Neoplasma, jetzt Relaparatomie vorgesehen, Patientin psychisch instabil - ist über Prognose und Krankheit nicht aufgeklärt. Stimmungsaufhellende Medikation angezeigt"?

Der Psychiater fand bei seinem Besuch eine 57jährige Frau vor, die schwer gequält und voller Unruhe den Ärzten global Vorwürfe machte, u. a. daß sie doch alles eher hätten erkennen müssen. Sie machte sich Sorgen über die Genese ihrer Schmerzen, fragte den Psychiater dann, ob das wohl „zum Letzten führe" und ob das „wirklich schon das Ende" sein solle. Ferner äußerte sie mehrfach in starker Verzweiflung ihre Angst, daß die Ärzte ihr etwas verheimlichen würden.

Das Grundversäumnis der vorbehandelnden Ärzte lag darin, daß die Patientin über ihre Erkrankung nicht aufgeklärt worden war und nun ihre ständige Verschlechterung miterlebte, die sie sich nicht erklären konnte und die den verbalen Aussagen ihrer behandelnden Ärzte entgegenstand. In einem Gespräch mit den Ärzten der Station wies der Konsiliarpsychiater darauf hin, daß die nicht stattgefundene Aufklärung die Arzt-Patient-Beziehung sicher sehr verschlechtert habe, daß aber ein Gespräch mit der Patientin über ihre wirkliche Erkrankung jetzt unbedingt nachgeholt werden müsse. Der Psychiater ließ dieses Gespräch nicht an sich delegieren, sondern meinte, daß dies Aufgabe der zuständigen Chirurgen sei.

Konsilanforderung aus der Hautklinik
Ein 54jähriger Mann mit Melanomverdacht hatte 2 Tage nach der Aufnahme auf die Station einen Krampfanfall und eine Entzugssymptomatik entwickelt. Der Psychiater findet bei seinem Besuch einen desorientierten Patienten mit starkem Tremor und anderen vegetativen Zeichen vor, bei dem anhand der laborchemischen Daten und des Fremdreferates der Ehefrau ein jahrelanger chronischer Alkoholismus besteht. Bei dem Patienten hat sich durch das abrupte Absetzen des Alkohols anläßlich der stationären Aufnahme eine delirante Symptomatik ausgebildet. Der Psychiater empfiehlt in der akuten Situation eine Medikation mit Distraneurin® und intensive Überwachung einschließlich einer Sitzwache und nach Abklingen der deliranten Symptomatik ein Rekonsil zur Frage der Motivationsüberprüfung des Patienten zu einer längerfristigen Entwöhnungstherapie. Nach Abklingen des Entzugssyndroms findet dieses Gespräch statt: Der Patient bagatellisiert seinen Alkoholkonsum und verleugnet damit sein Problem „Alkoholismus“, ist aber bereit, eine ambulante Selbsthilfegruppe aufzusuchen. Der Psychiater bespricht auch mit der Ehefrau die Notwendigkeit einer solchen kontinuierlichen Weiterbehandlung.

20 Forensische Psychiatrie

Gegenstand/Aufgaben der forensischen Psychiatrie: Sachverständigen- und Gutachtertätigkeit im Zusammenhang mit rechtlichen Aspekten psychischer Krankheiten

Stellung, Rechte und Pflichten des Sachverständigen/Gutachters:

- Auftragserteilung und Leitung der Tätigkeit des Sachverständigen erfolgt vom Richter
- Sachverständiger nimmt Gehilfenstellung für das Gericht ein (erfordert Kenntnis der wichtigsten gesetzlichen Bestimmungen, s. u.)
- Zeugnisverweigerungsrecht (zu gleichen Bedingungen wie für Zeugen) für Sachverständige
- Recht des Sachverständigen auf Akteneinsicht (genaue Kenntnis aller Akten für gutachterliche Beurteilung wichtig), Vernehmung von Zeugen sowie des Beschuldigten, körperliche Untersuchung und Eingriffe (z. B. Blutproben), sofern kein Nachteil für die Gesundheit des Beschuldigten zu erwarten ist
- Verpflichtung des Sachverständigen, sein Gutachten unparteiisch zu erstellen

Fragestellungen eines Gutachtens:

- Feststellung des psychischen und somatischen Zustandes des Täters zum Untersuchungszeitpunkt und
- Feststellung, ob von dem Untersuchten durch eine psychische Krankheit in der Zukunft eine Gefährdung ausgeht
- weiterhin: Erstellung von Gutachten zur Fahrtauglichkeit (z. B. bei Patienten mit Psychosen, deren Reaktions- und Wahrnehmungsvermögen aufgrund der regelmäßigen Einnahme von Psychopharmaka beeinträchtigt sein kann, sowie bei Patienten mit hirnorganischen Ausfällen, Abbauprozessen oder Anfallsleiden)

- psychiatrisch relevante Fragen der Berufs- bzw. Erwerbsunfähigkeit (Entscheidungshilfe für Sozialgerichte bei Fragen der Berentung bzw. der Beurteilung des Ausmaßes der Berufs- oder Erwerbsunfähigkeit)

Einteilung der Sachgebiete

- ***Strafrecht (StGB)***
  - § 20 StGB: Schuldunfähigkeit wegen seelischer Störungen
  - § 21 StGB: Verminderte Schuldfähigkeit
  - § 63 StGB: Unterbringung in einer Psychiatrischen Krankenanstalt
  - § 64 StGB: Unterbringung in einer Entziehungsanstalt
  - § 126 a StPO: Einstweilige Unterbringung
  - § 66 StGB: Sicherungsverwahrung

  Jugendgerichtsgesetz (JGG)
  - § 3 JGG: Strafmündigkeit
  - § 105 JGG: Anwendung des Jugendstrafrechtes auf Heranwachsende
  - § 106 JGG: Milderung des allgemeinen Strafrechts für Heranwachsende
- ***Bürgerliches Recht (BGB)***
  - § 104 BGB: Geschäftsunfähigkeit
  - § 1910 BGB: Errichtung einer Pflegschaft
  - § 6 BGB: Entmündigung
  - § 1906 BGB: Vorläufige Vormundschaft
  - § 2229 BGB: Testierfähigkeit
- ***Eherecht (EheG)***
  - § 32 EheG: Klärung der Ehegültigkeit
- ***Unterbringungsgesetze***

20.1 Strafrecht (StGB)

§ 20 StGB: Schuldunfähigkeit wegen seelischer Störungen
„Ohne Schuld handelt, wer bei Begehung der Tat wegen einer krankhaften seelischen Störung, wegen einer tiefgreifenden Bewußtseinsstörung oder wegen Schwachsinns oder einer schweren anderen seelischen Abartigkeit unfähig ist, das Unrecht der Tat einzusehen oder nach dieser Einsicht zu handeln."
Schuldfähigkeit ist demnach auszuschließen, wenn zur Tatzeit

- eine schwere krankhafte seelische Störung (psychische Veränderungen aufgrund von Krankheitsvorgängen, z. B. endogenen Psychosen, Hirnkrankheiten, Hirnschäden),
- eine tiefgreifende Bewußtseinsstörung (z. B. hochgradiger Affekt, ausgeprägte Erschöpfung, Ermüdung etc., sofern die Persönlichkeit dadurch massiv beeinträchtigt oder gestört war),
- Schwachsinn *oder*
- eine andere schwere seelische Abartigkeit (z. B. schwere Neurosen, schwere Persönlichkeitsstörungen, sexuelle Perversion)

vorgelegen hat. Es muß belegt werden, daß eines dieser genannten biologischen Merkmale die Fähigkeit zur Einsicht in rechtmäßiges Verhalten gemindert hat und die entsprechende Steuerung des Verhaltens zur Tatzeit aufgehoben war. Schuldunfähigkeit im Sinne des § 20 StGB wird eher selten, nur bei besonderem Schweregrad der zugrundeliegenden psychischen Störung ausgesprochen. Die Entscheidung darüber wird vom Gericht gefällt.

§ 21 StGB: Verminderte Schuldfähigkeit
„Ist die Fähigkeit des Täters, das Unrecht der Tat einzusehen oder nach dieser Einsicht zu handeln, aus einem der in § 20 bezeichneten Gründe bei Begehung der Tat erheblich vermindert, so kann die Strafe nach § 49, Abs. 1 gemildert werden."
Verminderte Schuldfähigkeit im Sinne des § 21 StGB demnach bei

- psychischen Störungen, die weniger stark ausgeprägt sind als diejenigen, für die § 20 StGB gilt
- Taten unter Alkohol- bzw. Drogeneinfluß (Verminderung der Schuldfähigkeit abhängig von der Promillezahl; Einholung eines rechtsmedizinischen Gutachtens)

§ 63 StGB: Unterbringung in einer Psychiatrischen Krankenanstalt

„(1) Hat jemand eine rechtswidrige Tat im Zustand der Schuldunfähigkeit (§ 20) oder der verminderten Schuldfähigkeit (§ 21) begangen, so ordnet das Gericht die Unterbringung in einer Psychiatrischen Krankenanstalt an, wenn die Gesamtwürdigung des Täters und seiner Tat ergibt, daß von ihm infolge seines Zustandes erhebliche rechtswidrige Taten zu erwarten sind und er deshalb für die Allgemeinheit gefährlich ist."

wichtig bei dieser *Maßregel der Besserung und Sicherung* ist, daß

- Schuldunfähigkeit oder verminderte Schuldfähigkeit sicher festgestellt ist,
- die psychische Störung nicht nur zur Tatzeit, sondern langandauernd besteht,
- erneute rechtswidrige Taten wahrscheinlich und der Schweregrad der zu erwartenden Taten erheblich sind,
- somit eine Gefahr für die Allgemeinheit besteht,
- erprobt wird (sobald dies verantwortet werden kann), ob der Untergebrachte außerhalb des Maßregelvollzugs keine rechtswidrigen Taten mehr begehen wird.

Derartige Unterbringung erfolgt meist aufgrund der Diagnosen „endogene Psychosen" (insb. Schizophrenien) und Oligophrenien, weniger häufig wegen organisch bedingter psychischer Störungen, Neurosen/Persönlichkeitsstörungen sowie gelegentlich auch wegen Suchterkrankungen

§ 64 StGB: Unterbringung in einer Entziehungsanstalt

„(1) Hat jemand den Hang, alkoholische Getränke oder andere Rauschmittel im Übermaß zu sich zu nehmen, und wird er wegen der rechtswidrigen Tat, die er im Rausch begangen hat oder die auf seinen Hang zurückgeht, verurteilt oder nur deswegen nicht verurteilt, weil seine Schuldunfähigkeit erwiesen oder nicht auszuschließen ist, ordnet das Gericht die Unterbringung in einer Entziehungsanstalt an, wenn die Gefahr besteht, daß er infolge seines Hanges erhebliche rechtswidrige Taten begehen wird.

(2) Die Anordnung unterbleibt, wenn eine Entziehungskur von vornherein aussichtslos erscheint."

Unterbringung (in der Regel in Sucht- bzw. Forensischen Abteilungen von Psychiatrischen Landeskrankenhäusern) demnach bei

- Verbindung zwischen Sucht und Straftaten
- zukünftig drohenden Straftaten

§ 126a StPO: Einstweilige Unterbringung

„(1) Sind dringende Gründe für die Annahme vorhanden, daß jemand eine rechtswidrige Tat im Zustand der Schuldunfähigkeit oder verminderten Schuldfähigkeit (§§ 20, 21 StGB) begangen hat und daß seine Unterbringung in einem Psychiatrischen Krankenhaus oder einer Entziehungsanstalt angeordnet werden wird, so kann das Gericht durch Unterbringungsbefehl die einstweilige Unterbringung in einer dieser Anstalten anordnen, wenn die öffentliche Sicherheit es erfordert.

...

(3) Der Unterbringungsbefehl ist aufzuheben, wenn die Voraussetzungen der einstweiligen Unterbringung nicht mehr vorliegen ...“

§ 66 StGB: Sicherungsverwahrung

Sicherungsverwahrung in forensischer Abteilung eines Psychiatrischen Krankenhauses erfolgt zum Schutz der Gesellschaft vor gefährlichen Hangtätern

Bedingungen für Sicherungsverwahrung:

- wiederholte Straffälligkeit
- Prüfung alle 2 Jahre, ob Vollstreckung der Unterbringung zur Bewährung ausgesetzt werden kann

Jugendgerichtsgesetz (JGG)

Das JGG ist anzuwenden auf Jugendliche von 14–21 Jahren:

14. Lebensjahr:	Beginn der Strafmündigkeit
15.–18. Lebensjahr:	Verantwortlichkeit des Jugendlichen (bedingte Strafmündigkeit)
19.–21. Lebensjahr:	Anwendung des Jugendstrafrechts auf Heranwachsende (volle Strafmündigkeit)

§ 3 JGG: Strafmündigkeit

„Ein Jugendlicher ist strafrechtlich verantwortlich, wenn er nach seiner sittlichen und geistigen Entwicklung reif genug ist, das Unrecht der Tat einzusehen und nach dieser Einsicht zu handeln. Zur Erziehung eines Jugendlichen, der mangels Reife strafrechtlich nicht verantwortlich ist, kann der Richter dieselben Maßnahmen anordnen wie der Vormundschaftsrichter."

§ 105 JGG: Anwendung des Jugendstrafrechts auf Heranwachsende

„(1) Begeht ein Heranwachsender eine Verfehlung, die nach den allgemeinen Vorschriften mit Strafe bedroht ist, so wendet der Richter die für einen Jugendlichen geltenden Vorschriften der §§ 4–8, 9 Nr. 1, §§ 10, 11 und 13–32 an, wenn
1. die Gesamtwürdigung der Persönlichkeit des Täters bei Berücksichtigung auch der Umweltbedingungen ergibt, daß er zur Tat nach seiner sittlichen und geistigen Entwicklung noch einem Jugendlichen gleichstand oder
2. es sich nach der Art, den Umständen oder den Beweggründen der Tat um eine Jugendverfehlung handelt.

(2) Das Höchstmaß der Jugendstrafe für Heranwachsende beträgt 10 Jahre."

§ 106 JGG: Milderung des allgemeinen Strafrechts für Heranwachsende

„(1) Ist wegen der Straftat eines Heranwachsenden das allgemeine Strafrecht anzuwenden, so kann der Richter anstelle von lebenslanger Freiheitsstrafe auf eine Freiheitsstrafe von 10–15 Jahren erkennen.

(2) Sicherungsverwahrung darf der Richter nicht anordnen. Er kann anordnen, daß der Verlust der Fähigkeit, öffentliche Ämter zu bekleiden und Rechte aus öffentlichen Wahlen zu erlangen (§ 31, Abs. 1 StGB), nicht eintritt."

Aufgaben eines psychiatrischen Sachverständigen/Gutachters im Jugendrecht: Hinzuziehung erfolgt zur

- Feststellung des Entwicklungsstandes des Jugendlichen
- Prüfung, ob Heranwachsender dem JGG unterliegt
- Prüfung, ob Einleitung erzieherischer Maßnahmen sinnvoll ist (ist Heranwachsender erzieherischen Maßnahmen noch zugänglich?)

Kann ein Jugendlicher für seine Tat nicht verantwortlich gemacht werden, so kommen nach § 5 JGG in Frage:

- *erzieherische Maßnahmen* (z. B. Weisungen des Aufenthaltes in Familie, Heim etc.; heilerzieherische Behandlung, § 10 JGG; Erziehungsbeistandschaft; Fürsorgeerziehung)

- *Zuchtmittel* (z. B. Verwarnung; Auferlegung besonderer Pflichten; Freizeitarrest; Freizeitarbeit)

20.2 Bürgerliches Recht (Zivilrecht)

§ 104 BGB: Geschäftsunfähigkeit
„Geschäftsunfähig ist:
1. wer das 7. Lebensjahr nicht vollendet hat;
2. wer sich in einem die freie Willensbestimmung ausschließenden Zustand krankhafter Störung der Geistestätigkeit befindet, sofern nicht der Zustand seiner Natur nach ein vorübergehender ist;
3. wer wegen Geisteskrankheit entmündigt ist."

wichtig: Im Gegensatz zum Strafrecht muß Geschäftsunfähigkeit bewiesen werden (im Strafrecht ist Schuldfähigkeit zu beweisen)
Gründe für Geschäftsunfähigkeit:
- seelische Störungen (z. B. Manien, Schizophrenien etc.)
- andere psychische Verfassungen, die eine freie Willensbestimmung ausschließen
- besonders häufig bei hirnorganischen Erkrankungen, Schwachsinn, Wesensveränderungen aufgrund von Epilepsie sowie bei Demenz

§ 1910 BGB: Errichtung einer Pflegschaft
„(2) Vermag ein Volljähriger, der nicht unter Vormundschaft steht, infolge geistiger oder körperlicher Gebrechen einzelne seiner Angelegenheiten oder einen bestimmten Kreis seiner Angelegenheiten, insbesondere seine Vermögensangelegenheiten, nicht zu besorgen, so kann er für diese Angelegenheiten einen Pfleger erhalten.
(3) Die Pflegschaft darf nur mit Einwilligung des Gebrechlichen angeordnet werden, es sei denn, daß eine Verständigung mit ihm nicht möglich ist."

Beantragung der Pflegschaft beim zuständigen Amtsgericht durch Familienangehörige oder behandelnden Arzt

§ 6 BGB: Entmündigung

„Entmündigt werden kann:

1. wer infolge von Geisteskrankheit oder von Geistesschwäche seine Angelegenheiten nicht zu besorgen vermag;
2. wer durch Verschwendung sich oder seine Familie der Gefahr des Notstandes aussetzt;
3. wer infolge von Trunksucht oder Rauschmittelsucht seine Angelegenheiten nicht zu besorgen vermag oder sich oder seine Familie der Gefahr des Notstandes aussetzt oder die Sicherheit anderer gefährdet.

Die Entmündigung ist wieder aufzuheben, wenn der Grund der Entmündigung wegfällt."

Entmündigungen können ausgesprochen werden bei Schizophrenie, Manie, chronischem Alkoholabusus, Schwachsinn oder Demenz

§ 1906 BGB: Vorläufige Vormundschaft

„Ein Volljähriger, dessen Entmündigung beantragt ist, kann unter vorläufige Vormundschaft gestellt werden, wenn das Vormundschaftsgericht es zur Abwendung einer erheblichen Gefährdung der Person oder des Vermögens des Volljährigen für erforderlich erachtet."

Unterschiede zwischen Pflegschaft, Entmündigung und vorläufiger Vormundschaft

Pflegschaft:

- mildeste Form des Eingriffs: auf Einwilligung des Betreffenden, kann auf dessen Antrag wieder aufgehoben werden und erstreckt sich nur auf bestimmte Bereiche (z. B. Aufenthaltsort, Vermögensverwaltung)
- Anordnung gegen den Willen des Betreffenden nur möglich, wenn er zu keiner natürlichen zweckgerichteten Willensbildung in der Lage ist
- Geschäftsunfähigkeit wird in der Regel nur bei Pfleglingen, die unter Zwangspflegschaft stehen und mit denen eine Verständigung über diese nicht möglich ist, mitverhängt, ansonsten getrennte Regelung

In Zukunft sollen Pflegschaft und Entmündigung wegfallen (Einführung eines Betreuungsrechts ab 1992)

Entmündigung:

- Einwilligung des Betreffenden nicht nötig
- bezieht sich auf alle Bereiche des Lebens
- Aufhebung nur dann, wenn Grund für die Entmündigung wegfällt (ärztliches Gutachten)
- Geschäftsfähigkeit kann bei Entmündigung wegen „Geistesschwäche“ noch begrenzt vorliegen, die Entmündigung wegen „Geisteskrankheit“ schließt dagegen Geschäftsunfähigkeit ein
- Entmündigungsverfahren sehr zeitaufwendig

Vorläufige Vormundschaft:

- dient als Übergangsverfahren
- kann ohne psychiatrisches Gutachten ausgesprochen werden (ärztliches Attest reicht aus)
- beschränkte Geschäftsfähigkeit bleibt erhalten

§ 2229 BGB: Testierfähigkeit

„3. Wer entmündigt ist, kann ein Testament nicht errichten. Die Unfähigkeit tritt schon mit der Stellung des Antrages ein, aufgrund dessen die Entmündigung ausgesprochen wird.

4. Wer wegen krankhafter Störung der Geistestätigkeit, wegen Geistesschwäche oder wegen Bewußtseinsstörung nicht in der Lage ist, die Bedeutung einer von ihm abgegebenen Willenserklärung einzusehen und nach dieser Einsicht zu handeln, kann ein Testament nicht errichten.“

Die Beurteilung der Testierfähigkeit hat besondere Relevanz in der forensischen *Geriatrie*. Rückwirkende Stellungnahme zur Testierfähigkeit meist problematisch, da psychiatrische Untersuchung häufig nicht mehr durchgeführt werden kann

20.3 Eherecht

§ 32 EheG: Klärung der Ehegültigkeit

„Bei nichtvorhandener Geschäftsfähigkeit oder einer vorübergehenden Störung der Geistestätigkeit kann eine Ehe, sofern dieser Zustand zum Zeitpunkt der Eheschließung bestand, für nichtig erklärt werden.“

Dieser „Zustand" umfaßt auch
- manische/depressive Phasen oder
- Rauschzustände

Außerdem ist Aufhebung der Ehe möglich,
„wenn sich der Ehegatte bei der Eheschließung über solche persönlichen Eigenschaften des Ehegatten geirrt hat, die ihm bei Kenntnis der Sachlage und bei verständiger Würdigung des Wesens der Ehe von der Eingehung der Ehe abgehalten haben würden."
Zu diesen „persönlichen Eigenschaften" zählt die Rechtsprechung:
- Schwachsinn
- schwere Sucht
- schwerwiegende sexuelle Deviation
- schizophrene Erkrankung
- Epilepsie

20.4 Unterbringungsgesetze

Die Einweisung und Unterbringung psychisch Kranker ist durch Unterbringungsgesetze der einzelnen Bundesländer geregelt.

Bedingungen für die Einweisung in ein Psychiatrisches Krankenhaus durch Unterbringungsbeschluß (Zwangseinweisung):

- Gefährdung der öffentlichen Sicherheit oder Ordnung in erheblichem Maße aufgrund von psychischer Krankheit oder Geistesschwäche, insb. wenn jemand sein Leben oder seine Gesundheit gefährdet (Prinzip: Selbst- und/oder Fremdgefährdung)
- Unterbringung darf nur erfolgen, wenn Gefährdung durch weniger einschneidende Mittel nicht abgewendet werden kann
- Gutachten des Amtsarztes oder des Psychiatrischen Krankenhauses (in Notfällen Einweisungszeugnis durch jeden Arzt ausstellbar) erforderlich
- Aufklärungspflicht seitens des Arztes
- mündliche Anhörung des Betreffenden durch das Gericht innerhalb der ersten 24 h nach Einweisung

Entscheidung über Einweisung oder Fortdauer der Unterbringung (nach vorheriger Anhörung eines psychiatrischen Sachverständigen) nur durch den Richter!

21 Ethik in der Psychiatrie

Definition Ethik in der Psychiatrie: Fragen der allgemeinen menschlichen Ethik, bezogen auf spezielle psychiatrische Probleme. Entwicklung eines ethischen Verhaltenskodex

Problembereiche der Ethik in der Psychiatrie im Zusammenhang mit:

Behandlung und Versorgung
- Zwangseinweisung
- Anwendung von Zwang bei stationär aufgenommenen Patienten
- Behandlung von suizidalen Patienten
- Arzt-Patient-Beziehung
- Einsichtnahme in die Krankengeschichte
- Ethik im Sinne sozialpolitischen Handelns

Forschung

Psychiatrie und Gesellschaft
- Psychiatrie und Strafrecht
- Mißbrauch gutachterlicher Funktionen
- Vorurteile und Öffentlichkeit

21.1 Behandlung und Versorgung

Zwangseinweisung
Im Unterschied zu den meisten auf Freiwilligkeit basierenden Behandlungen in der somatischen Medizin fehlt bei vielen psychia-

trischen Patienten Krankheitseinsicht, häufig Verweigerung notwendiger Behandlung (psychisches Kranksein ist größere Kränkung als körperliche Krankheit). Abwägung zwischen dem Recht auf individuelle Freiheit des Patienten und dem Schutz der Gesellschaft vor Bedrohungen durch den Patienten ist erforderlich!
Möglicher Konflikt zwischen Psychiater und Richter bei Anwendung des Unterbringungsgesetzes: Psychiater besteht auf Behandlung - Richter prüft in wörtlicher Auslegung des Unterbringungsgesetzes überwiegend die momentane Gefährdung mit Unterschätzung etwa der psychotischen Störung; zusätzlich Ambivalenz des zum Handeln gezwungenen Beteiligten

Anwendung von Zwang bei stationär aufgenommenen Patienten
Vor Anwendung von Zwangsmaßnahmen Versuch der Aufklärung über Erkrankung und Behandlung, einschließlich Risiken und Gefahren. Versuch der Überredung zur Behandlung, zu freiwilliger Akzeptanz oder wenigstens Duldung der Therapie

- ***Fixierung:*** bei Aggressivität des Patienten u. U. „Fixierung" durch Bauch-, Hand- oder Fußgurte. Ärztliche Maßnahme, nur auf formale schriftliche Anordnung mit Niederlegung der genauen Zeiten der Fesselung des Patienten in seiner „Kurve"! Geringstmögliche Anwendung dieser Maßnahme!
- ***Zwangsmedikation:*** nur im Notfall und nur kurzfristig! Wenn nötig, entschlossenes und eindeutiges Handeln, beispielsweise bei Injektion mehrere Personen hinzuziehen! *Keinesfalls* heimliche Gabe von Medikamenten zur Vermeidung von Konflikten! Hierdurch Bestätigung des Mißtrauens des Patienten, z. B. vergiftet zu werden. Ansonsten möglichst abwarten, überzeugen. Abwägen zwischen Autonomietendenz des Patienten und Verantwortlichkeit des Arztes

Behandlung von suizidalen Patienten
Bei aktueller Suizidalität Notwendigkeit der Zwangsunterbringung. Übernahme von Patienten nach Suizidversuch von der Intensivstation in stationäre psychiatrische Behandlung. Versuch des Aufbaus einer Vertrauensbeziehung als Grundlage der Behandlung (vgl. Kap. Suizidalität und Krisenintervention, S. 229 ff.)

Suizidprophylaxe auf Station: Schaffung einer Situation der Geborgenheit in einer freieren Atmosphäre, statt kustodialer Sicherung mit Vermeidung aller Risiken. Trotzdem notwendige Kontrollen (juristische Frage der Aufsichtspflicht des Arztes und des Pflegepersonals bei suizidalen Patienten)! Anwendung von Zwangsmaßnahmen mit größter Zurückhaltung!

Arzt-Patient-Beziehung

- Der Patient muß auf Einhaltung der *ärztlichen Schweigepflicht* vertrauen können: keine Weitergabe von Patienteninformationen ohne Genehmigung des Betreffenden; keine Verwendung von Informationen aus einer Behandlung in Gutachten ohne Genehmigung des Patienten (gilt auch für Gutachten des früher oder gegenwärtig behandelnden Arztes!). Weiterbestehen der Schweigepflicht auch nach dem Ableben des Patienten. Aufhebung der ärztlichen Schweigepflicht nur in (seltenen) Fällen der Gefährdung höheren Rechtsguts (drohende Straftat)
- Keine Ausnutzung der *Machtposition des Arztes* (real oder im Verlauf des psychotherapeutischen Geschehens)

Frage der Einsichtnahme in Krankengeschichten

Allgemeinmedizinische Befunde müssen dem (ehemaligen) Patienten oder seinem juristischen Vertreter zugänglich gemacht werden, psychiatrische Teile der Krankengeschichte müssen dagegen nur im Einzelfall, nicht jedoch generell zur Einsicht offenstehen

Ethik im Sinne sozialpolitischen Handelns

Ethische Verpflichtung des Psychiaters, die Benachteiligung psychisch Kranker in vielen Bereichen aufzuzeigen und diesen Zustand zu beseitigen, d. h. Verpflichtung, „psychisch Kranken als Randgruppe“ adäquate, mit somatischen Versorgungsbereichen vergleichbare Bedingungen zu schaffen

21.2 Forschung

Die Notwendigkeit wissenschaftlicher Grundlagen- und Therapieforschung sowie Medikamentenstudien besteht auch in der Psychiatrie. Zu berücksichtigen sind:

- Gefahr des Mißbrauchs von nichteinwilligungsfähigen Patienten zu riskanten Studien: generell nur Studien mit einwilligungsfähigen Patienten nach Prüfung durch die zuständige Ethikkommission („informierte Zustimmung" nach Aufklärung, unter Zuhilfenahme eines entsprechenden Formulars). Nur ausnahmsweise bei entmündigten oder unter Pflegschaft stehenden Patienten: Zustimmung des Vormunds oder Pflegers erforderlich. Die Behandlung sollte zumindest einen möglichen Nutzen für den Betreffenden bringen
- Gefahr der Korrumpierung der Untersucher bei Arzneimittelstudien durch persönliche finanzielle Zuwendungen von Industriefirmen oder anderen Geldgebern

Ratsam: Beachtung der Empfehlungen des Weltärztebundes zur Durchführung von wissenschaftlichen Versuchen am Menschen (Deklarationen von Helsinki und Tokio); in jedem Fall Einschaltung der zuständigen Ethikkommission

21.3 Psychiatrie und Gesellschaft

Psychiatrie und Recht

Forderung der Gesellschaft nach Bestrafung von Straftätern bei Vorliegen von Schuldfähigkeit. Psychiater als Sachverständiger für die Frage des Vorliegens der medizinischen Voraussetzungen für die Annahme von Schuldunfähigkeit bzw. verminderter Schuldfähigkeit (s. Kap. „Forensische Psychiatrie", S. 246 ff.).
Ethisches Problem: die Findung einer *neutralen* Position als Gutachter. Konflikt zwischen Arztrolle und Identifikation mit der öffentlichen Forderung nach „gerechter Bestrafung", vertreten durch den Staatsanwalt (besonders schwierige Gutachterposition

in den USA als Gutachter für eine der Parteien vor Gericht, d. h. kein richterlicher Auftrag. Extreme Probleme in Ländern, in denen Dissidenten psychiatrisch zwangsbehandelt werden).
Vorsicht vor *Mißbrauch gutachterlicher Funktionen* (z. B. bei Begutachtung von Pflegschaft und Entmündigung; Extremfall „Begutachtung" psychisch Kranker im Rahmen der sog. Euthanasie im Dritten Reich)

Vorurteile und Öffentlichkeit

- Richtigstellung und Bekämpfung der in der Gesellschaft immer noch häufig bestehenden unberechtigten Fehl- und Vorurteile sowie der oft massiven Ablehnung psychisch Kranker
- Vertretung der Interessen von psychisch Kranken durch Ärzte, sonstige Behandelnde sowie durch Angehörige, da Patienten oft nicht zur Gegenwehr bzw. zur eigenen Durchsetzung ihrer Ansprüche in der Lage sind und häufig aus Angst vor Abwertung fürchten, öffentlich in Erscheinung zu treten

22 Geschichte der Psychiatrie

Prägung des Begriffs „Psychiatrie“ (griech. *psyche* = Seele, *iatros* = Arzt) durch Johann Christian Reil (1759–1813). Ansätze zu einer ärztlichen Seelenheilkunde im griechisch-römischen Altertum. Entwicklung der Psychiatrie im heutigen Sinne erst in den letzten 200 Jahren (für einen vertiefenden Überblick über die Geschichte der Psychiatrie, vgl. Weiterführende Literatur, S. 273)

22.1 Antike

Natürliche Erklärung von Geisteskrankheiten durch Verknüpfung von körperlichen und seelischen Vorgängen durch griechische Ärzte. Im „Corpus hippocraticum“ Darstellung der 4-Säfte-Lehre mit Ableitung des Temperaments: Blut: Sanguiniker, gelbe Galle: Choleriker, schwarze Galle: Melancholiker, Schleim: Phlegmatiker. *Humoralpathologie:* durch Störung im Säftegleichgewicht Entstehung von Krankheiten

In der *römischen Zeit* Behandlung psychischer Störungen durch Isolierung, Sicherung des Kranken in Räumen mit hochliegenden Fenstern. Massage, mäßiger Aderlaß, Diät, Lokalbehandlung des Kopfes durch Ölumschläge oder Schröpfen. Stärkung des Verstandes durch kritisches Lesen von Texten, durch Fragenstellen oder Theaterspielen, auch Brettspielen und Reisen

Aus der Antike sind *keine psychiatrischen Krankenhäuser* bekannt.

22.2 Mittelalter und Renaissance

Verbreitung der griechischen und römischen Heilkunst durch die *Araber* in den von ihnen eroberten Gebieten Europas. Gründung der *ersten Spezialanstalten für Geisteskranke* u. a. in Damaskus. Gute Pflege der Irren, Wohlwollen gegenüber den Geisteskranken

Im Mittelalter Weiterführung der arabischen Tradition besonders durch die Spanier, dann auch in Frankreich, England und Deutschland. Oft aber auch nur *inhumane Verwahrung* der Kranken, z. B. im „Stocke" in Frankfurt oder in den „Dorenkisten" in Lübeck. Öfter auch Ausweisung durch den Rat der betreffenden Stadt. Unterbringung von wohlhabenden Kranken in Festungs- oder Stadttürmen

Im späten Mittelalter wurden *Geisteskranke als Hexen,* Hexenmeister und Zauberer (mit Krankheitssymptomen als Teufelswerke) vielfach durch die Inquisition verfolgt. 1486 Publikation des Handbuchs der Hexenverfolger *„Malleus maleficarum" (Der Hexenhammer),* verfaßt von den Dominikanern Heinrich Krämer und Jacob Sprenger: der Tod als therapia ultima. 15.–17. Jahrhundert: Folterung und Verbrennung von Tausenden von Kranken

22.3 17. und 18. Jahrhundert

Geisteskranke wurden als *Asoziale* gemeinsam mit Krüppeln, Armen, Landstreichern und Prostituierten eingesperrt. In Frankreich Einrichtung des „Hôpital général" beispielsweise in Paris, in Deutschland Zuchthäuser, in England „Workhouses". Geisteskranke oft in Ketten, keine Behandlung durch Ärzte. Nach dem Beginn von Reformen im 16. Jahrhundert eher Stagnation im 17. Jahrhundert

Im Zuge der *Aufklärung* in der zweiten Hälfte des 18. Jahrhunderts *Humanisierung der Behandlung* der Geisteskranken. Aus den alten Tollhäusern werden Irrenanstalten, z. B. die legendäre Befreiung der Irren von ihren Ketten in der „Bicêtre" in Paris durch *Philipp Pinel* (1793)

22.4 19. Jahrhundert

Beginn des 19. Jahrhunderts: Psychiatrie in *Frankreich* führend: Philippe Pinel (1745-1826), sein Schüler Etienne Esquirol (1772-1840, „Lehre von den Monomanien") und Joseph Daquin (1788-1815). Insb. Pinel und Daquin sind Befürworter des *„traitement moral"*, einer neuen Form des Umgangs mit den Kranken, gekennzeichnet durch Zuwendung, Milde und Geduld

1. Hälfte des 19. Jahrhunderts: in *Deutschland* die *„Psychiker"* (romantische Psychiatrie): Geisteskrankheiten als Erkrankungen der körperlosen Seele, als Folge der Sünde. Therapie mit z. T. barbarischen körperlichen Behandlungsmethoden, um die Seele zu erschüttern: Darwinscher Stuhl, Untertauchen in eiskaltes Wasser, Hungerkuren, Elektrizität. Vertreter dieser Lehre: Johann Christian August Heinroth (1773-1843), Karl-Wilhelm Ideler (1795-1860) und Justinus Kerner (1786-1862)
Demgegenüber die *„Somatiker"* wie Friedrich Nasse (1778-1851), Maximilian Jacobi (1775-1858) mit naturwissenschaftlichem, aber auch anthropologisch-ganzheitlichem Denkansatz

Die ***stationäre Psychiatrie*** des 19. Jahrhunderts gekennzeichnet durch Anstaltspsychiatrie (zahlreiche Gründungen wie Sonnenstein, Illenau, Sachsenberg, Winnenthal mit Direktoren wie Damerow, Roller, Flemming). Humanisierung der Behandlung

Im 19. Jahrhundert starke ***sozialpsychiatrische Impulse:*** von *England* ausgehend (nach dem Tode eines in der Zwangsjacke Fixierten) die *Non-restraint-Bewegung:* Promotor war Robert Gardiner Hill (1829), Direktor des Lincoln-Lunatic-Asylums (1830 noch Fesselung von 39 von insg. 92 Patienten, 1837 nur 2 von 130 Patienten!). *John Conolly* (1839), der vollständig auf mechanische Zwangsmittel verzichtete, veränderte die menschliche Haltung den Patienten gegenüber. Prinzipien der Geduld, Gerechtigkeit und Güte; tägliche Visite der Ärzte; zahlreiche soziale Veranstaltungen mit gemeinsamer Teilnahme von Männern und Frauen; regelmäßige Betätigung der Kranken in Handwerk und Landwirtschaft
Verbreitung dieser aus England kommenden Einflüsse in ganz Europa, insb. auch in deutschen Anstalten: ferner Entstehung von sog. *„kolonialen Anstalten mit Landwirtschaft"*

Zu Beginn des 19. Jahrhunderts Aufkommen der ***Universitätspsychiatrie*** mit den ersten deutschen Lehrstühlen: so 1811 Johann Christian August Heinroth in Leipzig
Bedeutendster deutscher Psychiater im 19. Jahrhundert ist *Wilhelm Griesinger* (1817-1865): psychische Krankheiten sind Erkrankungen des Gehirns, Irresein Ausdruck anomaler Gehirnzustände. Interesse auch für „sozialpsychiatrische" Behandlungs- und Versorgungsgesichtspunkte der Kranken. Griesingers Werk bietet eine Synthese der anatomischen, physiologischen, psychologischen und klinischen Standpunkte
Erst ab Ende des 19. Jahrhunderts ***Klinifizierung*** der Psychiatrie: Bettbehandlung seit 1890 mit Wachsälen und warmen Dauerbädern. Verbindung mit der Neurologie, Versuch der Integration in die Gesamtmedizin

Zu Ende des 19. Jahrhunderts zahlreiche bedeutende Psychiater bzw. Neuropsychiater wie Karl Kahlbaum (Beschreibung der Katatonie), Ewald Hecker (Beschreibung der Hebephrenie)

22.5 20. Jahrhundert

Entgegen der zunehmenden Klinifizierung, der Überfüllung der Anstalten und dem Verlust früherer sozialpsychiatrischer Errungenschaften zu Beginn des 20. Jahrhunderts Einführung der *„aktiveren Krankenbehandlung"* nach Hermann Simon (1867-1947) in den Anstalten Warstein und Gütersloh. Arbeitssystem zur Vermeidung von Regression und Hospitalisierung

Emil Kraepelin (1856-1926): zentrale Gestalt in der Psychiatrie zu Beginn des 20. Jahrhunderts; zunächst Assistent von Bernhard von Gudden (1824-1886) in München; Arbeit an verschiedenen Irrenanstalten, Professuren in Dorpat, Heidelberg und München. Gründung der Deutschen Forschungsanstalt für Psychiatrie in München. Zahlreiche Auflagen seines Lehrbuchs mit Systematik psychischer Erkrankungen. Entscheidend die *Beobachtung des Gesamtverlaufs,* Unterscheidung von exogenen und endogenen Psychosen. Erstbeschreibung der *„Dementia praecox"* als früh auftretende Form der Schizophrenie. Abgrenzung des bald darauf von *Eugen Bleuler* (1857-1939) so bezeichneten schizophrenen Formenkreises von den manisch-depressiven Erkrankungen. Weitreichender Einfluß von Kraepelin und Bleuler

In den folgenden Jahrzehnten bedeutende Vertreter der ***Phänomenologischen Psychiatrie*** mit Systematisierung der Psychopathologie: Karl Jaspers (1883-1969) und Kurt Schneider (1887-1967)

Zu Beginn des 20. Jahrhunderts Entwicklung der ***Psychoanalyse,*** begründet von *Sigmund Freud* (1856-1936). Mitarbeiter und Schüler: u. a. Eugen Bleuler, Alfred Adler und Carl Gustav Jung. Entwicklung der orthodoxen Psychoanalyse und im Laufe der Jahrzehnte zahlreicher weiterer analytisch ausgerichteter Psychotherapiemethoden

Im Anschluß an *Iwan Petrowitsch Pawlow* (1849-1936) mit seiner Lehre von den konditionierten Reflexen Entwicklung verschiedener Verhaltenstheorien und später der ***Verhaltenstherapie***

Zahlreiche ***neue somatische Behandlungsmethoden:***

- Behandlung der progressiven Paralyse mit Fieberschüben durch *Infektion mit Malaria-Erregern,* eingeführt von Julius Wagner, Ritter von Jauregg, in Wien (einziger Psychiater mit Nobelpreis!), später Ablösung dieser Therapieform durch Penicillinbehandlung
- 1933 Publikation der *Insulin-Koma-Behandlung* durch *Manfred Sakel,* Behandlungsmethode bis in die Ära der Psychopharmaka, seither obsolet
- Einführung der *Elektrokrampftherapie* 1937 von Cerletti und Bini
- 1936 Einführung der *präfrontalen Lobotomie* durch Egas Moniz und Lima in Portugal. Methode nur für kurze Zeit verbreitet, da mit vielen Komplikationen belastet

Seit 1952 leitet die Entwicklung von ***Psychopharmaka*** eine Revolution in der Behandlung psychisch Kranker ein

Zu Beginn des 20. Jahrhunderts führende Rolle Deutschlands in der Psychiatrie: Nosologie, Psychopathologie, Neuroanatomie, Genetik. Auch sozialpsychiatrische Impulse: z. B. gemeindenahe offene Versorgung, psychiatrische Fürsorge für stationär Entlassene etc.

Niedergang während der ***Zeit des Nationalsozialismus*** (1933–1945): Umsetzung der seit Ende des 19. Jahrhunderts populären Gedanken des Sozialdarwinismus. Einführung der Gesetze zur zwangsweisen Sterilisation erblich Belasteter und vor allem psychisch Kranker; zahlreiche Randgruppen betroffen. Während des Zweiten Weltkriegs Ermordung von 100 000 psychisch Kranken, in der Mehrzahl chronisch kranker Patienten aus den deutschen Anstalten. Geheimgehaltene T4-Aktion unter Mitwirkung von Psychiatern; Tod vieler Kranker in Gaskammern. Nach dem Krieg Selbstachtung und Ansehen der deutschen Psychiatrie weitgehend erschüttert; zögerlicher Neubeginn

Seit etwa 1965/1970 Ansätze zu einer Reform der Versorgung. 1975 Bericht der ***Enquête-Kommission zur Situation der Psychiatrie in der BRD:*** Darstellung der „brutalen Realität" in den Psychiatrischen Krankenhäusern und des Mangels an ambulanten und komplementären Versorgungseinrichtungen. Seither viele neue Impulse, wenngleich kein umfassendes Reformwerk

Im Bereich der Forschung nach und nach Anschluß an den internationalen Standard

Anhang A: Weiterführende Literatur

In der folgenden Liste psychiatrischer Fachliteratur ist aus der Vielfalt des Angebots eine Auswahl getroffen. Damit soll das weite Feld der theoretischen und praktischen Psychiatrie erfaßt werden, um dem Studenten Hinweise und dem in Weiterbildung Befindlichen eine Anleitung zu geben.

Einerseits können aus der angeführten Literatur die erforderlichen theoretischen Kenntnisse erworben werden; andererseits bietet die Liste die Möglichkeit, das Wissen aus der praktischen Arbeit zu vertiefen und bei weiterführenden Fragestellungen auch speziellere Literatur zu finden. Will man sich über einen besonderen Bereich orientieren, so lohnt es sich, im Handbuch „Psychiatrie der Gegenwart" nachzusehen. Fast zu allen Gebieten findet man hier Übersichten; so sind beispielsweise die entsprechenden Artikel zu den Bereichen der körperlich begründbaren psychischen Störungen oder zur Gerontopsychiatrie hier nicht noch einmal gesondert aufgeführt. Wir haben darauf geachtet, möglichst nur Bücher zu nennen, die gegenwärtig über Buchhandlungen bezogen werden können.

Die Erwähnung von Zeitschriften zum Schluß dieser Literaturhinweise soll ebenfalls nur einer ersten Orientierung dienen; weder Vollständigkeit noch Erwähnung aller wichtigen Publikationsorgane ist angestrebt.

Lehrbücher

Bleuler E (1983) Lehrbuch der Psychiatrie, 15. Aufl. Springer, Berlin Heidelberg New York Tokyo

Dörner K, Plog U (1989) Irren ist menschlich, 4. Aufl. Psychiatrie-Verlag, Rehburg-Loccum

Feldmann H (1984) Psychiatrie und Psychotherapie, 9. Aufl. Karger, Basel
Freedmann A, Kaplan H, Sadock B (1980) Comprehensive Textbook of Psychiatry, 3rd ed. (3 Bände). William & Wilkins, Baltimore
Goldberg D, Benjamin S, Creed F (1987) Psychiatry in Medical Practice. Tavistock, London
Goldmann HH (1984) Review of General Psychiatry. Lange Medical Publications, Los Altos
Huber G (1988) Psychiatrie, 4. Aufl. Schattauer, Stuttgart
Kisker KP, Freyberger H, Rose HK, Wulff E (1987) Psychiatrie, Psychosomatik, Psychotherapie, 4. Aufl. Thieme, Stuttgart
Redlich CF, Freedmann DX (1984) Theorie und Praxis der Psychiatrie. Suhrkamp, Frankfurt
Tölle R (1988) Psychiatrie, 8. Aufl. Springer, Berlin Heidelberg New York Tokyo

Handbücher

Arieti S (ed) (1974–1976) American Handbook of Psychiatry, 2nd ed. (7 Bände). Basic Books, New York
Kisker KP, Lauter H, Meyer J-E, Müller C, Strömgren E (1986–1989) Psychiatrie der Gegenwart, 3. Aufl. Springer, Berlin Heidelberg New York Tokyo

Wörterbücher

Müller C (1986) Lexikon der Psychiatrie, 2. Aufl. Springer, Berlin Heidelberg New York Tokyo
Peters UH (1984) Wörterbuch der Psychiatrie und medizinischen Psychologie, 3. Aufl. Urban & Schwarzenberg, München

Grundlagen und Methoden, Untersuchungstechnik, Diagnostik

Balint M (1970) Der Arzt, sein Patient und die Krankheit. Fischer, Frankfurt
Degkwitz R, Helmchen H, Kockott G, Mombour W (Hrsg) (1980) Diagnosenschlüssel und Glossar psychiatrischer Krankheiten (9. Revision). Springer, Berlin Heidelberg New York
Dilling H (1986) Das Psychiatrische Anamnesenmosaik. Nervenarzt 57: 374–377
Dührssen A (1981) Die biographische Anamnese unter tiefen-psychologischem Aspekt. Vandenhoeck & Ruprecht, Göttingen
Ernst K (1988) Praktische Klinikpsychiatrie, 2. Aufl. Springer, Berlin Heidelberg New York Tokyo
Kendell RE (1978) Die Diagnose in der Psychiatrie. Enke, Stuttgart

Kind H (1984) Psychiatrische Untersuchung, 3. Aufl. Springer, Berlin Heidelberg New York Tokyo
Möller HJ (1976) Methodische Grundprobleme der Psychiatrie. Kohlhammer, Stuttgart
Reimer C (1985) Ärztliche Gesprächsführung. Springer, Berlin Heidelberg New York Tokyo
Remschmidt H, Schmidt MH (Hrsg) (1977) Multiaxiales Klassifikationsschema für psychiatrische Erkrankungen im Kindes- und Jugendalter nach Rutter, Shaffer und Sturge. Huber, Bern
Wittchen G, Sass H, Koehler K, Zaudig N (1988) Diagnostisches und statistisches Manual psychischer Störungen (DSM-III-R). Beltz, Weinheim

Psychopathologie

Arbeitsgemeinschaft für Methodik und Dokumentation in der Psychiatrie (Hrsg) (1981) Das AMDP-System, 4. Aufl. Springer, Berlin Heidelberg New York
Jaspers K (1973) Allgemeine Psychopathologie, 9. Aufl. Springer, Berlin Heidelberg New York
Scharfetter C (1986) Allgemeine Psychopathologie, 2. Aufl. Thieme, Stuttgart
Schneider K (1987) Klinische Psychopathologie, 13. Aufl. Thieme, Stuttgart

Psychologie/Neuropsychologie

Arnold W, Eysenck HJ, Meili R (1983) Lexikon der Psychologie, 3. Aufl. Herder, Freiburg
Beckmann D, Davies-Osterkamp S, Scheer JW (Hrsg) (1982) Medizinische Psychologie. Springer, Berlin Heidelberg New York
Kindlers „Psychologie des 20. Jahrhunderts“ (1984). Beltz, Weinheim
Poeck K (Hrsg) (1989) Klinische Neuropsychologie, 2. Aufl. Thieme, Stuttgart

Sozialpsychiatrie, Psychiatrische Epidemiologie, Verlaufsforschung

Bericht über die Lage der Psychiatrie in der Bundesrepublik Deutschland (1975) Bundestagsdrucksache 7/4200 1975. Bonn
Böker W, Häfner H (1973) Gewalttaten Geistesgestörter. Eine psychiatrisch-epidemiologische Untersuchung in der Bundesrepublik Deutschland. Springer, Berlin Heidelberg New York
Cooper B, Morgan HG (1977) Epidemiologische Psychiatrie. Urban & Schwarzenberg, München
Dilling H, Weyerer S, Castell R (1984) Psychische Erkrankungen in der Bevölkerung. Enke, Stuttgart
Erlenkemper A (1981) Sozialrecht für Mediziner. Thieme, Stuttgart

Schepank H (1987) Psychogene Erkrankungen der Stadtbevölkerung. Eine epidemiologisch-tiefenpsychologische Feldstudie in Mannheim. Springer, Berlin Heidelberg New York Tokyo

Schimmelpenning GW (Hrsg) (1980) Psychiatrische Verlaufsforschung. Methoden und Ergebnisse. Huber, Bern

Wing J (1982) Sozialpsychiatrie. Springer, Berlin Heidelberg New York

Psychotherapie, Psychoanalyse, Psychodynamik

Bastine R et al (1982) Grundbegriffe der Psychotherapie. edition psychologie, Weinheim

Beck AT (1976) Wahrnehmung der Wirklichkeit und Neurose. Kognitive Psychotherapie emotionaler Störungen. Pfeiffer, München

Bowlby J (1983) Verlust, Trauer und Depression. Fischer, Frankfurt

Elhardt S (1988) Tiefenpsychologie. Eine Einführung, 11. Aufl. Kohlhammer, Stuttgart

Fliegel S et al (1981) Verhaltenstherapeutische Standardmethoden. Urban & Schwarzenberg, München

Helmchen H, Linden H, Rüger U (1982) Psychotherapie in der Psychiatrie. Springer, Berlin Heidelberg New York

Hoffmann N (1979) Grundlagen kognitiver Therapie. Huber, Bern

Mentzos S (1989) Neurotische Konfliktverarbeitung, 6. Aufl. Kindler, München

Revenstorf D (1982/1983) Psychotherapeutische Verfahren. Bd. I: Tiefenpsychologische Therapie, Bd. II: Verhaltenstherapie, Bd. III: Humanistische Therapien. Kohlhammer, Stuttgart

Schultz JH (1988) Das autogene Training, 18. Aufl. Thieme, Stuttgart

Thomä H, Kächele H (1985/1988) Lehrbuch der psychoanalytischen Therapie (2 Bände). Springer, Berlin Heidelberg New York Tokyo

Biologische Psychiatrie, Pharmakotherapie

Benkert O, Hippius H (1986) Psychiatrische Pharmakotherapie, 4. Aufl. Springer, Berlin Heidelberg New York Tokyo

Kalinowski LB, Klein HE, Hippius H (1982) Biological Treatments in Psychiatry. Grune & Stratton New York

Müller-Oerlinghausen B, Greil W (Hrsg) (1986) Die Lithium-Therapie. Springer, Berlin Heidelberg New York Tokyo

Forensische Psychiatrie

Glatzel J (1985) Forensische Psychiatrie. Enke, Stuttgart

Göppinger H, Witter H (Hrsg) (1972) Handbuch der forensischen Psychiatrie. Springer, Berlin Heidelberg New York

Langelüdekke A, Bresser PH (1976) Gerichtliche Psychiatrie, 4. Aufl. De Gruyter Berlin

Kinder- und Jugendpsychiatrie

Flavell JH (1979) Kognitive Entwicklung. Klett-Cotta, Stuttgart

Oerter R, Montada L (1982) Entwicklungspsychologie. Urban & Schwarzenberg, München

Remschmidt H, Schmidt MH (1985-1988) Kinder- und Jugendpsychiatrie in Klinik und Praxis (3 Bände). Thieme, Stuttgart

Steinhausen H-C (1988) Psychische Störungen bei Kindern und Jugendlichen. Urban & Schwarzenberg, München

Geschichte der Psychiatrie, Psychiatrische Ethik

Ackerknecht EH (1985) Kurze Geschichte der Psychiatrie, 3. Aufl. Enke, Stuttgart

Helmchen H (1986) Ethische Fragen in der Psychiatrie. In: Kisker KP, Lauter H, Meyer J-E (Hrsg) Psychiatrie der Gegenwart, 2. Aufl., S 309-368. Springer, Berlin Heidelberg New York Tokyo

Pauleikhoff B (1983) Das Menschenbild im Wandel der Zeit (2 Bände). Pressler, Hürtgenwald

Spezielle Krankheitslehre

Neurosen, Persönlichkeitsstörungen

Bräutigam W (1985) Reaktionen, Neurosen, Abnorme Persönlichkeiten, 5. Aufl. Thieme, Stuttgart

Hoffmann SO, Hochapfel G (1984) Einführung in die Neurosenlehre und psychosomatische Medizin. Schattauer, Stuttgart

Kernberg OF (1978) Borderline-Störungen und pathologischer Narzißmus. Suhrkamp, Frankfurt

Kernberg OF (1988) Schwere Persönlichkeitsstörungen. Theorie, Diagnose, Behandlungsstrategien. Klett-Cotta, Stuttgart

Rohde-Dachser C (1989) Das Borderline-Syndrom, 4. Aufl. Huber, Bern

Psychosomatik

Bräutigam W, Christian P (1981) Psychosomatische Medizin. Ein kurzgefaßtes Lehrbuch, 4. Aufl. Thieme, Stuttgart

Klußmann R (1986) Psychosomatische Medizin. Eine Übersicht. Springer, Berlin Heidelberg New York Tokyo
Uexküll T von (Hrsg) (1990) Lehrbuch der Psychosomatischen Medizin, 4. Aufl. Urban & Schwarzenberg, München

Sucht

Feuerlein W (1984) Alkoholismus. Mißbrauch und Abhängigkeit, 3. Aufl. Thieme, Stuttgart
Steinbrecher W, Solms H (Hrsg) (1975) Sucht und Mißbrauch, 2. Aufl. Thieme, Stuttgart

Sexualstörungen

Arentewicz G, Schmidt G (1986) Sexuell gestörte Beziehungen, 2. Aufl. Springer, Berlin Heidelberg New York Tokyo
Bräutigam W (1989) Sexualmedizin im Grundriß, 13. Aufl. Thieme, Stuttgart
Kockott G (Hrsg) (1977) Sexuelle Störungen. Urban & Schwarzenberg, München

Suizid

Henseler H, Reimer C (1981) Selbstmordgefährdung. Frommann-Holzboog, Stuttgart
Reimer C (Hrsg) (1982) Suizid. Ergebnisse und Therapie. Springer, Berlin Heidelberg New York

Affektive Störungen

Arieti S; Bemporad J (1983) Depression. Klett-Cotta, Stuttgart
Tellenbach H (1983) Melancholie, 4. erw. Aufl. Springer, Berlin Heidelberg New York Tokyo

Schizophrenien, Wahnerkrankungen

Arieti S (1989) Schizophrenie. Ursachen, Verlauf, Therapie. Piper, München
Benedetti G (1983) Todeslandschaften der Seele. Psychopathologie, Psychodynamik und Psychotherapie der Schizophrenie. Vandenhoeck & Ruprecht, Göttingen
Ciompi L (1982) Affektlogik. Klett-Cotta, Stuttgart
Conrad K (1987) Die beginnende Schizophrenie, 5. Aufl. Thieme, Stuttgart
Katschnig H (Hrsg) (1977) Die andere Seite der Schizophrenie. Urban & Schwarzenberg, München
Kretschmer E (1986) Der sensitive Beziehungswahn, 4. Aufl. Springer, Berlin Heidelberg New York Tokyo
Süllwold L (1986) Schizophrenie, 2. Aufl. Kohlhammer, Stuttgart

Zeitschriften

Acta Psychiatrica Scandinavica
American Journal of Psychiatry
British Journal of Psychiatry
European Archives of Psychiatry and Neurological Sciences
Fortschritte der Neurologie und Psychiatrie
Forum der Psychoanalyse
Fundamenta Psychiatrica
Nervenarzt
Psyche
Psychiatrische Praxis
Psycho
Psychological Medicine
Psychopharmacology
Social Psychiatry and Psychiatric Epidemiology
Zeitschrift für psychosomatische Medizin und Psychoanalyse

Publikationsorgane der Deutschen Gesellschaft für Psychiatrie und Nervenheilkunde (DGPN) sind „Der Nervenarzt" sowie ein Mitteilungsblatt, das „Spektrum der Psychiatrie und Nervenheilkunde"

Anhang B: Auswahl psychologischer Testverfahren

Die hier vorgenommene Auswahl ist nach den Problemstellungen und Zielsetzungen der psychiatrischen Untersuchung ausgerichtet; Einzelheiten sind einschlägigen Fachbüchern[1] zu entnehmen

Leistungstests

Intelligenztests

HAWIE (Hamburg-Wechsler-Intelligenztest für Erwachsene): bestehend aus 11 Subtests, die u. a. sprachliche Intelligenzleistungen wie Wortschatz, allgemeines Wissen und Verständnis, außerdem Rechenfähigkeit, Merkfähigkeit, Abstraktion, psychomotorische Geschwindigkeit sowie synthetische und analytische Fähigkeiten messen

Literatur: Wechsler D (1982) Handanweisung zum Hamburg-Wechsler-Intelligenztest für Erwachsene. Huber, Bern

WIP (Reduzierter Wechsler-Intelligenztest): bestehend nur aus 4 Subtests, jeweils 2 den Verbal-IQ und 2 den Handlungs-IQ messende Subtests

Literatur: Dahl G (1986) WIP. Handbuch zum reduzierten Wechsler-Intelligenztest. Hain, Königstein

IST-70 (Intelligenz-Struktur-Test): Intelligenz wird als strukturierte, mit der Person integrierte, intellektuelle Leistungsdisposition ange-

---

[1] z. B. Brickenkamp R (Hrsg) (1975) Handbuch psychologischer und pädagogischer Tests. Hogrefe, Göttingen

sehen, die in Leistungen sichtbar wird. Die Intelligenzstruktur hat hierarchischen Aufbau, so daß dominante Intelligenzzüge andere mehr in den Hintergrund treten lassen und diese beeinflussen und prägen. Tragende Elemente der intellektuellen Struktur sind die sprachliche und rechnerische Intelligenz, die räumliche Darstellung und Merkfähigkeit. Sie werden über 9 Untertests erfaßt

Literatur: Amthauer R (1973) Intelligenz-Struktur-Test. Hogrefe, Göttingen

Konzentrationstests

d 2 Aufmerksamkeits-Belastungs-Test: Weiterentwicklung der sog. Durchstreichtests; mißt die Schnelligkeit und Genauigkeit der Unterscheidung ähnlicher visueller Reize

Literatur: Brickenkamp R (1972) Handanweisung zum d 2, 4. Aufl. Hogrefe, Göttingen

KLT (Konzentrations-Leistungs-Test): komplexe Rechenaufgaben, denen das Dükersche Konzept der Koordination zugrunde liegt: Koordination ist das zu einer Gesamttätigkeit geordnete Zusammenwirken der Einzeltätigkeiten, die zur Erreichung eines bestimmten Zweckes erforderlich sind. Das Lösen der KLT-Aufgaben erfordert danach die Koordination folgender Einzeltätigkeiten: Auffassen, Rechnen, Merken, Vorstellen und Entscheiden. Jede Koordination erfordert eine psychische Anspannung, deren Intensität von der Schwierigkeit der auszuführenden Leistung abhängig ist. Diese Anspannungsfähigkeit zum Zweck der Koordination wird als Konzentrationsfähigkeit bezeichnet. Je größer die Konzentrationsfähigkeit ist, um so schneller und störungsfreier verläuft die Koordination, um so schneller und exakter werden die KLT-Aufgaben bearbeitet

Literatur: Düker H (1965) Handanweisung zum KLT, 2. Aufl. Hogrefe, Göttingen

Merkfähigkeitstest

Benton-Test: Verfahren, das der Feststellung von Leistungsstörungen im Bereich visueller Merkfähigkeit dient

Literatur: Benton AL (1981) Der Benton-Test. Handbuch, 5. Aufl. Huber, Bern

Persönlichkeitsfragebogen

Allgemeine Selbstbeurteilungsskalen

FPI (Freiburger Persönlichkeitsinventar): standardisierter Fragebogen zur Selbstbeurteilung der Persönlichkeit; mit 9 faktorenanalytisch gewonnenen Skalen sollen folgende Eigenschaftsdimensionen gemessen werden: Nervosität, spontane Aggressivität, Depressivität, Erregbarkeit, Geselligkeit, Gelassenheit, reaktive Aggressivität und Dominanzstreben, Gehemmtheit sowie Offenheit

Literatur: Fahrenberg J, Selg H, Hampel U (1973) Das Freiburger Persönlichkeitsinventar FPI. Hogrefe, Göttingen

MMPI (Minnesota Multiphasic Personality Inventory): Fragebogen zur Persönlichkeitsdiagnostik bzw. zur Erfassung psychischer Auffälligkeiten; die 566 Items beziehen sich auf psychopathologische, psychosomatische und sozialpsychologische Inhalte; der Fragebogen liegt auch in einer deutschen Kurzform vor

Literatur: Gehring A, Blaser A (1982) MMPI. Deutsche Kurzform für Handauswertung. Handbuch. Huber, Bern

Themenspezifische Fragebogen

BDI (Becks Depression Inventory): Fragebogen zur Selbstbeurteilung des Schweregrades depressiver Verstimmung; erfaßt u. a. folgende psychopathologische Qualitäten: Verstimmtheit, Pessimismus, Versagensgefühl, Schuldgefühl/Selbstanklage, Suizidalität, Isoliertheit, Entschlußunfähigkeit, Leistungsfähigkeit, Libido

Literatur: Beck AT (1978) Depression Inventory. Center for Cognitive Therapy, Philadelphia

MALT (Münchner Alkoholismustest): kombinierter Selbst- und Fremdbeurteilungsfragebogen zur Ermittlung von Alkoholismussymptomen auf Verhaltens- und physiologischer Ebene, die möglicherweise auf chronischen Alkoholkonsum zurückzuführen sind

Literatur: Feuerlein W, Ringer C, Küfner H, Antons K (1979) Münchner Alkoholismus-Test MALT. Beltz, Weinheim

Tests für Kinder und Jugendliche

Zur Diagnostik im Bereich der Kinder- und Jugendpsychiatrie stehen nach Alter der Kinder gestaffelt eine ganze Reihe von Schulreife- und Schulleistungstests sowie Testbatterien für geistig behinderte Kinder zur Verfügung, die hier jedoch nicht alle aufgeführt werden können; daher sei wiederum auf Brickenkamp (1975) Handbuch psychologischer und pädagogischer Tests (vgl. S. 277) verwiesen.

Sachverzeichnis

Die halbfett gedruckten Seitenzahlen verweisen auf die Textstellen, in denen näher auf die Begriffe eingegangen wird.